消费者权益保护

案与理

卢以品◎著

中国社会科学出版社

图书在版编目（CIP）数据

消费者权益保护：案与理／卢以品著．—北京：中国社会科学出版社，2021.12
ISBN 978 - 7 - 5203 - 9476 - 5

Ⅰ.①消…　Ⅱ.①卢…　Ⅲ.①消费者权益保护法—中国
Ⅳ.①D922.294

中国版本图书馆 CIP 数据核字（2021）第 270703 号

出 版 人	赵剑英
责任编辑	田　文
特约编辑	金　泓
责任校对	张　婷
责任印制	王　超

出　　版	中国社会科学出版社
社　　址	北京鼓楼西大街甲 158 号
邮　　编	100720
网　　址	http://www.csspw.cn
发 行 部	010 - 84083685
门 市 部	010 - 84029450
经　　销	新华书店及其他书店

印　　刷	北京君升印刷有限公司
装　　订	廊坊市广阳区广增装订厂
版　　次	2021 年 12 月第 1 版
印　　次	2021 年 12 月第 1 次印刷

开　　本	710×1000　1/16
印　　张	20
插　　页	2
字　　数	308 千字
定　　价	108.00 元

目　　录

第三编　特别消费篇

第一编　主体篇

第一章　消费者

第一节　案例导读

案例 1，首例高等教育消费索赔案（资料来源：中国法院网）

导读： 学校教书育人，学生交了学费，学生就是消费者权益保护法中的消费者吗？

因毕业前一天参与打架，在广东某管理学院就读的大学生区某被校方勒令退学，校方根据有关规定，没给区某发放毕业证。区某认为校方处罚太重，通过行政诉讼将校方诉至白云区法院。与此同时，区某还认为校方用中专教师充任大学教师，水平和素质极差，并且派一名电工兼任班主任，纯属"消费欺诈"，提供的教育服务"货不对板"，要求法院根据《消费者权益保护法》判令校方按其所收的教育服务费加倍赔偿他的损失。

由于本案是国内首宗高等教育消费索赔案，曾轰动一时。历时近两年，法院最终认为，学生在校读书不是消费行为，学生不是消费者，学校也不是以营利为目的的经营者，本案不适用《消费者权益保护法》。但因校方违反与学生区某的合同约定，区某索回学费的 30%，即 660 元学费。

案例 2，韩某案（资料来源：（2019）鲁 02 民终 263 号判决书）

导读： 韩某知假买假案历经一审二审再审，最终还是败诉了。一审法院认为韩某不是消费者，二审法院认为他就是消费者，再审法院则回避了这个问题，用其他理由驳回了韩某的关于惩罚性赔偿金的诉讼请求。对同一事实，各级法院的认识不一致，是法律制度本身的问题，还是其他原因？

2018 年 7 月 1 日、7 月 5 日，原告韩某在被告李沧区多美好批发超市先后两次各购买了六瓶 SALVALAI 红酒（品名：阿玛罗尼·威爵红葡萄酒 2010 年）共计 12 瓶。原告通过刷卡方式向被告支付酒款共计20160 元，被告给原告开具了增值税发票。证据显示该红酒瓶身未粘贴中文标签，属于《中华人民共和国食品安全法》第九十七条规定的禁止进口的食品。故原告韩某一审提出了如下诉讼请求：1. 依法判决被告返还原告个人消费的购货款 20160 元。2. 被告向原告支付该购货款十倍赔偿金 201600 元。3. 本案诉讼费由被告负担。

一审法院认为：本案双方争议的焦点之一在于原告是否属于消费者。"依据《中华人民共和国消费者权益保护法》第二条的规定，消费者是相对于销售者和生产者的概念。只要在市场交易中购买、使用商品或接受服务是为了个人、家庭生活需要，而不是为了生产经营活动或者以营利为目的而购买、使用商品或接受服务的，就应当认定为'为生活消费需要'的消费者，属于《消费者权益保护法》调整的范围。原告当庭出示了全部涉案红酒，可以证明原告未进行食用，数次进行购买，之后向法院提起本案诉讼，之前，在其他法院提起若干起进口红酒无中文标识索赔案件，可以认定原告在被告处购买涉案红酒目的是为了营利，故原告不属于消费者。"一审法院驳回了原告韩某提出的十倍惩罚性赔偿金的诉讼请求。

二审法院则认为："消费分为生产资料的消费和生活资料的消费，只有生活资料的消费才是《消费者权益保护法》所保护的消费。因此，判断一个自然人是不是消费者不是以他的主观状态为标准，而应以购买的商品的性质为标准，只要他购买的商品是生活资料，他就是消法所指的消费者。《消费者权益保护法》第二条'消费者为生活消费需要购买、使用商品或者接受服务，其权益受本法保护；本法未作规定的，受其他有关法律、法规保护'不是给消费者下定义，而是明确该法的调整范围。这可以从《中华人民共和国消费者权益保护法》第 62 条得到印证，该条规定：'农民购买、使用直接用于农业生产的生产资料，参照本法执行。'本案上诉人购买的是生活资料，因而是消费者。关于职业打假者是不是消费者的问题。本院认为，一、判断消费者的标准，不是以购买主体的主观状态，而是以标的物的性质为标准。二、难以给职业打假者下定义。消费者打假有指标吗？普通打假者打假多少次就转变成职业打假者，难以给出这样的标准。三、打假是好事不是坏事。法律规定成功的打假者有权主张惩罚性赔偿金，表明法律鼓励打假，打假是好事。打一次假是好事，打十次假不可能变成坏事。四、即使是社会公认的职业打假者购买生活资料时，也改变不了其消费者的身份。五、徒法不能自行。惩罚欺诈消费者行为的法律、保护食品安全的法律，不会因为颁布了就自行得到落实了。法律的生命力在于实施，法律条文就是通过一件一件的案件逐步得以落实的，没有案件就没有法律的落实。每一起消费者针对经营者经营不符合食品安全标准的食品的行为提起的诉讼，都会或多或少促使经营者更加重视食品安全，促使消费者更加关注食品安全，进而使法律的规定得到进一步的落实。当所有的消费者都觉醒了，都成为潜在的打假者了，那么制假、售假的行为也就失去了市场。没有了制假、售假行为，打假现象自然而然就消失了。打假的目的可能为了获利，任何人诉讼都是为了利益，谁也不是纯粹为了体验诉讼程序而到法院来走一遭的，民事诉讼如此，行政诉讼、刑事诉讼也是如此，不能因为当事人的目的是为了获利，法院就驳回起诉者的诉讼请求。利益分为合法利益和非法利益，法院保护的是合法利益，否定的是非法利益。制假、售假获取的是非法利益，打假获取的是合法利益，为了获取合法利益，无可厚非。要求法院支持制假、售假的利益否定打假的利益，是与制假、售假者一个立场的腔调。有些人把法律的枪口对准打假者，做出让打假者痛，制假、售假者快的事情，背离最基本的人民意志，因为人人都是消费者，《消费者权益保护法》是人民的意志。打假也需要专业，如果多次打假者可以定义为职业打假者的话，那么职业打假者就是消费者的先驱，自然受《消费者权益保护法》的保护。关于本案上诉人是知情者，其诉请应否得到支持的问题。《最高人民法院管理审理食品药品纠纷案件适用法律若干问题的规定》第三条对此已经给出明确的答案：'因食品、药品质量问题发生纠纷，购买者向生产者、销售者主张权利，生产者、销售者以购买者明知食品、药品存在质量问题而仍然购买为由进行抗辩的，人民法院不予支持。'此其一。其二，如果不准知情的消费者打假，就会造成这样的结果：不知情的消费者不可能打假，而知情的消费者又不准打假，则制假售假行为可以堂而皇之大行其道了，如果这种荒谬的观点能够成立，那么《消费者权益保护法》的立法宗旨可以改为制假售假的护身符了。"二审法院支持了韩某十倍惩罚性赔偿金的诉讼请求。

本案后因有新的证据，经山东省高级人民法院再审，撤销了二审判决，维持了一审判决，驳回了韩付坤十倍惩罚性赔偿金的诉讼请求。但再审法院并未就韩某的消费者身份问题作出回答，而是根据《中华人民共和国食品安全法》第一百四十八条第二款但书（《中华人民共和国食品安全法》第一百四十八条第二款规定："生产不符合食品安全标准的食品或者经营明知是不符合食品安全标准的食品，消费者除要求赔偿损失外，还可以向生产者或者经营者要求支付价款十倍或者损失三倍的赔偿金；增加赔偿的金额不足一千元的，为一千元。但是，食品的标签、说明书存在不影响食品安全且不会对消费者造成误导的瑕疵的除外。"），认为"多美好超市原审及再审阶段提交了进口商的采购合同、发票、出厂罐装证明、原产地证书、报关单、检疫证明文件、采购订单及进口流程说明等证据，证实涉案红酒来源合法，经检疫检验部门检验合格，不影响食品安全"，符合《中华人民共和国食品安全法》第一百四十八条第二款但书所规定的情形，故驳回了韩某惩罚性赔偿金的诉讼请求。

值得一提的是，2021年1月1号实施的《最高人民法院关于审理食品安全民事纠纷案件适用法律若干问题的解释（一）》第十条规定：食品不符合食品安全标准，消费者主张生产者或者经营者依据《食品安全法》第一百四十八条第二款规定承担惩罚性赔偿责任，生产者或者经营者以未造成消费者人身损害为由抗辩的，人民法院不予支持。第十一条规定：生产经营未标明生产者名称、地址、成分或者配料表，或者未清晰标明生产日期、保质期的预包装食品，消费者主张生产者或者经营者依据《食品安全法》第一百四十八条第二款规定承担惩罚性赔偿责任的，人民法院应予支持，但法律、行政法规、食品安全国家标准对标签标注事项另有规定的除外。

案例3，左卫东系列案（资料来源：中国裁判文书网）

导读：通过左卫东的遭遇可以折射出中国职业打假人面临的司法困境。

在中国裁判文书网搜索"左卫东""知假买假""判决"等关键词，查询到自2016年，左卫东在重庆雪芹农副产品经营四家分店均购买了一份25元的菠萝干，以该产品不符合食品安全国家标准为由起诉到法院，均获赔1000元之后，又在贵州、湖北、江西等地各药店购买不同种类的壮阳药，起诉到法院要求十倍赔偿。从中国裁判文书网选取的以左卫东作为原告，按照不同省份的法院对左卫东"知假买假"行为的判决梳理，共计82份判决，涉及20个法院。针对左卫东"知假买假"行为的各地判决虽然不同，但是同一法院针对左卫东事件判决都是相同的，多数法院会针对左卫东起诉的多起案件同一天作出结果相同的判决。针对左卫东"知假买假"向各地法院提起的要求十倍赔偿的诉讼，20个法院中有11个法院（重庆市九龙坡区人民法院、重庆市渝北区人民法院、重庆市南岸区人民法院、贵州省铜仁市碧江区人民法院、贵州省铜仁市中级人民法院、贵州省修文县人民法院、贵州省贵阳市中级人民法院、江西省九江市中级人民法院、湖北省罗田县人民法院、湖北省麻城市人民法院、湖北省黄冈市中级人民法院）支持退一赔十，1个法院（贵州省贵阳市云岩区人民法院）折中判决被告支付五倍赔偿，8个法院（云南省昭通市昭阳区人民法院、云南省昭通市中级人民法院、九江市柴桑区人民法院、黄石市下陆区人民法院、湖北省黄冈市黄州区人民法院、湖北省鄂州市华容区人民法院、湖北省鄂州市鄂城区人民法院、湖北省鄂州市中级人民法院）不支持十倍赔偿。其中涉及消费者身份认定作为争议焦点的法院有12个，其中认可左卫东作为消费者的法院有8个（贵州省铜仁市中级人民法院、贵州省修文县人民法院、贵州省贵阳市中级人民法院、湖北省黄冈市黄州区人民法院、湖北省黄冈市中级人民法院、江西省九江市中级人民法院、云南省昭通市昭阳区人民法院、湖北省罗田县人民法院），不认可左卫东作为消费者的法院有

4个（湖北省鄂州市华容区人民法院、湖北省鄂州市鄂城区人民法院、湖北省鄂州市中级人民法院、九江市柴桑区人民法院）。

第二节　消费者身份之界定

我国《消费者权益保护法》第二条规定："消费者为生活消费需要购买、使用商品或者接受服务，其权益受本法保护；本法未作规定的，受其他法律、法规保护。"该条款并未明确规定消费者的法律概念，只是规定了该法的适用范围。基于这一条款，学术界主要从以下三个方面对消费者进行界定。

一　主体要件

1. 消费者应是购买、使用或者接受服务的自然人

自然人是消费者权益保护法所保护的消费者，包括购买商品的自然人、购买服务的自然人，使用商品的自然人、接受服务的自然人，以及购买并使用商品的自然人和购买并接受服务的自然人。因此，商品的购买者和使用者不一致时不影响其消费者身份。亦即消费者和提供商品及服务的经营者之间不一定有合同关系，也不一定为商品和服务支付了对价。对合同相对性的突破正体现了对消费者的特殊法律保护。

需要特别强调的是《消费者权益保护法》中自然人的民事主体地位区别于合同关系中的民事主体，在合同关系中无民事行为能力人所实施的民事行为效力是待定的，但在消费关系中无民事行为能力人的消费行为不影响其消费者身份。

2. 法人、其他组织不是消费者

理论和实务中一度争论单位能不能成为消费者。一种观点认为客观上单位也会消费，如为职工发福利而购买生活物资，此时单位就应该是消费者。

我们认为，如果把消费者的范围扩大到法人、其他组织等所谓单位，一是不符合《消费者权益保护法》的宗旨。消法本质上是弱者权益保护法。随着现代经济发展，消费者因其在信息不对称、知识、能

力、财力等方面的不足，于经营者而言处于相对弱势地位，在平等市场交易中权益容易受损，为保护弱者权益，借助《消费者权益保护法》赋予消费者特殊权利，以平衡消费者面对经营者时的弱势地位。如果赋予法人或其他组织以消费者地位，那么在交易时，双方可能都是单位，此时很难衡量谁处于弱势，甚至处于购买者地位的一方可能更强，这显然不符合消法的立法宗旨。

第二，法人、其他组织购买生活物资，如果有质量等权益争议，可以通过合同制度实现救济。如果法人、其他组织已将物资发放给员工使用，出现了损害员工权益的情形，员工本身就是"商品使用者"这一类消费者，可以通过消法获得救济，而无需借助其单位身份，因此也无必要给法人、其他组织赋予消费者身份。综上，法律对法人、其他组织给予特殊保护既无理论依据，也无必要，法人、其他组织不是消法上的消费者。

二　行为目的要件

1. 消费者应是为了满足生活需求而进行生活消费活动的人

消费包括两种类型：生产消费和生活消费。消法所保护的消费者必须是为了生活需要而做出消费行为。《消费者权益保护法》的立法目的是调节消费者和经营者之间的不平等地位，通过特殊规则对不平等状态予以矫正。换言之，如果双方是平等关系，也就不是消法的保护对象。比如在生产性消费活动中，双方形成的是合同关系而非消法所指的消费关系，双方的法律地位是平等的，不需要通过消法赋予一方特殊义务和另一方特殊权利。

2. 生活消费的界定是一个难题

对生活消费的界定有主观目的说和客观目的说。其中主观目的说通过对主体购买商品或接受服务时的主观目的与动机进行考察，从而判断其是否出于"生活消费目的"，如果出于"生活消费目的"，则认定该主体为消费者，如果并非出于"生活消费目的"，则不能认定该主体为消费者。主观说的缺点是生活目的主观性太强，往往很难认定。而且，很容易陷入对主观目的进行法律或道德评价的困境，比如，购买一把菜刀自用是消费者，那么购买一把菜刀准备行凶，是不是消费者？

客观目的说认为，对"生活消费目的"相关主体的客观行为加以推断，以认定消费者。其判断标准有：商品价值大小、购买数量多少、用途，等等。但这种方法显然有很多可自由裁量的空间。

对于生活消费行为，司法机关的认定标准主要有四种：以生产经营为标准反向界定、以生活需要为标准直接界定、依照行为人具体行为进行判断、根据相对方提供的证据进行判断。各级法院的法官对生活消费的理解也各有不同，有的法官认为生活消费仅限于维持正常生活运转所需的消费行为，有的法官则认为只要行为人没有对其购买的商品进行再加工售卖，均属于生活消费行为。法官常会在判决书中略过主观目的的认定过程而直接得出结论。

其实，相较于"生活需要""生活消费"，生产需要、生产消费的认定显然更容易客观真实。因此，只要没有证据证明其是生产性消费，就应推定其是生活消费。这种反向推定更有利于保护消费者权益。

三　商品或服务的范围

1. 消费者购买、使用的商品或者接受的服务应由经营者提供

在界定消费者身份时，必须考量消费者和经营者的对应主体关系。只有在特定的消费关系中，双方是对应的交易主体，即有经营者的存在才会有消费者的存在。在同时满足以上两个主体要件后，该消费关系才处于消法的保护场域。不属于经营者提供的商品和服务，使用者不能被称作消费者。比如私人宴请、国家机关等提供的公共消费关系等。

2. 教育和医疗服务不应是《消费者权益保护法》所指的服务

消法规定消费行为的客体是商品和服务，但是并未进一步说明商品和服务的范围，这在实践中曾一度引发许多争议，比如教育、医疗、金融等行业是否适用消法的问题。随着 2014 年新消法修改颁布，金融业适用消法尘埃已定，但围绕教育和服务业的争议从未停止，也意味着教育、医疗等类型的服务是否属于消法保护，需要各级司法机关进行自由裁量。

2003 年在广州发生了国内首例高等教育消费索赔案，法院审理后

认为，学生在校读书不是消费行为，学生不是消费者，学校也不是以营利为目的的经营者，本案不适用《消费者权益保护法》。《中华人民共和国教育法》第二十五条："国家制定教育发展规划，并举办学校及其他教育机构。国家鼓励企业事业组织、社会团体、其他社会组织及公民个人依法举办学校及其他教育机构。任何组织和个人不得以营利为目的举办学校及其他教育机构。"第二十九条："学校及其他教育机构应当履行下列义务……（五）遵照国家有关规定收取费用并公开收费项目……"因此，各类学校都不是以营利为目的的经营者，学校根据国家规定收取费用，不是市场行为。如前所述，消费者和经营者应具有对应关系，没有经营者，何来消费者？

医疗或许可以归入服务行业。医患关系也曾一度按消费关系来处理，但由此引发一系列社会问题。医疗服务是以自然人的生命和健康为服务对象的，不同于普通的服务业，一是生命和健康很难用金钱标价，二是现代医学对生命健康的认知还很有限，医疗的未知领域和不确定性超乎我们的想象，医患关系也很难用经营者和消费者的关系一言蔽之。因此，医疗服务应该属于《消费者权益保护法》的适用除外，对医患关系的处理、对患者利益的保护更宜用特别法的方式。

在司法实践中，对消费者身份的认定模式主要包括三种，即对消费者身份正面界定、对消费者身份反向排除以及"正反相结合"的认定模式。其中，法官运用反向排除和正反结合的认定模式较为频繁。对于三种认定模式的合理性比较，目前的司法实践并未给出确切的答案。反向排除模式相较于正面界定具有更强、更灵活的操作性，但是其逻辑判断通常是非此即彼，在认定消费者身份上难免会存在过于绝对化的隐患。正面界定模式是通过对消费者的内涵进行判断，目前而言最符合消法立法初衷的认定模式是正面界定，但其说理难度相较于反向排除会更高。基于消费者和经营者是消法中规定的对应主体，正反结合的认定模式具有一定的合理性。

消费是日常生活中必不可少的，法国社会学家波德里亚宣称：正如中世纪社会通过上帝和魔鬼来建立平衡一样，我们的社会是通过消费及对其揭示来建立平衡的。① 但现阶段，消费者身份认定的内容要素尚不明晰，这无疑给实践中认定行为人的消费者身份带来了很大的挑战。因此，确立消费者身份认定内容的要素体系尤为重要，其能够为消费者身份认定提供方向和依据。首先，消费者身份的认定手段应以对行为人客观行为的分析为基础。其次，消费者身份的认定手段应以对客观事实的分析为辅助。只有不断地完善消费者身份认定体系，人们的消费才能得到更好的保护，法律才能更好地发挥作用。

第三节　知假买假者之消费者身份

知假买假作为一种特殊社会现象，一般指购买者知道其将要购买的商品是假冒伪劣商品而仍然购买，之后向经营者主张惩罚性赔偿的行为，主要以"王海现象"为代表。从打假第一人王海开始，产生了一系列知假买假的打假案、职业打假人、打假公司等新的社会现象，与之相伴的争议也从未停止。

有支持"王海们"的，他们认为，"知假买假"后索取加倍赔偿的做法是符合道德的，因为他们净化了市场，对打击假冒伪劣产品起到了积极的作用。他们认为"消费者"一词是相对于经营者而言的，任何与经营者进行交易的人，除了本身也是经营者之外，都应当看作消费者，所以"知假买假"的"王海们"当然应被认定为消费者。

有批评"王海们"的，他们认为，职业打假通常是有组织的经常性活动，不具有法定的消费者身份，其打假活动具有双刃剑性质，"王海们"以牟利为目的，严重违背了诚实信用原则并且浪费司法资源，以恶惩恶的治理方式也损害了司法权威，因而不能认可"王海们"的消费者身份。

可见争议的焦点在于：知假买假者的牟利目的能否影响其消费者身份的界定？

1. 对生活消费的界定是一个难题

所谓生活消费目的，是一种主观心态，必须通过外在客观表现去推

---

① ［法］波德里亚：《消费社会》，刘成富等译，南京大学出版社2000年版，第28—29页。

断，因此，其证明必然是一个难题。有学者认为可以通过一般人的社会生活经验予以判断，如一个自然人一次性购买七八部手机，其目的是生活需要，未免不符合一般人的生活常识。还有学者认为，只要购买的物品属于生活消费品就应认定为其主观目的是为生活消费，包括为了谋得物质利益的知假买假者。以上两种观点的共同之处是以经验法则为判断依据，只不过前者从消费的数量入手，后者则对品质进行了经验判断。但是在某些特定情形下，经验法则容易呈现失灵性。例如将购买七八部手机的行为直接推定其是生产消费，而购买七八袋大米则未必，因为有可能是为了生活消费而储备，储备也是生活消费的一种表现形式。而且，普通的日用品如大米、油盐酱醋茶等可以通过经验法则判定其属于生活消费用品，但对于汽车、手机、电脑这一类产品无法通过经验直接推定其属于生产消费还是生活消费。也有学者提出为了不遗漏处于弱势地位的消费者，可以假设如果个人在购买商品或服务时未做特殊声明或告知，则可以推定其是为了生活消费而购买的。但要求购买者做这种声明或告知可能有点理想主义。这种声明的效力也难以认定。这显然在为消费者身份界定设置障碍，不符合消法的立法宗旨。

2. 如果将消费目的作为界定消费者身份的要素，则不可避免会陷入对目的正当性进行评价的困境

对知假买假者的指责多集中在其牟利目的上。但如果消费目的正当与否能影响消费者身份的确认，将会带来逻辑上的混乱。比如，购买手机，如果是自己用是消费者，如果是送礼也可能认定为消费者，如果是行贿用，是否就不是消费者呢？而且，消费者在购买商品或接受服务时显然也不可能都真实陈述自己的消费目的，经营者也无权要求消费者做出这种声明或陈述。

3. 知假买假者的牟利目的本也无可厚非

如果非要对知假买假者的牟利目的进行正当性评价的话，首先，知假买假，是先有假才有知假买假。也就是说，经营者卖假在先，消费者才买假。如果因为消费者知假买假就不能被认定为消费者而获得特别保护，不知假而买假的消费者又不会去维权，那经营者卖假岂不是反而有理了？这在逻辑上显然也是混乱的。其次，可能知假买假者是以牟利为

目的而购买、使用商品或者接受服务的，但牟利未必就不是生活需要。知假买假者在购买商品、接受服务的时候，牟取的是法律规定的惩罚性赔偿金，是有法律依据的利益，无论从法律上还是道德上都不应给予否定性评价。

综上，消费者购买商品或接受服务时是否是知假买假，是否以牟取惩罚性赔偿金为目的，不能影响其消费者身份。

某种程度上，知假买假也可以看作《消费者权益保护法》中消费者监督权的体现，符合《消费者权益保护法》的立法精神。对知假买假者消费者地位的讨论也有利于消费者权益保护制度的完善。

最高人民法院《关于审理食品药品纠纷案件适用法律若干问题的规定》（法释〔2013〕28号）第三条规定：因食品、药品质量问题发生纠纷，购买者向生产者、销售者主张权利，生产者、销售者以购买者明知食品、药品存在质量问题而仍然购买为由进行抗辩的，人民法院不予支持。可见，该司法解释明确了在食品、药品等领域发生质量纠纷时，对于知假买假的行为，法院应予以支持。这至少表明了司法的态度。这固然因为食品、药品领域直接关乎消费者的生命健康，但我们也不能因此推导出在其他领域就不能支持知假买假者。

诚然，消费者维权也应在法律许可的范围内。也有知假买假者维权时涉嫌违反法律甚至构成犯罪的，那么应依法予以惩处，但不能因此成为否认所有知假买假者消费者身份的理由。

第四节　消费者的基本权利

在市场交易中，与经营者相比，消费者由于经济实力的悬殊、信息和知识的不对称、缺乏组织性以及固有的理性不足的消费特点等而成为弱势一方，合法权益常常受到损害，以致影响到平等公平的市场经济秩序。因此，为保护消费者的合法权益，维护社会经济秩序，促进社会主义市场经济健康发展制定了《消费者权益保护法》。为平衡消费者在经营者面前的弱势地位，《消费者权益保护法》特别赋予消费者十项基本权利。

一　安全权

消费者在购买、使用商品和接受服务时享有人身、财产安全不受损害的权利。消费者有权要求经营者提供的商品和服务，符合保障人身、财产安全的要求。

二　知情权

消费者享有知悉其购买、使用的商品或者接受的服务的真实情况的权利。

消费者有权根据商品或者服务的不同情况，要求经营者提供商品的价格、产地、生产者、用途、性能、规格、等级、主要成分、生产日期、有效期限、检验合格证明、使用方法说明书、售后服务，或者服务的内容、规格、费用等有关情况。

三　自主选择权

消费者享有自主选择商品或者服务的权利。

消费者有权自主选择提供商品或者服务的经营者，自主选择商品品种或者服务方式，自主决定购买或者不购买任何一种商品、接受或者不接受任何一项服务。

消费者在自主选择商品或者服务时，有权进行比较、鉴别和挑选。

四　公平交易权

消费者享有公平交易的权利。消费者在购买商品或者接受服务时，有权获得质量保障、价格合理、计量正确等公平交易条件，有权拒绝经营者的强制交易行为。

五　求偿权

消费者因购买、使用商品或者接受服务受到人身、财产损害的，享有依法获得赔偿的权利。

消费者享有求偿选择权。在购买、使用商品时，其合法权益受到损害的，可以向销售者要求赔偿。销售者赔偿后，属于生产者的责任或者属于向销售者提供商品的其他销售者的责任的，销售者有权向生产者或者其他销售者追偿。

消费者或者其他受害人因商品缺陷造成人身、财产损害的，可以向销售者要求赔偿，也可以向生产者要求赔偿。属于生产者责任的，销售者赔偿后，有权向生产者追偿。属于销售者责任的，生产者赔偿后，有权向销售者追偿。

消费者在接受服务时，其合法权益受到损害的，可以向服务者要求赔偿。

消费者有获得惩罚性赔偿的权利。经营者提供商品或者服务有欺诈行为的，应当按照消费者的要求增加赔偿其受到的损失，增加赔偿的金额为消费者购买商品的价款或者接受服务的费用的三倍；增加赔偿的金额不足五百元的，为五百元。法律另有规定的，依照其规定。

经营者明知商品或者服务存在缺陷，仍然向消费者提供，造成消费者或者其他受害人死亡或者健康严重损害的，受害人有权要求经营者依照本法第四十九条、第五十一条等法律规定赔偿损失，并有权要求所受损失二倍以下的惩罚性赔偿。

消费者有获得精神损害赔偿的权利。经营者有侮辱诽谤、搜查身体、侵犯人身自由等侵害消费者或者其他受害人人身权益的行为，造成严重精神损害的，受害人可以要求精神损害赔偿。

六　结社权
消费者享有依法成立维护自身合法权益的社会组织的权利。

七　受教育权
消费者享有获得有关消费和消费者权益保护方面的知识的权利。

消费者应当努力掌握所需商品或者服务的知识和使用技能，正确使用商品，提高自我保护意识。

八　人格尊严、民族风俗习惯受尊重和个人信息受保护的权利

消费者在购买、使用商品和接受服务时，享有人格尊严、民族风俗习惯得到尊重的权利，享有个人信息依法得到保护的权利。

九　批评监督权

消费者享有对商品和服务以及保护消费者权益工作进行监督的权利。消费者有权检举、控告侵害消费者权益的行为和国家机关及其工作人员在保护消费者权益工作中的违法失职行为，有权对保护消费者权益工作提出批评、建议。

十　无理由退货权

无理由退货权又被称为后悔权，源于经营者的无理由退货义务。

《消费者权益保护法》第二十五条规定：经营者采用网络、电视、电话、邮购等方式销售商品，消费者有权自收到商品之日起七日内退货，且无需说明理由，但下列商品除外：（一）消费者定作的；（二）鲜活易腐的；（三）在线下载或者消费者拆封的音像制品、计算机软件等数字化商品；（四）交付的报纸、期刊。除前款所列商品外，其他根据商品性质并经消费者在购买时确认不宜退货的商品，不适用无理由退货。消费者退货的商品应当完好。经营者应当自收到退回商品之日起七日内返还消费者支付的商品价款。退回商品的运费由消费者承担；经营者和消费者另有约定的，按照约定。

第二章 经营者

第一节 案例导读

案例1，拼多多案（资料来源：山东省济宁市任城区人民法院（2018）鲁0811民初14198号判决书）

导读：网络购物中，相对于消费者，如何界定电子商务平台的身份？比如，我们在拼多多上买东西，拼多多的身份是什么？是第三方平台还是相对于消费者的经营者？

原告武某与被告上海寻梦信息技术有限公司产品销售者责任纠纷一案，原告在2018年11月3日、11日，通过上海寻梦信息技术有限公司拼多多App，在认证商家深圳市成隆记贸易有限公司经营的某店铺，购买斯旺森卡图巴精华胶囊25瓶，花费4975元，订单号181103－623237530353465、181111－213688648333465，商品经快递送达原告济宁市任城区家中。收到商品查看后，发现被告所售卖的食品只有简易的自制加贴的中文标签，该标签没有产品的成分，配料表，净含量和规格，生产者和（或）经销者的名称，地址和联系方式，储存条件等法律强制性规定的标签信息。根据《食品安全法》九十二条、九十七条，食品安全国家标准《预包装食品标签通则》的规定，被告所售食品不符合国家标准，属于"三无"食品，其来源不明。因此依据《食品安全法》以及《最高人民法院关于审理食品药品纠纷案件适用法律若干问题的规定》等相关法律法规，请求被告承担十倍赔偿责任。

被告上海寻梦信息技术有限公司辩称，一、答辩人系第三方电子商务平台，作为平台对涉案商品标签的网络信息没有参与制作、编辑或者给予推荐，已经对购买者或者商家进行了告知；二、已经对拼多多的服务平台进行了认定；三、答辩人已经履行了合理审慎的义务，没有在拼多多平台侵害消费者权益，依法不应当承担赔偿责任。上海寻梦信息技术有限公司首先能够提供涉案商品的信息、名称及销售地址，只有不能提供商品的名称等信息才可以要求网络平台承担赔偿责任；其次，已经对消费者进行了相关的提醒，已经在拼多多平台向消费者进行了告知和声明，所以答辩人不存在侵害消费者合法权益的情形。

法院认为：被告上海寻梦信息技术有限公司不是本案涉案商品的经营者、生产者，无退还货款及退货的义务，原告主张退还货款，本院不予支持。被告上海寻梦信息技术有限公司系拼多多平台的经营方，作为网络食品交易第三方平台提供者，经营者深圳市成隆记贸易有限公司因通过登记的住所或经营场所无法联系，于2018年8月20日列入工商登记信息的经营异常名录，因经营场所无法联系的法律风险是实际存在的，在此情况下，不应当过分加大被告上海寻梦信息技术有限公司提供联系方式的义务，被告上海寻梦信息技术有限公司已经实名登记了经营者深圳市成隆记贸易有限公司经营许可证，并披露了商家主体信息及联系方式等，已经尽到了合理的审查义务和信息披露义务，原告主张被告上海寻梦信息技术有限公司未提供有效联系方式，据此承担十倍赔偿责任，不符合《中华人民共和国消费者权益保护法》第四十四条的规定，本院依法不予支持。

案例2，唯品会假酒案（资料来源：中国消费者协会官网，唯品会回复中消协公开劝谕并向消费者致歉）

导读： 网络购物中，电子商务平台的责任是什么？消费者在唯品会上买到假货，唯品会应负先行赔付责任吗？

2015年12月7日晚，唯品会举行了7周年庆典，市场价849元/瓶的53度500毫升飞天茅台酒，活动价仅为578元/瓶。随后，多名购买者怀疑该茅台酒为假酒，后经鉴定，确为假酒。但唯品会发表声明称，已经遵照国家法律建立完整的供应商资质审核机制和流程，事前已尽到对相关供应商资质审查义务。其后，唯品会于12月31日发表声明承认，12 月 8 日"知名白酒特惠专场"所销售的飞天茅台中"掺有非茅台集团原厂原装产品"，承诺对购买了产品的 903 位消费者进行"先行垫付"商品价值的十倍赔偿。中国消费者协会在 2016 年 1 月 5 日发出《中国消费者协会致唯品会（中国）有限公司的劝谕函》，指事件"在广大消费者中造成恶劣影响"，并提出了三个问题，劝谕唯品会真诚面对和回应消费者诉求。

案例 3，京东自营≠京东商城自营（资料来源：ZOL 新闻中心《注意"京东自营"≠京东商城自己经营》）

导读：电子商务平台自营商品与非自营商品，对消费者承担的责任有区别吗？

2016 年 5 月 13 日，范先生在京东商城购买了四款京东自营真力时手表，总价款 14.7 万余元，据京东商城官网商品介绍，手表表镜材质为蓝宝石水晶，但范先生将手表送至工商联珠宝玉石检测中心检测后，发现表镜为人工合成蓝宝石。范先生将京东商城的提供方京东电子商务公司告上法庭。

庭审中，京东电子商务公司辩称，双方不存在买卖合同关系，尽管涉案产品属京东自营，但该公司仅提供网络交易平台，未参与买卖行为。"京东自营"为京东集团自营而非京东商城自营，具体的销售主体由京东集团根据订单具体情况确定，即根据消费者所在区域、商品库存量等，由京东集团自行决定开发票主体及发货公司主体，该商品销售主体为京东海荣公司，京东电子商务公司非适格被告。朝阳区人民法院因此驳回了范先生的诉讼请求。

2016 年 12 月，朝阳区人民法院向京东发出司法建议，建议京东在网站页面显著位置对"自营"等专有概念作出明确解释，所有商品销售页面均应披露销售者详细信息，并将销售授权书在明显位置予以公示。

第二节　经营者的义务

一　经营者的界定

《消费者权益保护法》并没有界定经营者，仅在第三条规定，经营者为消费者提供其生产、销售的商品或者提供服务，应当遵守本法。但在《反不正当竞争法》和《反垄断法》里都有对经营者的界定。《反不正当竞争法》第二条规定，经营者是指从事商品生产、经营或者提供服务（以下所称商品包括服务）的自然人、法人和非法人组织。《反垄断法》第十二条规定，经营者是指从事商品生产、经营或者提供服务的自然人、法人和其他组织。

综上，《消费者权益保护法》所称的经营者是指为消费者提供其生产、销售的商品或提供服务的自然人、法人和其他组织。

1. 经营者是一个广泛的概念，种类繁多，包括各种形式的生产者、销售者和服务的提供者。其组织形式包括法人、非法人组织和自然人。

2. 经营者是与消费者相对应的一方当事人，包括合法和不合法的。合法经营的经营者当然接受消法对其的规范和调整；非法经营的经营者也要根据消法承担其对消费者的侵权责任。

3. 营利性是经营者的本质属性，其为消费者提供商品或服务是以营利为目的。

二　经营者的义务

在消费关系中，经营者和消费者是相对应的概念。基于保护消费者权益的立法宗旨，经营者在《消费者权益保护法》中主要是以义务主体身份出现。

根据《消费者权益保护法》，经营者的义务主要包括以下内容：

1. 应依法履行法定和约定的义务

经营者向消费者提供商品或者服务，应当依照本法和其他有关法律、法规的规定履行义务。经营者和消费者有约定的，应当按照约定履行义务，但双方的约定不得违背法律、法规的规定。经营者向消费者提供商品或者服务，应当恪守社会公德，诚信经营，保障消费者的合法权益；不得设定不公平、不合理的交易条件，不得强制交易。

2. 应听取和接受消费者的批评监督，保障消费者的批评监督权

经营者应当听取消费者对其提供的商品或者服务的意见，接受消费者的监督。

3. 应保障消费者人身和财产安全

经营者应当保证其提供的商品或者服务符合保障人身、财产安全的要求。对可能危及人身、财产安全的商品和服务，应当向消费者作出真实的说明和明确的警示，并说明和标明正确使用商品或者接受服务的方法以及防止危害发生的方法。宾馆、商场、餐馆、银行、机场、车站、港口、影剧院等经营场所的经营者，应当对消费者尽到安全保障义务。

4. 应依法承担召回义务

经营者发现其提供的商品或者服务存在缺陷，有危及人身、财产安全危险的，应当立即向有关行政部门报告和告知消费者，并采取停止销售、警示、召回、无害化处理、销毁、停止生产或者服务等措施。采取召回措施的，经营者应当承担消费者因商品被召回支出的必要费用。

5. 应履行真实宣传和信息披露的义务，保障消费者的知情权

经营者向消费者提供有关商品或者服务的质量、性能、用途、有效期限等信息，应当真实、全面，不得作虚假或者引人误解的宣传。经营者对消费者就其提供的商品或者服务的质量和使用方法等问题提出的询问，应当作出真实、明确的答复。经营者提供商品或者服务应当明码标价。

经营者应当标明其真实名称和标记。租赁他人柜台或者场地的经营者，应当标明其真实名称和标记。

采用网络、电视、电话、邮购等方式提供商品或者服务的经营者，以及提供证券、保险、银行等金融服务的经营者，应当向消费者提供经营地址、联系方式、商品或者服务的数量和质量、价款或者费用、履行期限和方式、安全注意事项和风险警示、售后服务、民事责任等信息。

6. 应依法出具购货凭证或服务单据

经营者提供商品或者服务，应当按照国家有关规定或者商业惯例向消费者出具发票等购货凭证或者服务单据；消费者索要发票等购货凭证或者服务单据的，经营者必须出具。

7. 应履行相应的质量担保义务

经营者应当保证在正常使用商品或者接受服务的情况下，其提供的商品或者服务应当具有的质量、性能、用途和有效期限；但消费者在购买该商品或者接受该服务前已经知道其存在瑕疵，且存在该瑕疵不违反法律强制性规定的除外。

经营者以广告、产品说明、实物样品或者其他方式表明商品或者服务的质量状况的，应当保证其提供的商品或者服务的实际质量与表明的质量状况相符。

经营者提供的机动车、计算机、电视机、电冰箱、空调器、洗衣机等耐用商品或者装饰装修等服务，消费者自接受商品或者服务之日起六个月内发现瑕疵，发生争议的，由经营者承担有关瑕疵的举证责任。

8. 应依法履行三包义务

经营者提供的商品或者服务不符合质量要求的，消费者可以依照国家规定、当事人约定退货，或者要求经营者履行更换、修理等义务。没有国家规定和当事人约定的，消费者可以自收到商品之日起七日内退货；七日后符合法定解除合同条件的，消费者可以及时退货，不符合法定解除合同条件的，可以要求经营者履行更换、修理等义务。

依照前款规定进行退货、更换、修理的，经营者应当承担运输等必要费用。

9. 应依法履行无理由退货义务

经营者采用网络、电视、电话、邮购等方式销售商品，消费者有权自收到商品之日起七日内退货，且无需说明理由，但下列商品除外：（1）消费者定作的；（2）鲜活易腐的；（3）在线下载或者消费者拆封的音像制品、计算机软件等数字化商品；（4）交付的报纸、期刊。

除前款所列商品外，其他根据商品性质并经消费者在购买时确认不宜退货的商品，不适用无理由退货。

消费者退货的商品应当完好。经营者应当自收到退回商品之日起七日内返还消费者支付的商品价款。退回商品的运费由消费者承担；经营者和消费者另有约定的，按照约定。

10. 应依法履行格式条款的提示说明义务

经营者在经营活动中使用格式条款的，应当以显著方式提请消费者注意商品或者服务的数量和质量、价款或者费用、履行期限和方式、安全注意事项和风险警示、售后服务、民事责任等与消费者有重大利害关系的内容，并按照消费者的要求予以说明。

经营者不得以格式条款、通知、声明、店堂告示等方式，作出排除或者限制消费者权利、减轻或者免除经营者责任、加重消费者责任等对消费者不公平、不合理的规定，不得利用格式条款并借助技术手段强制交易。

格式条款、通知、声明、店堂告示等含有前款所列内容的，其内容无效。

11. 应尊重消费者的人格尊严

经营者不得对消费者进行侮辱、诽谤，不得搜查消费者的身体及其携带的物品，不得侵犯消费者的人身自由。

12. 应履行依法保护消费者个人信息的义务

经营者收集、使用消费者个人信息，应当遵循合法、正当、必要的原则，明示收集、使用信息的目的、方式和范围，并经消费者同意。经营者收集、使用消费者个人信息，应当公开其收集、使用规则，不得违反法律、法规的规定和双方的约定收集、使用信息。

经营者及其工作人员对收集的消费者个人信息必须严格保密，不得泄露、出售或者非法向他人提供。经营者应当采取技术措施和其他必要措施，确保信息安全，防止消费者个人信息泄露、丢失。在发生或者可能发生信息泄露、丢失的情况时，应当立即采取补救措施。

经营者未经消费者同意或者请求，或者消费者明确表示拒绝的，不得向其发送商业性信息。

第三节　电子商务平台的经营者身份

一　问题的提出

网络购物这一崭新交易方式随着网络经济的发展而快速发展，正迅速改变着我国城乡居民的生活方式，并深刻影响着商业、仓储、物流、金融、网络支付结算等行业的发展。来自国家统计局官网 2019 年国民经济年报的统计数据显示，2019 年我国全年网上商品零售额达到106324.2 亿元，比上年度增长 16.5%。这样的网络购物规模和增长速度，在令人称羡的同时，也势必存在大量的网络购物纠纷。作为网络购物的重要载体——电子商务平台，也频繁出现在网络购物纠纷诉讼中。

电子商务平台的出现打破了传统实体店消费中消费者与经营者一对一的模式，似乎出现了消费者、平台、经营者三方格局。在涉及网络购物的诉讼中，网络购物平台无一例外会成为"被告"，且大多数情况下是共同被告，少数情况下是唯一被告。可见，从消费者角度，消费者在平台上选购商品或服务，付款收货，平台就是消费者的交易相对人。但平台往往辩称自己是消费者、经营者之间的媒介，是第三方平台。从检索到的司法裁判看，法院判决也大多支持了平台的主张。

电子商务平台到底是经营者和消费者之外的第三方，还是与消费者相对应的相对方，直接关系其法律责任问题。那么，从保护消费者权益角度，究竟应如何界定电子商务平台在网络交易中的法律地位？

二 电子商务平台的运营模式

随着电子商务的发展，各种模式的网络交易平台开始出现，从最初的单纯提供电子经营场所到后来的自营购物网站的出现，电子商务平台的形式也出现了不同的变化。目前有以下几种运营模式。

1. 仅提供网络销售平台，不参与销售

此种类型为最早的传统网络经营平台，作为独立于销售方和消费方的第三方，仅提供电子销售平台和对应的监管审查服务，其主要功能是对平台进行维护和管理，并不直接参与此平台上的买卖销售行为，是一种单一的经营平台模式。

2. 提供网络销售平台，同时在该平台上开展自营活动

随着网络销售行为的日渐成熟，许多品牌自己搭建网络销售平台并对平台进行相应的维护和管理，同时允许其他销售者进入该平台，组成一个自营和他营相结合的复合型网络经营平台。此时的网络经营平台在他营活动中为独立于买家和卖家之间的第三方经营平台，在自营活动中就成为集销售方和平台方为一体的复合型第三方平台，此时的网络经营平台的第三方身份并不完全独立，偶尔也与销售主体重合。

3. 网络销售平台仅为自用

目前存在许多的小型网络销售平台，其建立之初只是为了销售自己的产品或者服务，整个平台结构简单，类似于一个电子超市，将线下的一个门店打造成线上的形式，从商品的买卖到店铺的维护甚至到物流货运，到经营平台的建立和管理均由一方来完成，此时的网络销售平台既是销售者也是第三方，构成了一种销售与平台合为一体的"一体化"网络经营第三方平台模式。特别是在此次疫情期间，有许多蔬菜配送商自行建立了简单的网络销售平台，通过该平台直接与消费者签订订单，并进行配送，对于某些规模较小的商户，从销售到平台维护再到物流配送可以由一人承担。

三　电子商务平台法律地位的学说

1. "柜台说"

即网络经营第三方平台提供者将其拥有支配权的网络经营平台出租给销售者或服务者，并按期向作为承租人的销售者或服务者收取一定的费用作为租金，两者之间实为租赁合同关系。网络经营第三方平台相当于一个电子柜台，为网络卖家提供进行销售行为的空间，并以收取租金为获利方式。

2. "居间说"

即网络经营第三方平台提供者为买卖双方提供牵线搭桥的服务，实际上起到了中介的作用。也就是网络经营第三方平台提供了对接买方和卖方的服务，使双方能够产生联系并开展销售行为，网络经营第三方平台通过类似于收取中介费的方式获利。

3. "网络企业法人说"

即网络经营第三方平台是指设立、运营网络交易平台，为网络交易的销售者、服务者与消费者进行网络经营行为提供平台服务的网络企业法人。此说对网络经营第三方平台的职能进行了扩充，它不仅仅要提供销售平台，更需要提供平台运行的技术支持，以及对在此平台上的销售行为进行有限的监管，从技术层面和制度层面确保网络交易的正常进行。此说否定了简单的电子柜台租赁说法，将其功能拓展为：提供网络技术支持，维护网络交易空间的可运行性，对接买卖双方，以及以此基础上的资格审查、经营秩序管理等功能。

上述学说在理论上至今仍存在争议。吴仙桂教授在其《网络交易平台的法律定位》一文中对居间说和柜台说等表示反对，她认为网络经营第三方平台是特殊的租赁平台，出租的是一个电子数据信息搭建的虚拟空间，其作用相当于连通网络交易卖方和买方的桥梁，为各类网络经营提供网络空间及技术和交易服务的计算机网络系统，不只是提供一个电子柜台那么简单。而杨立新教授则将网络经营平台定义为一种新型的交易中介，网络经营第三方平台与买卖双方分别签订服务条款，对卖方进行资格审查，但不直接参与双方的交易活动，对于使用该平台不收取费用，通过提供增值服务、广告费等获得利润，与网络服务提供者的法律地位相似。

四 电子商务平台法律地位的法律规定

在我国现行法律或规范中，由于外延不同，网络交易平台的法律角色也不同：在《消费者权益保护法》中称"网络交易平台提供者"；在《侵权责任法》中称"网络服务提供者"；在《电子商务法》中称电子商务平台经营者；在《第三方电子商务交易平台服务规范》中称"第三方电子商务交易平台"，不一而足。

与电子商务平台的法律地位相关的法律主要有《消费者权益保护法》和《电子商务法》。

1. 《消费者权益保护法》将网络交易平台定位为第三方

《消费者权益保护法》第四十四条规定：消费者通过网络交易平台购买商品或者接受服务，其合法权益受到损害的，可以向销售者或者服务者要求赔偿。网络交易平台提供者不能提供销售者或者服务者的真实名称、地址和有效联系方式的，消费者也可以向网络交易平台提供者要求赔偿；网络交易平台提供者作出更有利于消费者的承诺的，应当履行承诺。网络交易平台提供者赔偿后，有权向销售者或者服务者追偿。网络交易平台提供者明知或者应知销售者或者服务者利用其平台侵害消费者合法权益，未采取必要措施的，依法与该销售者或者服务者承担连带责任。可见，消法是把网络交易平台界定为消费者和经营者之外的第三方，仅在有承诺或过错时对消费者承担赔偿或连带责任，且享有对销售者或服务者的追偿权。

2. 《电子商务法》明确电子商务平台的经营者身份

根据《电子商务法》第三十七、三十八条的规定，电商平台主要承担的是对平台内经营者的审核义务，当侵权发生时，承担的是连带责任，但对自营业务承担直接责任。

第三十七条规定：电子商务平台经营者在其平台上开展自营业务的，应当以显著方式区分标记自营业务和平台内经营者开展的业务，不得误导消费者。电子商务平台经营者对其标记为自营的业务依法承担商品销售者或者服务提供者的民事责任。

第三十八条规定：电子商务平台经营者知道或者应当知道平台内经营者销售的商品或者提供的服务不符合保障人身、财产安全的要求，或者有其他侵害消费者合法权益行为，未采取必要措施的，依法与该平台内经营者承担连带责任。对关系消费者生命健康的商品或者服务，电子商务平台经营者对平台内经营者的资质资格未尽到审核义务，或者对消费者未尽到安全保障义务，造成消费者损害的，依法承担相应的责任。

但是，根据《电子商务法》第九条，电子商务经营者包括电子商务平台经营者、平台内经营者以及通过自建网站、其他网络服务销售商品或者提供服务的电子商务经营者。《电子商务法》在规定电子商务经营者义务时并未区分平台和平台内经营者，如第十三条规定：电子商务经营者销售的商品或者提供的服务应当符合保障人身、财产安全的要求和环境保护要求，不得销售或者提供法律、行政法规禁止交易的商品或者服务。第十七条：电子商务经营者应当全面、真实、准确、及时地披露商品或者服务信息，保障消费者的知情权和选择权。电子商务经营者不得以虚构交易、编造用户评价等方式进行虚假或者引人误解的商业宣传，欺骗、误导消费者。第二十条：电子商务经营者应当按照承诺或者与消费者约定的方式、时限向消费者交付商品或者服务，并承担商品运输中的风险和责任。但是，消费者另行选择快递物流服务提供者的除外。第四十八条规定：消费者要求电子商务平台经营者承担先行赔偿责任以及电子商务平台经营者赔偿后向平台内经营者的追偿，适用《中华人民共和国消费者权益保护法》的有关规定。

综上，法律在界定网络交易平台法律地位时，一方面将其作为相对于消费者和经营者的第三方，一方面又并不否认其具有经营者的地位，理应根据《消费者权益保护法》承担销售者的先行赔偿责任。

五 电子商务平台法律地位的论证

认定网络交易平台的法律地位，只需将网络平台和实体商业平台做一比较就显而易见。在实体商贸消费模式中，消费者在实体商贸购买商品和服务，是不需要区分这个实体商贸是自营还是只为商品销售者提供销售平台的。只要是在该商贸处购买的商品，该商贸就应承担先行赔付义务，消费者也享有求偿选择权。

实体商贸平台和网络平台最大的区别，就是一个是实体平台，一个是虚拟平台。如果因为平台虚拟，就将网络交易平台置于第三方位置，而实体平台就处于直接面对消费者的经营者一方，显然是不符合逻辑的。而且，由于网络交易平台具有虚拟性，消费者面临的消费风险可能更大。将虚拟交易平台的地位后移，意味着将更多的消费风险转嫁给消费者，这不符合消法的消费者弱者保护宗旨。

电子商务平台和平台内经营者本就是利益共同体，他们最终的营利都来源于消费者的消费。因此，将电子商务平台定位为居于消费者和平台内经营者之间的所谓第三方，除了便于平台推卸责任外，对本就处于弱势地位的消费者来说毫无公平可言。

综上所述，从保护消费者权益角度，不应把电商平台界定为第三方。相对于消费者，生产者、销售者抑或网络交易平台，都是经营者。根据《消费者权益保护法》的先行赔付制度，在发生消费纠纷时，网络交易平台理应承担先行赔付责任。从唯品会代为垫付十倍赔偿来看，唯品会主动承担先行赔付的责任，也恰恰能印证其相对于消费者的经营者地位。

在市场经济初期，面对产品质量问题时，消费者也常常遭遇生产者和经营者之间的互相推诿，权益受损难以救济。经过多年的努力，《消费者权益保护法》和《产品质量法》明确了经营者先行赔付义务和消费者的求偿选择权，这是消费者权益保护工作的胜利。相信电子商务时代，将电子商务平台前置，赋予其先行赔付义务，也应为时不远。

第三章 消费者协会

第一节 案例导读

案例1，中消协"福田五星牌"正三轮摩托车首例公益诉讼案（资料来源：中国消费者协会官网）

导读：中国消费者协会在消费公益诉讼中发挥什么作用？

中国消费者协会公益诉讼案件情况通报称，2015年12月，中消协接到投诉函，反映山东福田雷沃国际重工股份有限公司（2015年11月福田雷沃国际重工股份有限公司更名为雷沃重工股份有限公司，总部设在山东潍坊，以下简称"雷沃重工"）生产、销售的"福田五星牌"正三轮摩托车不符合强制性国家标准规定、侵害消费者利益。

中消协成立专门工作组，对相关线索进行研究论证，并委托律师事务所开展调查。同时，组织河北、内蒙古、吉林、黑龙江等地方消协开展区域调查，向工信部、公安部交管局、地方工商和市场监管部门查询，获取了有关涉案企业违法行为的行政处罚决定书、涉案车辆的执法记录、车辆退办证明、部分涉案型号车辆落户情况等，还通过购买实车、测量公证等方式，固定相关证据。有关证据证明涉案企业生产销售不符合强制性国家标准以及被公告撤销的车型车辆数量大、销售范围广，损害众多消费者合法权益和社会公共利益。

2016年7月1日，中消协就雷沃重工等四被告违法、违规生产销售正三轮摩托车案提起公益诉讼。诉讼请求包括：1. 判令被告立即停止生产、销售已被工信部《道路机动车辆生产企业及产品公告》撤销的所有型号产品；2. 判令被告立即停止生产、销售不符合强制性国家标准的所有型号产品；3. 判令被告消除其违法、违规生产和销售的所有型号产品的安全风险；4. 确认被告违法、违规生产和销售的行为对众多不特定消费者构成了《中华人民共和国消费者权益保护法》第五十五条规定的"欺诈行为"；5. 判令被告赔偿原告为公益诉讼支付的费用（包括但不限于：调查取证的费用、鉴定费用、公证费用、采取诉讼保全措施的申请费和实际支出费用、律师代理费用以及交通、住宿等其他合理费用等）；6. 本案诉讼费用由被告承担。北京市四中院受理该案后，中消协向社会通报了案件有关情况。

中消协起诉后，被告雷沃重工多次向法院申请延期举证，并与我会进行了多次会谈。我会督促其正视存在问题，对照公益诉讼请求进行整改。经过会谈、督促，雷沃重工部分认识到存在问题，并进行自查，共查出生产不符合强制性国家标准的车型车辆 31085 台，其中已经售出 26959 台；查出生产公告撤销车型车辆 909 台，其中已经销售 870 台。2017 年 "3·15" 前，中消协向社会通报了案件进展情况。

此后，双方围绕诉讼请求中的一些关键问题反复沟通。其间，雷沃重工先后向法庭提交了 243 份计 2780 页的证据用以反驳原告的诉讼请求。中消协开展大量调查、论证工作，邀请专家、律师多次研讨，两次组织相关省市消协向当地公安交管部门、工商和市场监管部门进行调查，向工信部、公安部交管局、国家标准委等发出查询函，申请调查令向国家认监委调查，进一步固定和充实相关证据，先后五次向法院提交证据 55 份计 741 页。双方在法庭主持下先后进行了证人质证、两次证据质证，专家辅助人出庭接受问询，就涉案核心问题进行了多轮辩论。

在雷沃重工一再要求调解的情况下，中消协确定了三项调解基本原则：一是双方达成的调解方案没有减少原告诉讼请求对消费者权益的保护，二是调解方案能够得到法院的认可，三是调解方案能得到社会的广泛认同，并明确了相关调解底线。本案进入法庭主持下调解程序。

在法庭主持下，经过多轮沟通和谈判，在被告同意满足中消协全部诉讼请求的基础上，当事各方于 2019 年 4 月 26 日达成初步调解协议。经法院公告和审查，6 月 10 日，北京市四中院正式签发民事调解书。

目前，雷沃重工已就案涉违法行为发布道歉声明，并刊登调解书主要内容。有关内容将在《法制日报》《农民日报》、今日头条、腾讯以及山东《齐鲁晚报》、吉林《新文化报》、河北《河北经济日报》、黑龙江《生活报》、内蒙古《北方新报》等媒体三次进行刊登，其中腾讯网站和雷沃重工设立的网络平台将持续刊载相关内容六个月。

案例2，吉林省消协"工业盐假冒食用盐"公益诉讼案（资料来源：吉林省消费者协会官网）

导读： 省级消费者协会在消费公益诉讼中的作用。

2014年8月，经营者韩某龙、王某丽、韩某在长春市宽城区光复路其经营的龙昌调料行内多次销售假冒食用盐9.45吨，后民警在其仓库内又查获同批未销售的假冒食用盐9.7吨。经吉林省产品质量监督检验院检验，查获的"高级精制盐"碘的含量为零，该批产品按GB5461—2000、GB26878—2011、GB2721—2003标准检验不合格，不能流入食用盐市场。另查明，吉林省全境为缺碘地区，在吉林省行政区域内，销售不符合《食品安全国家标准食用盐碘含量》（GB26878—2011）的，违反了《食盐加碘消除碘缺乏危害管理条例》。

2016年5月11日，长春市宽城区人民法院依法作出判决，以犯销售不符合安全标准食品罪，分别判处韩某龙有期徒刑1年，处罚金2.5万元；判处王某丽有期徒刑6个月，缓刑1年，处罚金1万元；判处韩某有期徒刑6个月，处罚金1万元。

长春市检察院依照《人民检察院提起公益诉讼试点工作实施办法》第十三条之规定，履行诉前程序，于2016年6月向吉林省消费者协会发出检察建议，督促其就本案依法提起民事公益诉讼。吉林省消费者协会回函明确表示将以原告身份提起诉讼。

2016年8月30日，吉林省消费者协会向长春市中级人民法院递交了起诉状，将经营者韩某龙、王某丽、韩某诉至长春市中级人民法院。吉林省消费者协会认为，3被告所销售的假冒食用盐存在严重的质量缺陷，危及广大消费者人身安全，且3被告对此未向消费者作出说明，其行为侵害了不特定消费者的合法权益，请求法院判令3被告在省级以上新闻媒体公开赔礼道歉。11月1日上午，长春市中级人民法院依法审理此案后，当庭作出宣判，判令被告通过省级新闻媒体向社会公众赔礼道歉。3 被告当庭表示不上诉。

第二节　消费者协会的职责

消费者协会是依法成立的对商品和服务进行社会监督的保护消费者合法权益的社会组织。

目前，全国县以上消费者协会已达3000多个，其中省、自治区、直辖市31个。在农村乡镇、城市街道设立的消协分会，在村委会、居委会、行业管理部门、高等院校、厂矿企业中设立的监督站、联络站等各类基层网络组织达15.6万个，义务监督员、维权志愿者有10万余名。

消费者协会主要履行公益性职责，其经费主要来源于政府支持。《消费者权益保护法》规定，各级人民政府对消费者协会履行职责应当予以必要的经费等支持。

根据《消费者权益保护法》第三十七条和四十七条的规定，消费者协会的公益性职责包括：

（1）向消费者提供消费信息和咨询服务，提高消费者维护自身合法权益的能力，引导文明、健康、节约资源和保护环境的消费方式；

（2）参与制定有关消费者权益的法律、法规、规章和强制性标准；

（3）参与有关行政部门对商品和服务的监督、检查；

（4）就有关消费者合法权益的问题，向有关部门反映、查询，提出建议；

（5）受理消费者的投诉，并对投诉事项进行调查、调解；

（6）投诉事项涉及商品和服务质量问题的，可以委托具备资格的鉴定人鉴定，鉴定人应当告知鉴定意见；

（7）就损害消费者合法权益的行为，支持受损害的消费者提起诉讼或者依照本法提起诉讼；

（8）对损害消费者合法权益的行为，通过大众传播媒介予以揭露、批评；

（9）对侵害众多消费者合法权益的行为，中国消费者协会以及在省、自治区、直辖市设立的消费者协会，可以向人民法院提起诉讼。

同时，为保障公益性职责的履行，《消费者权益保护法》为消费者协会设定两项义务：（1）消费者协会应当认真履行保护消费者合法权益的职责，听取消费者的意见和建议，接受社会监督。（2）消费者组织不得从事商品经营和营利性服务，不得以收取费用或者其他牟取利益的方式向消费者推荐商品和服务。

中国消费者协会于 1984 年 12 月经国务院批准成立，是对商品和服务进行社会监督的保护消费者合法权益的全国性社会组织。中国消费者协会的宗旨是：对商品和服务进行社会监督，保护消费者的合法权益，引导广大消费者合理、科学消费，促进社会主义市场经济健康发展。

中国消费者协会的组织机构是理事会。理事由各政府有关部门、人民团体、新闻媒体、各省、自治区、直辖市及计划单列市消费者协会（委员会，下同）以及各有关方面的消费者代表协商推举产生。理事会全体会议每年召开一次。闭会期间，由常务理事会行使理事会职权。协会的日常工作由常设办事机构承担，秘书长、副秘书长专职管理，并向会长负责。中国消费者协会的经费由政府资助和社会赞助。

根据全国消协组织受理投诉情况统计，2020 年全国消协组织共受理消费者投诉 982249 件，解决 749317 件，解决率 76.29%，为消费者挽回经济损失 156393 万元。其中，因经营者有欺诈行为得到加倍赔偿的投诉 5864 件，加倍赔偿金额 825 万元。全年接待消费者来访和咨询 125 万人次。①

第三节　消协与消费民事公益诉讼

公益诉讼制度的产生源于现代工业经济的迅速发展。经济学上的

---

① 数据来源于中国消费者协会官网《2020 年全国消协组织受理投诉情况分析》。

"公地悲剧"① 现象表明处于无保护状态下的公共利益最容易受到侵害。消费者权益领域亦是如此。传统诉讼法理论认为，诉的利益通常被理解为涉及原告的私人利益，消费者个人利益受到了损害，消费受害者可以及时请求司法救济，从而获得相应的损害赔偿，即"直接利害关系规则"。但当不特定多数人的消费利益受损时，要么无人问津，要么只有少数人维权，无法追究侵权人的全部责任。比如，众多行业以身高为标准给未成年人的优惠政策，排除和限制了不特定大多数未成年人的消费者权利，共享单车企业大量消费者押金退款难、维权难等问题，依靠消费者个人维权往往很难从根本上解决问题。随着诉讼理论上诉的利益由保障私人利益向私人利益公共利益兼顾转化，消费民事公益诉讼便应运而生。

所谓消费民事公益诉讼是指法律规定的国家机关和相关的组织，根据法律的授权，对违反法律法规，侵犯众多消费者合法权益的行为向法院起诉，由法院依法追究法律责任的活动。

消费民事公益诉讼不仅起诉主体是法定的、诉讼目的是公益的，其诉讼结果也具有扩张性特点，因同一侵权行为遭受损害的消费者，都将受益于该判决，且无须另行提起诉讼，如另行提起民事私益诉讼的，对于已被消费民事公益诉讼认定的事实，无须再进行举证。消费民事公益诉讼弥补了消费领域私益诉讼维权的不足，通过授予特定机关和社会组织以诉权，达到维护众多不特定消费者合法权益和社会公共利益的目的，具有相较于消费者个人诉讼的突出优势和作用，能够对消费者个人提起消费维权诉讼进行补充。

一　我国消费民事公益诉讼的法律依据

2012 年，我国进行了《民事诉讼法》的修改工作，增加了法定主体可以提起消费民事公益诉讼的规定，"侵害众多消费者合法权益等损

---

① 在外国，有人做过一个有趣的实验，取一块草地，草地被划分成几块分给牧羊人，但在中间留下了一块作为公共用地，每一个牧羊人都可以自由使用。结果，社会学者们发现，一年下来，被划分给个人的草地被有计划和节制地使用，而作为公共用地的草地却因为过度放牧而寸草不生。

害社会公共利益的行为，法律规定的机关和有关组织可以向人民法院提起诉讼"。

2013 年修改的《消费者权益保护法》第四十七条明确规定，对侵害众多消费者合法权益的行为，中国消费者协会以及在省、自治区、直辖市设立的消费者协会，可以向人民法院提起诉讼，进一步肯定了中国消费者协会以及在省、自治区、直辖市设立的消费者协会提起消费民事公益诉讼的主体资格。

2016 年 5 月 1 日施行的《最高人民法院关于审理消费民事公益诉讼案件适用法律若干问题的解释》（以下简称"消费公益诉讼解释"）除了规定中国消费者协会以及在省、自治区、直辖市设立的消费者协会可以提起消费民事公益诉讼外，还增加了一类主体：法律规定或者全国人大及其常委会授权的机关和社会组织。该司法解释还进一步明确了可以提起消费公益诉讼的情形：

（1）提供的商品或者服务存在缺陷，侵害众多不特定消费者合法权益的；

（2）提供的商品或者服务可能危及消费者人身、财产安全，未作出真实的说明和明确的警示，未标明正确使用商品或者接受服务的方法以及防止危害发生方法的；对提供的商品或者服务质量、性能、用途、有效期限等信息作虚假或引人误解宣传的；

（3）宾馆、商场、餐馆、银行、机场、车站、港口、影剧院、景区、娱乐场所等经营场所存在危及消费者人身、财产安全危险的；

（4）以格式条款、通知、声明、店堂告示等方式，作出排除或者限制消费者权利、减轻或者免除经营者责任、加重消费者责任等对消费者不公平、不合理规定的；

（5）其他侵害众多不特定消费者合法权益或者具有危及消费者人身、财产安全危险等损害社会公共利益的行为。

2017 年修正的《中华人民共和国民事诉讼法》第五十五条规定：对污染环境、侵害众多消费者合法权益等损害社会公共利益的行为，法律规定的机关和有关组织可以向人民法院提起诉讼。人民检察院在履行职责中发现破坏生态环境和资源保护、食品药品安全领域侵害众多消费者合法权益等损害社会公共利益的行为，在没有前款规定的机关和组织或者前款规定的机关和组织不提起诉讼的情况下，可以向人民法院提起诉讼。前款规定的机关或者组织提起诉讼的，人民检察院可以支持起诉。

综上，可以提起消费民事公益诉讼的主体包括中国消费者协会和在省、自治区、直辖市设立的消费者协会、人民检察院以及法律规定或者全国人大及其常委会授权的机关和社会组织。其中，由于消费者协会是依法成立的对商品和服务进行社会监督的保护消费者合法权益、履行公益性职能的专门社会组织，其在消费公益诉讼中的地位举足轻重。

二 消费者协会的消费民事公益诉讼实践

消费公益诉讼制度确立以来，中消协和浙江、广东、吉林、山西、四川、湖北等多个省级消协积极实践，纷纷开展消费公益诉讼维权活动和专题研讨活动。2019 年 6 月 10 日，中国消费者协会首例公益诉讼案件①以调解方式结案。该案中，中国消费者协会充分阐释了其"保护消费者合法权益"的宗旨，积极履行了其公益性职责，创造性地保护了消费者切身权益和社会公共利益，充分彰显了消费民事公益诉讼在保护消费者权益方面的显著优点，对于督促企业依法合规生产经营，提高消费者安全消费、依法维权意识具有重要意义。但消费者协会在消费民事公益诉讼中仍面临一些难点问题。

1. 消费民事公益诉讼制度还不完善

由于我国的消费者公益诉讼制度刚刚建立不久，尚处于不完善阶段，查遍我国的现行立法，除了在新《民事诉讼法》和新《消费者权益保护法》中有两个条文属于公益诉讼的内容外，缺少配套的诉讼规则和制度。除此之外，我国消费者公益诉讼并没有其他实践依据，公益诉讼要想实现良好的运行仍然举步维艰。

2. 起诉动力不足

消费者协会的诉权来源于法律的直接规定，提起消费民事公益诉讼

---

① 中消协诉雷沃重工、天华旭等"违法违规销售正三轮摩托车"案。

是在履行其公益性职能。《消费者权益保护法》第四十七条和《民事诉讼法》第五十五条规定授权消费者协会消费民事公益诉讼原告主体资格时用的是"可以"一词，表明消费者协会对该类案件的提起诉讼并非强制性义务，具有可选择性。

在公益诉讼中，消协并非直接利益受损方，诉讼的结果与消费者协会无实质的联系。消费者协会作为社会组织，其在履行消费民事公益诉讼起诉主体职责的过程中，缺乏强制力，难以有效遏制消费侵权行为。例如"上海市消保委诉天津三星、广东欧珀手机预装应用软件侵权案"，上海市消保委[①]在接受三星公司和欧珀公司提出的整改方案后，提出了撤诉。撤诉后，对于三星公司及欧珀公司整改方案的执行落实情况，上海市消保委无法准确掌握并强制上述公司切实履行整改内容。显然，消协作为社会组织并没有足够的强制力对侵权经营者形成约束。以上种种都可能导致消费者协会起诉动力不足。

3. 诉讼请求受限

"消费公益诉讼解释"第十三条规定消协及检察机关提起消费民事公益诉讼可以主张"停止侵害、排除妨碍、消除危险、赔礼道歉"的诉讼请求，但没有涉及能够惩治不法经营者行为的诉讼请求。实践中，"广东省消费者委员会诉李华文案"中，广东省消委会主张十倍的惩罚性赔偿责任，被深圳市中级人民法院以惩罚性赔偿责任未被"消费公益诉讼解释"第十三条所明确予以驳回。[②] 消费民事公益诉讼起诉主体若不能提起损害赔偿之诉，则其所能发挥的消费维权作用将受到极大限制，违法经营者履行"停止侵害、排除妨碍、消除危险、赔礼道歉"的相应判决义务，并没有明显增加其违法成本，对以营利为目的的经营者无法起到威慑作用。

4. 举证难

"举证难"已经成为消费纠纷诉讼当中一个"老大难"的现象。一方面，收集证据需要大量的人力物力，中消协在办理福田五星牌正三轮

---

① 现部分消费者协会已更名为"消费者保护委员会"，职能进一步优化。
② 参阅深圳市中级人民法院（2017）粤03民初547号民事判决书。

摩托车首例公益诉讼案时成立专门工作组，对相关线索进行研究论证，并委托律师事务所开展调查。同时，组织河北、内蒙古、吉林、黑龙江等地方消协开展区域调查收集证据。其艰难可见一斑。另一方面，现有的关于私益诉讼的证据制度并不能直接应用在公益诉讼活动中。

5. 诉讼费用负担重

消费公益诉讼由于其特殊的公益性，涉及的诉讼费用除了案件受理费外，还包括可能产生的律师费、调查取证费、鉴定费、勘验费、评估费以及其他因诉讼产生的合理费用。由于消费公益诉讼往往历时很长，这笔费用或成为一种负担，消弭消费者协会起诉的动力。

三 完善我国消费民事公益诉讼的建议

1. 建立维权主体合作机制

对于严重侵害不特定多数消费者合法权益等损害社会公共利益的行为，各消费维权主体应明确自身职责，加强工作协调，共同维护市场环境和社会公共利益。消费者协会作为维护消费者合法权益的专门性组织，发现消费侵权现象，应积极展开调查，对于确需进行惩治的侵权行为，及时提起消费民事公益诉讼，若因诉讼成本、人员不足等问题有所顾忌，可积极与行政监管部门进行沟通，建议行政部门依法履职，通过行政监管达到惩治违法经营行为的目的。

检察机关作为国家机关，具有地位上的显著优势，对于履职中发现的案件线索，可以根据案件难易程度，对于较为简单的案件督促或支持消协提起诉讼，对于尚未造成严重侵权现象的案件督促行政机关履行监管职能，对于可提起消费民事公益诉讼的案件，要积极协调各机关单位和社会组织，做好充分的调查、证据收集，严格落实判决履行，并建立相应的报告机制，督促侵权经营者依法经营。

在我国现阶段消费民事公益诉讼制度模式下，作为法定的消费公益维权主体，行政机关、检察机关以及省级以上消费者协会应建立高效的合作机制，通过有序的线索发现、案件分流、共同监督等措施，改善我国消费市场环境，切实维护消费者合法权益和社会公共利益，充分发挥消费民事公益诉讼的维权规模效应和制度优势。

2. 建立消费维权平台

我国法律仅授予省级以上消协及各级检察机关提起消费民事公益诉讼的主体资格，由于起诉主体的法定性，众多消费侵权现象无法被发现，市场环境复杂，消协及检察机关无法准确获得案件线索。可通过现有的或建立新的消费维权平台，提供侵犯众多不特定消费者合法权益的案件线索，减轻消协及检察机关的工作负担，提高维权效率，从而达到维护消费者合法权益和公共利益的目的。

消费公益诉讼维权平台建立后，消费者个人及其他社会团体可以通过此平台反映消费侵权线索，提供线索者同时提供相应的主体信息及初步线索材料，以方便平台进行数据整理分析，从而判断是否应由省级以上消协及检察机关展开诉前调查并提起诉讼。平台的运行使用规则应由消协或者检察机关制定，以准确收集侵权线索和提高司法效率为准则。

3. 增加惩罚性赔偿请求

消费民事公益诉讼就是为维护公共利益而生，通过制止违法经营者的侵权行为，对消费者的合法权益起到预防和保护的作用。在消费公益诉讼中纳入惩罚性赔偿机制，可以提高经营者的违法成本，从而惩治消费者的违法行为，并对其他市场主体起到警示和威慑作用。惩罚性赔偿的主要目的是惩罚经营者的违法行为，通过消费公益诉讼主张惩罚性赔偿，符合惩罚性赔偿的设立目的。相对于消费者个人主张惩罚性赔偿，消费公益诉讼对违法经营者的打击力度更大，能够更加有效地惩治违法经营者，达到良好的维权效果。

现阶段由消费公益诉讼起诉主体主张惩罚性赔偿存在惩罚性赔偿金计算方式不明确、归属有争议、分配困难等问题。但将惩罚性赔偿请求纳入消费民事公益诉讼诉求范围，是充分发挥消费民事公益诉讼惩治违法经营者的作用，维护消费者合法权益的重要举措，赋予消费民事公益诉讼起诉主体提出惩罚性赔偿的权利，是建立相应制度的第一步，将会促进消费维权的极大进步。

4. 完善公益诉讼证据制度

根据公益诉讼的特点建立配套的证据规则，合理分配举证责任。同时，证据提供的过程当中，为了防止损害证据的情况发生，可以设立消费者诉讼证据保全制度，避免相关经营者可能采取不法行为将有利于消费者一方的证据进行转移或销毁。基于公益诉讼的特点，还应扩大法院依职权收集和保全相关证据的职能。

5. 诉讼费用的承担

建立公益诉讼费用减免制度。消费者协会可以建立公益诉讼基金，负担公益诉讼相关费用。政府也可相应增加对消费者协会的公益诉讼专项财政拨款。

总之，消费民事公益诉讼是一种新型的以维护不特定多数消费者合法权益为核心的诉讼模式，我国检察机关以及省级以上消协尚未完全适应这种新的诉讼模式，还没有在这种制度下明确自己的职能和如何发挥主体地位作用，司法实践中还存在一些阻碍和困难，需要消协、检察机关、行政机关、司法机关以及消费者个人积极探索，共同推进这一制度的进步和完善。

第二编　权利篇

第一章　安全权

第一节　案例导读

案例1，三鹿奶粉案（资料来源：百度百科）

导读：消费者安全权是消费者最重要和基础的权利，但侵犯消费者安全权的严重事件仍时有发生。

本案起因于很多食用三鹿集团生产的婴幼儿奶粉的婴儿被发现患有肾结石，随后在其奶粉中发现化工原料三聚氰胺。根据我国官方公布的数字，截至2008年9月21日，因食用三鹿婴幼儿奶粉而接受门诊治疗咨询且已康复的婴幼儿累计39965人，正在住院的有12892人，此前已治愈出院1579人，死亡4人。另截至9月25日，香港有5人、澳门有1人确诊患病。

事件引起各国的高度关注和对乳制品安全的担忧。中国国家质检总局公布对国内的乳制品厂家生产的婴幼儿奶粉的三聚氰胺检验报告后，事件迅速恶化，包括伊利、蒙牛、光明、圣元及雅士利在内的22个厂家69批次产品中都检出三聚氰胺。2008年9月11日，石家庄三鹿集团公司发出声明，经自检发现部分批次三鹿婴幼儿奶粉受三聚氰胺污染，公司决定立即将2008年8月6日以前生产的三鹿婴幼儿奶粉全部召回。三鹿牌婴幼儿奶粉事件发生以后，中国乳协协调有关责任企业出资筹集了总额11.1亿元的婴幼儿奶粉事件赔偿金。赔偿金用途有二：一是设立2亿元医疗赔偿基金，用于报销患儿急性治疗终结后、年满18岁之前可能出现相关疾病发生的医疗费用。二是用于发放患儿一次性赔偿金以及支付患儿急性治疗期的医疗费、随诊费，共9.1亿元。

2009年1月22日，河北省石家庄市中级人民法院一审宣判，三鹿集团前董事长田文华被判处无期徒刑。三鹿集团高层管理人员王玉良、杭志奇、吴聚生则分别被判有期徒刑15年、8年及5年。三鹿集团作为单位被告，犯了生产、销售伪劣产品罪，被判处罚款人民币4937余万元。涉嫌制造和销售含三聚氰胺的奶农张玉军、高俊杰及耿金平三人被判处死刑，薛建忠无期徒刑，张彦军有期徒刑15年，耿金珠有期徒刑8年，萧玉有期徒刑5年。

案例2，王某毅、张某霞诉上海银河宾馆赔偿纠纷案（资料来源：《最高人民法院公报》2001年第2期）

导读：本案将经营者安全保障义务引入了大众的视野。

1998年8月23日，原告王某毅、张某霞之女王某为参加药品交流会到上海，入住被告的银河宾馆。下午4时40分左右在客房被犯罪分子仝某杀害。事后查明，仝某于当日下午2时零2分进入宾馆伺机作案，在按1911客房门铃待王某开门后，即强行入室将其杀害并抢劫财物，下午4时52分离开宾馆。其间，银河宾馆未对其作访客登记，且对其行踪也未能注意。

被告银河宾馆是四星级涉外宾馆，内部有规范的管理制度，并安装了安全监控设施。银河宾馆制定的《银河宾馆质量承诺细则》置放于客房内，并于1998年8月19日起实施。该细则中有"24小时的保安巡视，确保您的人身安全"，"若有不符上述承诺内容，我们将立即改进并向您赔礼道歉，或奉送水果、费用打折、部分免费，直至赔偿"等内容。

此案的争议焦点在于银河宾馆是否履行了对住客的安全保障义务，同时又可细分为：是否要进行访客登记与客房的设备是否到位两部分。

一审法院认为：原告王某毅、张某霞之女王某虽在入住被告银河宾馆期间遇害致死，财物被劫，但王某的死亡和财物被劫是罪犯仝某的加害行为所致，银河宾馆并非共同加害行为人。银河宾馆在管理工作中的过失，同王某的死亡与财物被劫没有法律上的因果关系。故王某毅、张某霞以银河宾馆在管理工作中有过失为由，要求银河宾馆承担侵权赔偿责任，没有法律依据，不予支持。判决：一、被告上海银河宾馆于本判决生效之日起 10 日内给付原告王某毅、张某霞赔偿费人民币 8 万元。二、原告王某毅、张某霞的其他诉讼请求不予准许。本案经二审维持原判。

案例 3，克莱斯勒（中国）汽车销售有限公司扩大召回部分进口牧马人汽车（资料来源：国家市场监管总局官网）

导读：产品召回制度是一项旨在保障消费者安全权的制度。

2021 年 1 月 21 日质量发展局发布，克莱斯勒（中国）汽车销售有限公司根据《缺陷汽车产品召回管理条例》和《缺陷汽车产品召回管理条例实施办法》的要求，向国家市场监督管理总局备案了召回计划。决定自 2021 年 1 月 22 日起，扩大召回 2019 年 1 月 22 日至 2019 年 2 月 1 日期间生产的进口牧马人撒哈拉、罗宾汉汽车，共计 225 辆。

本次召回范围内的部分车辆由于电子转向柱锁（ESL）的线束布置不恰当，线束可能会接触转向柱管并磨损。在特定情况下可能导致失去转向助力或车辆动力，会增加车辆发生无预警碰撞的风险，存在安全隐患。

克莱斯勒（中国）汽车销售有限公司将为召回范围内车辆免费检查电子转向柱锁（ESL）线束是否有磨损，安装夹子或维修磨损的电线并安装夹子，以固定转向柱锁（ESL）线束，消除安全隐患。

本次召回活动属于 2020 年 10 月 30 日发布的《克莱斯勒（中国）汽车销售有限公司召回部分进口牧马人汽车》召回活动的扩大召回。此次召回范围增加了 2019 年 1 月 22 日到 2019 年 2 月 1 日期间生产的车辆，这些车辆也可能受到影响。

克莱斯勒（中国）汽车销售有限公司将通过挂号信等方式，通知有关用户此次召回事宜。用户可拨打服务热线：400－650－0118 或向授权经销商进行咨询。此外，也可登录网站 dpac. samr. gov. cn、www. recall. org. cn，关注微信公众号（SAMRDPAC），了解更多信息，反映缺陷线索。

案例 4，杨梅案（资料来源：最高人民法院发布指导案例 140 号）

导读：经营者的安全保障义务是否应有合理的边界？

2017 年 5 月 19 日，近 60 岁的吴某在花都区某山村景区河道旁的杨梅树上采摘杨梅时，由于树枝枯烂断裂，吴某从树上跌落，经送医院救治无效死亡。吴某的亲属认为，该山村景区作为国家 3A 级旅游景区，在核心区域的河堤两旁种植了不少于 50 株杨梅树。由于杨梅树嫁接处较低，极易攀爬，每到杨梅成熟之际，都有大量观景人员攀爬杨梅树采摘树上的杨梅，甚至进行哄抢，景区从未采取疏导或管理等安全风险防范措施。吴某的亲属将该山村景区及其管理方村委会告上法庭，索赔 60 余万元。

此案一审二审均酌定村委会承担 5% 的赔偿责任计 4.5 万元。但经广州市中级人民法院再审认为，安全保障义务内容的确定应限于管理人的管理和控制能力范围之内。案涉景区属于开放式景区，未向村民或游客提供采摘杨梅的旅游项目，杨梅树本身并无安全隐患，若要求某村委会对景区内的所有树木加以围蔽、设置警示标志或采取其他防护措施，显然超过善良管理人的注意标准。吴某作为具有完全民事行为能力的成年人，应当充分预见攀爬杨梅树采摘杨梅的危险性，并自觉规避此类危险行为。吴某私自爬树采摘杨梅，不仅违反了该村村规民约中关于村民要自觉维护村集体的各项财产利益的村民行为准则，也违反了爱护公物、文明出行的社会公德，有悖公序良俗。吴某坠落受伤系其自身过失行为所致，某村委会难以预见并防止吴某私自爬树可能产生的后果，不应认为某村委会未尽安全保障义务。事故发生后，某村委会亦未怠于组织救治。吴某因私自爬树采摘杨梅不慎坠亡，后果令人痛惜，但某村委会对吴某的死亡不存在过错，不应承担赔偿责任。

第二节　消费者安全权之保障

三鹿奶粉案突出反映了我国在保障消费者安全权方面存在的问题。消费者安全权是消费者最基本的权益之一，《中华人民共和国消费者权益保护法》第二章第七条规定："消费者在购买、使用商品和接受服务时享有人身、财产安全不受损害的权利。消费者有权要求经营者提供的商品和服务，符合保障人身、财产安全的要求。"安全权主要包括人身安全权和财产安全权。人身安全权，即消费者的生命和健康不受危害的权利。财产安全权，即消费者的财产不受损失的权利。

一 经营者相对应的义务

安全权作为消费者的一项基本权利，与之对应的义务主体是经营者。经营者负有保障消费者安全权的义务。这一义务集中体现在《消费者权益保护法》的第十八、十九、四十八、四十九条，主要包括以下几个方面内容：

（1）产品质量义务：经营者应当保证其提供的商品或者服务符合保障人身、财产安全的要求。

（2）警示说明义务：经营者对可能危及人身、财产安全的商品和服务，应当向消费者作出真实的说明和明确的警示，并说明和标明正确使用商品或者接受服务的方法以及防止危害发生的方法。

（3）经营场所的安全保障义务：宾馆、商场、餐馆、银行、机场、车站、港口、影剧院等经营场所的经营者，应当对消费者尽到安全保障义务。

（4）缺陷产品召回义务：经营者发现其提供的商品或者服务存在缺陷，有危及人身、财产安全危险的，应当立即向有关行政部门报告和告知消费者，并采取停止销售、警示、召回、无害化处理、销毁、停止生产或者服务等措施。采取召回措施的，经营者应当承担消费者因商品被召回支出的必要费用。

（5）损害赔偿义务：经营者提供的商品或服务有缺陷的，对消费者未尽到安全保障义务的，造成消费者损害的，应当承担侵权责任。造成消费者或者其他受害人人身伤害的，应当赔偿医疗费、护理费、交通费等为治疗和康复支出的合理费用，以及因误工减少的收入。造成残疾的，还应当赔偿残疾生活辅助具费和残疾赔偿金。造成死亡的，还应当赔偿丧葬费和死亡赔偿金。

二 产品质量责任和义务体系

经营者保障消费者的安全权主要是在提供商品和服务的过程中，其连接点还是在经营者提供的商品和服务上。因此，产品质量问题直接关乎消费者安全权的保障。《产品质量法》第三章建立了经营者的产品质量责任和义务体系。

（一）生产者的产品质量责任和义务

1. 生产者应当对其生产的产品质量负责

产品质量应当符合下列要求：（1）不存在危及人身、财产安全的不合理的危险，有保障人体健康和人身、财产安全的国家标准、行业标准的，应当符合该标准；（2）具备产品应当具备的使用性能，但是，对产品存在使用性能的瑕疵作出说明的除外；（3）符合在产品或者其包装上注明采用的产品标准，符合以产品说明、实物样品等方式表明的质量状况。

2. 生产者应当保证产品或者其包装上的标识真实

产品标识应符合下列要求：（1）有产品质量检验合格证明；（2）有中文标明的产品名称、生产厂厂名和厂址；（3）根据产品的特点和使用要求，需要标明产品规格、等级、所含主要成份的名称和含量的，用中文相应予以标明；需要事先让消费者知晓的，应当在外包装上标明，或者预先向消费者提供有关资料；（4）限期使用的产品，应当在显著位置清晰地标明生产日期和安全使用期或者失效日期；（5）使用不当，容易造成产品本身损坏或者可能危及人身、财产安全的产品，应当有警示标志或者中文警示说明。

裸装的食品和其他根据产品的特点难以附加标识的裸装产品，可以不附加产品标识。

易碎、易燃、易爆、有毒、有腐蚀性、有放射性等危险物品以及储运中不能倒置和其他有特殊要求的产品，其包装质量必须符合相应要求，依照国家有关规定作出警示标志或者中文警示说明，标明储运注意事项。

3. 生产者的禁止性行为包括：（1）生产者不得生产国家明令淘汰的产品；（2）生产者不得伪造产地，不得伪造或者冒用他人的厂名、厂址；（3）生产者不得伪造或者冒用认证标志等质量标志；（4）生产者生产产品，不得掺杂、掺假，不得以假充真、以次充好，不得以不合格产品冒充合格产品。

（二）销售者的产品质量责任和义务

1. 进货检查验收义务，销售者应当建立并执行进货检查验收制度，验明产品合格证明和其他标识。

2. 产品质量保持义务，销售者应当采取措施，保持销售产品的质量。

3. 销售者的禁止性行为包括：

（1）销售者不得销售国家明令淘汰并停止销售的产品和失效、变质的产品；

（2）销售者销售的产品的标识应当符合本法第二十七条的规定；

（3）售者不得伪造产地，不得伪造或者冒用他人的厂名、厂址；

（4）销售者不得伪造或者冒用认证标志等质量标志；

（5）销售者销售产品，不得掺杂、掺假，不得以假充真、以次充好，不得以不合格产品冒充合格产品。

三 产品质量监管制度

为保证产品的质量，产品质量法建立了一整套产品质量监管制度。国家市场监督管理局承担产品质量监督管理工作。

（1）产品质量检验制度

产品质量应当检验合格，不得以不合格产品冒充合格产品。产品质量检验制度要求企业自主对所生产的所有产品质量进行检验，未经检验合格的不能进入流通。有检验条件的企业可以自主检验，不具备检验条件的企业应当委托有检验条件的组织检验。所以，产品合格证是每件产品的身份证，没有合格证的产品不能销售。

（2）产品质量标准制度

可能危及人体健康和人身、财产安全的工业产品，必须符合保障人体健康和人身、财产安全的国家标准、行业标准；未制定国家标准、行业标准的，必须符合保障人体健康和人身、财产安全的要求。

禁止生产、销售不符合保障人体健康和人身、财产安全的标准和要求的工业产品，具体管理办法由国务院规定。

没有国家标准和行业标准的行业，企业可以制定符合安全的企业标准，或参照国际标准。

国家标准和行业标准是强制适用的标准。企业标准和国际标准一般不具有强制性。

（3）产品质量体系认证制度和企业质量体系认证制度

国家根据国际通用的质量管理标准，推行企业质量体系认证制度。企业根据自愿原则可以向国务院市场监督管理部门认可的或者国务院市场监督管理部门授权的部门认可的认证机构申请企业质量体系认证。经认证合格的，由认证机构颁发企业质量体系认证证书。

国家参照国际先进的产品标准和技术要求，推行产品质量认证制度。企业根据自愿原则可以向国务院市场监督管理部门认可的或者国务院市场监督管理部门授权的部门认可的认证机构申请产品质量认证。经认证合格的，由认证机构颁发产品质量认证证书，准许企业在产品或者其包装上使用产品质量认证标志。

（4）产品质量抽查检验制度

国家对产品质量实行以抽查为主要方式的监督检查制度，对可能危及人体健康和人身、财产安全的产品，影响国计民生的重要工业产品以及消费者、有关组织反映有质量问题的产品进行抽查。抽查的样品应当在市场上或者企业成品仓库内的待销产品中随机抽取。监督抽查工作由国务院市场监督管理部门规划和组织。县级以上地方市场监督管理部门在本行政区域内也可以组织监督抽查。法律对产品质量的监督检查另有规定的，依照有关法律的规定执行。

三鹿奶粉案后，原国家质监局废除了一度实行的产品免检制度。

同时，《产品质量法》还规定，国家监督抽查的产品，地方不得另行重复抽查；上级监督抽查的产品，下级不得另行重复抽查。对产品进行检验；检验抽取样品的数量不得超过检验的合理需要，并不得向被检查人收取检验费用。监督抽查所需检验费用按照国务院规定列支。

四　产品责任制度

责任制度是保证经营者履行保障消费者安全权义务的最后一道防

线。产品责任制度是因产品缺陷致使消费者人身或财产损害时经营者应承担的赔偿责任。所谓缺陷，是指产品存在危及人身、他人财产安全的不合理的危险；产品有保障人体健康和人身、财产安全的国家标准、行业标准的，是指不符合该标准。缺陷可能是原材料缺陷，或设计缺陷、制造缺陷，甚至标识缺陷。

（一）产品责任的构成要件

产品责任是一种侵权责任，生产者和销售者承担产品责任的构成要件有所不同，生产者承担的是无过错责任，销售者承担的是过错责任。

1. 生产者的无过错责任

因产品存在缺陷造成人身、缺陷产品以外的其他财产（以下简称他人财产）损害的，生产者应当承担赔偿责任。

生产者能够证明有下列情形之一的，不承担赔偿责任：（1）未将产品投入流通的；（2）产品投入流通时，引起损害的缺陷尚不存在的；（3）将产品投入流通时的科学技术水平尚不能发现缺陷的存在的。

2. 销售者的过错责任

由于销售者的过错使产品存在缺陷，造成人身、他人财产损害的，销售者应当承担赔偿责任。销售者不能指明缺陷产品的生产者也不能指明缺陷产品的供货者的，销售者应当承担赔偿责任。

（二）销售者的先行赔付义务和消费者的求偿选择权

《消费者权益保护法》第四十条规定：消费者在购买、使用商品时，其合法权益受到损害的，可以向销售者要求赔偿。销售者赔偿后，属于生产者的责任或者属于向销售者提供商品的其他销售者的责任的，销售者有权向生产者或者其他销售者追偿。消费者或者其他受害人因商品缺陷造成人身、财产损害的，可以向销售者要求赔偿，也可以向生产者要求赔偿。属于生产者责任的，销售者赔偿后，有权向生产者追偿。属于销售者责任的，生产者赔偿后，有权向销售者追偿。消费者在接受服务时，其合法权益受到损害的，可以向服务者要求赔偿。

《产品质量法》第四十三条也有类似规定：因产品存在缺陷造成人身、他人财产损害的，受害人可以向产品的生产者要求赔偿，也可以向产品的销售者要求赔偿。属于产品生产者的责任，产品销售者赔偿的，产品销售者有权向产品生产者追偿。属于产品销售者的责任，产品生产者赔偿的，产品生产者有权向产品销售者追偿。

这一制度有效遏制了不同环节的经营者在消费者安全权受损时的互相推诿，有助于保护消费者的权益。值得注意的是，随着网络经济的迅速发展，网络平台经营者力图证明自己是介于消费者和经营者之间的第三方主体，从而推托自身的安全保障义务，而法律也似乎认同了网络平台的主张。不得不说这是消费者权益保护的一个退步。

第三节　产品召回制度

一　问题的提出

韩国三星 Note7 手机于 2016 年 8 月 19 日开始在美国、韩国等 10 余个国家发售，中国市场也于 9 月 1 日正式销售该款手机。然而，Note7 手机在全球销售不到 10 天的时间，却接连收到 35 位用户反映有关新手机充电发热、起火甚至爆炸等问题。迫于市场压力，三星电子无线事业部负责人 9 月 2 日召开记者会并正式道歉，宣布召回在全球售出的全部 Galaxy Note7 手机。

但三星电子中国公司却表示中国市场正式发售的国行版本不在此次更换之列，其给出的理由是在中国销售的 Note7 手机采用了和国际版及韩版不同的电池供应商，并不存在爆炸风险，不用召回，并将在中国继续销售。这立即引起中国消费者的不满，有些消费者质疑三星电子存在"地区差别对待"。后经国家质检总局正式约谈，三星最终向国家质检总局备案了召回计划。

对于三星区别对待中国市场的质疑声音，三星电子表示：中国市场未参与第一次召回，是因为在第一次召回的时候，其他国家被召回产品用的是 A 电池，中国用的是 B 电池，而且 B 电池没有发生 A 电池发生的问题，最后结果验证显示，在 B 电池发现了 A 电池没有发现的问题，并没有对中国市场采取任何双重标准。

在三星 Galaxy Note7 手机召回案中，生产者采取的中外差别对待曾一度被理解成对中国消费者的歧视。这种差别待遇引发对我国产品召回制度的检讨。根据法律效力范围的理论，一国法律一般只在一国境内有效，国外的市场主体在中国境内的行为应受中国法律的约束。那么，我国产品召回制度的现状如何呢？

二 我国产品召回制度的现状

我国关于召回制度的规定主要分散在《消费者权益保护法》《民法典》《产品质量法》《食品安全法》以及一些专门产品的部门规章等之中。其中《消费者权益保护法》在第十九、二十三、五十六条分别涉及产品召回制度中的经营者义务、强制召回，以及违反强制召回所应承担的法律责任。

2004 年 3 月 15 日，由国家质量监督检验检疫总局、国家发展和改革委员会、商务部和海关总署共同制定的《缺陷汽车产品召回管理规定》是我国以缺陷汽车为试点首次实施的产品召回制度，这标志着中国汽车消费市场进一步迈向规范和成熟。由此也开启了我国召回制度建设的序幕。

截至目前，我国涉及产品召回制度的重要法规或标准包括：

1. 2004 年 10 月 1 日《缺陷汽车产品召回管理规定》实施，标志着中国开始实施汽车产品召回管理。

2. 2008 年 8 月 27 日《儿童玩具召回管理规定》发布实施，将与儿童亲密接触的儿童玩具纳入召回管理。

3. 2009 年 11 月 1 日实施的《农业机械安全监督管理条例》规定生产者应及时召回存在设计、制造等缺陷的农业机械。

4. 2013 年 1 月 1 日《缺陷汽车产品召回管理条例》实施，自此，汽车召回制度从部门规章上升为国家行政法规，使我国汽车召回制度在法律层级上更高，影响更广，效力也更强。

5. 2016 年 1 月 1 日《缺陷汽车产品召回管理条例》的配套规章——《缺陷汽车产品召回管理条例实施办法》正式实施，它对条例的程序和规范做了进一步明确和细化。

6. 2016 年 1 月 1 日《缺陷消费品召回管理办法》正式实施，消费品召回管理有法可依。

7. 2018 年 4 月 1 日 GB/T 34402－2017《汽车产品安全风险评估与风险控制指南》正式实施，为汽车行业实施缺陷产品召回关键技术提供指导。

8. 2018 年 5 月 1 日 GB/T 34400－2017《消费品召回生产者指南》正式实施，为生产企业建立召回体系、开展召回工作提供业务指导。

我国已初步建立召回法律体系、管理体系和技术体系，在相关产业中形成了产品安全防控、追溯和补救机制。但也由此说明，我国召回制度的规定相对分散，无专门立法，效力层级低，不方便适用。

相比而言，很多发达国家都建立了相对完善的产品召回制度。以美国、法国和日本为例，三国不仅颁布了相关的基本法，确立了产品召回制度，且各有其制度特点。美国最早建立了产品召回制度，其监管主体消费品安全委员会对涉及生活各个方面的消费品进行监管，涵盖产品范围广泛，且建立了职能分工明确的各个部门负责召回过程中的不同方面。法国建立了主管部门和有具体分工的下属机构，在组织构建上较为完善。而日本对除政府专门机构外的民间组织和相关信息公布都相当重视。

两相比较，我国产品召回制度尚不健全。这或许也是三星手机召回案中存在地区差别待遇的原因之一吧。因此，完善我国产品召回制度迫在眉睫。

三　完善我国产品召回制度的理论研究

从我国的立法现状可以看出，我国要建立健全产品召回制度及其监管制度，首先应提高召回制度的法律层级，完善相关的制度建设。所以很多学者呼吁召回制度的统一立法，从立法上确立召回制度的宗旨、法律原则、召回主体、认定标准、法律责任和免责事由，扩大召回产品的范围，以及确立和完善相应的程序规定，建立一个完善成熟的产品召回法律体系和体制，从而保障我国召回制度的法律效力，更好地维护消费者的权益。

关于建立产品召回制度的理论研究主要涉及以下内容：

（一）召回的定性

根据法律规定，召回分为主动召回和强制召回。生产者主动召回缺陷产品，到底是召回主体的责任还是义务？义务说认为召回是生产者应该依法承担的义务而非违反义务的法律后果。而责任说则认为召回是生产者违反了法定义务后应承担的作为法律否定性评价的法律责任。

召回本应依靠企业的主动性和其自身的责任担当，以主动召回为优先。主动召回应该是常态，主管机关的强制召回才是补充。而实践中企业却怠于召回，一方面是因为企业确实可能难以发现产品缺陷，但更大的原因在于企业关于召回的理念存在偏差，对召回一直持有负面印象，认为召回会增加企业成本，影响利润收益且会损害企业声誉。除了企业本身，社会公众和消费者也对召回持消极观念，产品召回意味着产品质量问题，企业主动召回可能会招致舆论压力，由此更是加剧了企业对于召回的抵触情绪。因此，将召回定性为企业的义务，而不是对企业否定性评价，更有利于减轻企业对召回的抵触，有利于促使企业主动履行义务，主动发现问题和解决问题，及时召回缺陷产品，防范潜在危险，保护消费者合法权益。企业履行法定义务是其有担当的体现，应该受到提倡和鼓励。而且，比起强制召回，主动召回则能体现企业的担当和诚信。

义务说也有利于明晰法律义务和法律责任的关系。法律责任是主体不履行法律义务的不利后果，将召回认定为法律义务能够更好地解释在主体怠于召回时法律所要求其承担的罚款、吊销执照、损害赔偿等行政责任和民事责任。召回主体主动召回并不意味着其无需承担产品责任，召回主体违反召回义务应承担相应的行政责任，造成消费者人身财产损失的要承担民事赔偿责任乃至惩罚性赔偿责任。

（二）召回义务的免责事由

根据产品质量法的规定，产品责任的免责事由有三：产品未投入流通领域、投入时缺陷尚不存在、投入时科技水平尚不能发现缺陷。在这三种情况下召回主体不用承担产品责任。但并不都能免除召回主体的召回义务。

产品投入市场时的科技水平不能发现的缺陷被称为发展缺陷。有发展缺陷的产品是否应召回？各国做法不尽相同。

如果将发展缺陷排除在召回缺陷之外，有利于激励生产者开发创造更多的产品，但是却不能更好地保护消费者权益。科技发展日新月异，投入流通时的科技无法发现产品缺陷不代表之后的科技发展仍不能发现。如果随着科技进步发现了原产品的缺陷而不主动召回，对消费者安全权保障是不利的。

科技的高速发展带来越来越多的高科技产品，也意味着消费者可能面临更多的安全隐患。诚然，免除召回主体对发展缺陷产品的召回义务，一定程度上可以推动产品的更新换代，但也可能使企业在研发新产品时缺乏谨慎态度，过于追求产品的推陈出新。生产商在推出新产品的同时必须注重对产品安全性能和质量的检测，且随着科技的进步检测出原有产品的发展缺陷，从保障消费者安全权的视角看应履行召回义务。

（三）保险制度和风险基金

企业召回缺陷产品付出的成本是巨大的。这可能加剧企业对于召回的抵触情绪，因此必须考虑企业召回的风险分担问题。可行的路径有二：一是建立国家风险基金，使企业在主动召回中不至于无法负担召回成本；二是建立保险制度，通过保险使得企业在出现突发产品缺陷问题时有足够的资金支持和专业策略的指导，从而在降低召回成本、提高召回率的同时维护消费者的权益。

第四节　经营者安全保障义务之限度

一　问题的提出

《消费者权益保护法》规定："宾馆、商场、餐厅、银行、机场、车站、港口、影剧院等经营场所的经营者，应当对消费者尽到安全保障义务。"这一规定被称为经营者的安全保障义务。

有学者指出安全保障义务的内容包括软件和硬件两方面。硬件方面的义务包括：第一，服务场所所在的建筑物应该安全可靠，并配备防范危险的设备，有国家强制标准的应当符合强制标准的要求，没有国家强制标准的，应当符合行业标准或者达到进行此等经营所需要达到的安全标准。第二，经营者对经营场所内可能出现的危险应当采取相应的安全防范措施，并配备足够的安保人员，有特殊技术要求的，要达到相应要求。软件方面的义务包括（1）消除经营场所内可能的危险因素，保障人员的安全；（2）能够积极阻止来自第三人的侵犯；（3）对可能发生的危险负有提示、警示、告知义务。①

安全保障义务对应消费者的安全权。安全保障义务理论最初形成于罗马法时代，其理论体系成熟于德国法一般安全注意义务理论。该理论在我国司法界和理论界引起广泛关注始于上海银河宾馆案。《最高人民法院关于审理人身损害赔偿案件适用法律若干问题的解释》第六条规定："从事住宿、餐饮、娱乐等经营活动或者其他社会活动的自然人、法人、其他组织，未尽合理限度范围内的安全保障义务致使他人遭受人身损害，赔偿权利人请求其承担相应赔偿责任的，人民法院应予支持。"这是我国首次以司法解释的形式对安全保障义务的概念、适用条件、承担责任主体、承担责任方式作出明确规定。后《中华人民共和国侵权责任法》《消费者权益保护法》相继对安全保障义务做了规定。《中华人民共和国民法典》1198 条规定，宾馆、商场、银行、车站、机场、体育场馆、娱乐场所等经营场所、公共场所的经营者、管理者或者群众性活动的组织者，未尽到安全保障义务，造成他人损害的，应当承担侵权责任。

安全保障义务的规定在保障消费者安全权方面功不可没。但是在安全保障义务限度上仍存在空白。"人身损害赔偿司法解释"中将安全保障义务的范围限定为"未尽合理限度范围内"，但侵权责任法中对于该范围予以删除，至《民法典》1198 条内容中亦未对"安全保障义务"的范围予以界定。这导致实务中经营者、管理者是否应当承担责任，应当承担多少责任容易产生争议，被侵权人维权也面临相应难题。在司法裁判网上检索近五年涉及安全保障义务的侵权纠纷案例，原告以经营者未尽安全保障义务请求承担赔偿责任获得法院支持和部分支持的比例超过 70%。

那么，是否消费者只要在经营者的宾馆、商场、餐厅、银行、机

---

① 张新宝、唐青林：《经营者对服务场所的安全保障义务》，《法学研究》2003 年第 3 期。

场、车站、港口、影剧院等经营场所遭遇安全事故，经营者就要承担责任？经营者安全保障义务的边界究竟在哪里？

二　经营者安全保障义务的理论基础

经营者安全保障义务应有一定的限度，其理论基础在于：

1. 公平原则

公平原则是民法的基本原则，贯穿于民事活动的始终。法官既不能对安全保障义务人过于严苛，要求其承担过重的安全保障义务；也不能过于保护安全保障义务人的利益而忽略权利人的利益。法官在审理案件时不仅要遵守公平、公正的要求，更要考虑每个案件不同的情况，正确审理案件，为后人提供借鉴，也能够对普通民众起到价值指引作用。

2. 诚实信用原则

诚实信用原则是民法的基本原则，是现代民法核心价值观。它全面贯彻实质正义的精神，是安全保障义务的根本价值。从诚实信用原则出发，人们认为在社会活动中由于社会接触而彼此产生了特别的关系，一方当事人对他方当事人产生合理的信赖，相信在从事此项活动时，自己的人身和财产不会受到侵害。如果违反此种信赖，对另一方所造成的损害应负赔偿责任。故经营者进行经营活动，进入其服务场所的人基于信赖关系理应受到安全保障。这就是经营者需要承担的安全保障义务。

3. 获利报偿理论

获利报偿理论，又称收益和风险相一致理论，即谁享有利益谁就应该承担风险，谁在获利活动中得到利益，谁就应负该活动所发生的赔偿责任。经营者在经营的过程中获得了经济利益，理应承担安全保障的义务。法经济学的基础理论认为，利益的获取决定风险的承担。经营者的经营规模和经济能力越强，其预防风险和制止风险的能力就越强。比如小旅馆规模小，利润薄，人力少，法律不能要求它承担超出自己能力限度范围的安全保障义务。而星级酒店经营规模大，人手多，利润丰厚，服务和管理更加规范，其对自己经营场所的管控能力更强，承担的安全保障义务更严格。所以，法院在处理相关案件时，要综合考量义务人的获利能力、经营规模、行业性质等因素，全面判断其应当负担的安全保障义务限度。

4. 危险控制理论

这一理论主张"谁能够控制、减少危险，谁承担责任"的原则。该理论认为：人类生存于社会中，凡对他人制造危险，必须对其后果负责，责任基础并不在于有无过失，而系因自造危险。比如银行作为资金的集散之地，可能发生针对客户的人身或财产的犯罪是显然可预见的，而且银行经营者了解服务设施、设备的性能以及相应的管理法律的要求，了解服务场地的实际情况，具有更专业的相关知识和能力，他们应为保护可能的受害人而履行更高的注意义务，且其责任随危险和注意能力的增加而增加。因而，银行理应对客户承担安全保障义务，这样才符合实质平等的民法理念。

三　经营者安全保障义务限度的判断

经营者的安全保障义务应有合理的限度。我们在认定经营者安全保障义务的"合理限度范围"时可以综合考虑以下几个因素。

1. 危险或损害行为的来源

若某种危险或损害行为直接来源于从事经营活动的经营者，则对经营者此种安全保障义务"合理限度范围"的判断标准就应当较为宽松。反之，如果危险或损害行为来源于经营者之外的第三人而并非直接源于经营者，则对于此种情况下的经营者的合理限度范围的标准就应当从严把握。因为任何人对自己行为的控制能力总是强于对他人行为的控制能力和预防能力。比如酒店经营者可以最大限度地确保自己的设施和服务不对顾客造成损害，但是对于酒店之外的第三人对消费者伤害的防范能力和控制能力是非常有限的。又如儿童游乐场，其中刺激性游乐项目需要经营者有更高的安全保障和注意义务。

2. 预防和控制风险或损害的成本

根据成本与收益相一致的原则，经营者安全保障义务制度的设计应当实现成本与收益的均衡状态。判断经营者在多大限度范围内承担安全保障义务时，即"合理限度范围"的界定，应当考虑经营者预防与控制风险或损害的相应成本。例如，对于一个小型餐馆的经营者，要求其保障面积较小场所内的安全，其成本会比一个大酒楼付出的成本低，因而考量其合理限度应更严格。

3. 社会一般民众的情感

这种情感在现实生活中常常以一种民众普遍认知的习惯形态表现出来。因此，经营者安全保障义务的"合理限度范围"应当尽量与社会一般民众的普遍认知范围相一致，因为只有这样才能更有效地实现安全保障义务制度的目的。例如，大多数人认为酒楼消费的安全性要远远高于街头小摊儿消费的安全性。因此，对大酒楼安全保障义务的考量就要严于一般街头小摊儿。

4. 经营事务的危险程度

经营者开始经营事务时，会对相关经营事务的危险程度进行判断，造成危害可能性越大，损害权利越多，安全保障义务越重。在一般的旅游景区中，景区经营者除了建立基本的安全保障设施以外，一般只需要安排工作人员疏导人群，竖立警示牌。但是在具有高度危险性的旅游景区则需要配备更多的安全保障设施，例如开车游览野生动物园需要更多的警示提醒，攀爬华山需要有铁索帮助游客行走，并且游客自己无法取下铁索，等等。所以对于合理限度需要判断经营者是否尽到了对相应经营事务危险程度的安全保障义务。

四　经营者安全保障义务履行的判断

判断义务人是否履行了安全保障义务，应该从以下三个方面加以把握。

（1）法定标准。对于安全保障义务内容，如果法律法规有明文规定的，要严格执行法定标准。如《高层建筑消防管理规则》明确指出："建筑物内的走道、楼梯、出口等部位，要经常保持畅通，严禁堆放物品。疏散标志和指示灯，要完整好用。"那么，经营者对经营场所的安全保障义务就应以此为标准考量，未达标准就是未尽到安全保障义务。

（2）善良管理人的标准。如果法律法规没有确定的标准，是否履行了安全保障义务的判断标准，应遵照善良管理人标准来衡量。这一标准要高于一般人的注意义务标准，同时还需要符合社会的一般价值判断。

（3）特别标准。特别标准主要用于特定的主体，如未成年人、老年人、残疾人等。对于特殊群体的安全保障义务应当采用特别标准，以符合特殊群体的年龄、智力、身体等因素。

第二章　知情权

第一节　案例导读

案例1，孙某诉爱奇艺公司侵犯消费者知情权要求赔偿案（资料来源：江苏法院2019年度十大典型案例）

导读：面对经营者的各种广告语、宣传语，消费者如何能识别其真实性？

2018年9月21日，苏州大学法学院女生孙某为享受爱奇艺网站"跳广告"服务，进行了会员充值。后孙某在观看视频时，发现视频中仍然存在舞台剧、动画形式的广告。孙某认为"会员跳广告"应为会员可以自动跳过所有广告，但实际情况与广告宣传不符，爱奇艺公司的做法侵犯了其作为消费者的知情权，遂起诉至法院，请求判令爱奇艺公司停止插播广告的侵权行为、在官网首页公开赔礼道歉并赔偿会员费58元。

爱奇艺方面则认为，《VIP会员服务协议》及爱奇艺平台VIP特权页面对广告均有特别说明，说明中已经明确会员的"跳广告"权益可能不涉及全部影视，部分影片因版权方限制或其他限制，仍可能会呈现不同类型的广告服务。因此，被告并未侵犯原告作为消费者的知情权，请求法院驳回原告诉请。

苏州市姑苏区人民法院一审审理认为，爱奇艺公司提供的会员服务在播放视频时插入部分广告，未违反其与消费者之间的网络服务合同约定，但爱奇艺公司未向消费者充分告知其应有的权利和义务，导致消费者在观影体验等方面受到一定的损害，应承担相应的赔偿责任。爱奇艺公司作为行业内知名企业，宜作出必要合理的改进，采用更为显著、明确的方式对格式条款约定的消费者权利义务进行提示、提醒。据此，姑苏法院于 2019 年 6 月 19 日作出判决，判令爱奇艺公司赔偿孙某 30 元并驳回了孙某的其他诉讼请求。孙某、爱奇艺公司均不服，提起上诉。

苏州市中级人民法院二审审理认为，爱奇艺公司"会员跳广告"的宣传语，一般应理解为会员自动跳过所有广告，但实际仅指跳过片头广告，且关于"会员跳广告"的详细说明字体较小、标示不够显著，难以引起消费者注意，应认定爱奇艺公司未尽到订约前充分告知用户的义务，侵犯了孙某作为消费者的知情权，造成了孙某的损失，应当承担赔偿责任。孙某享受会员服务时的用户体验低于预期，相当于服务内容有折减，可酌情以会员价格相应比例金额予以赔偿。综上，苏州中院于 2019 年 10 月 24 日作出终审判决：驳回上诉，维持原判。

案例 2，宣城市康福滋源商贸有限公司虚假宣传案（资料来源：安徽省市场监督管理局 2019 年度长三角地区侵害消费者合法权益典型案例）

导读：面对五花八门、诱之以小利的虚假宣传，中老年群体更容易误信。

当事人宣城市康福滋源商贸有限公司自 2018 年 7 月以来，通过赠送鸡蛋、麻油等小件生活用品吸引中老年群体组织健康讲座，宣传推介其经营的"胶原蛋白压片糖果""氨基葡萄糖片"等普通食品，采取刻意隐瞒、混淆等手段，拼接、伪造、编辑所售产品具有治疗疾病及提高生理机能等功效，借机高价兜售。

安徽省宣城市市场监管局根据举报，组织执法人员对当事人经营场所进行检查时，现场发现 70 余名中老年消费者正在参加健康讲座和产品宣传。2019 年 2 月 18 日，宣城市市场监管局依据《反不正当竞争法》对其罚款 120 万元，吊销营业执照。

案例 3，天价宾利退一赔三案（资料来源：最高人民法院民事判决书（2018）最高法民终 12 号）

导读：汽车经销商隐瞒所售汽车的部分信息，是否构成可以适用惩罚性赔偿金的欺诈？一审法院支持了消费者惩罚性赔偿金的诉讼请求，二审法院则认为隐瞒部分信息虽侵犯消费者知情权，但并不构成欺诈，因此不支持惩罚性赔偿金的诉讼请求。

2014年6月24日，贵阳市民杨某宝（化名）与贵州某汽车销售服务有限公司（以下简称公司）签订销售合同，购买了一辆价值550万元的进口宾利慕尚牌汽车。两年后，杨某宝向贵州省高院提起诉讼，称其在保养车辆时无意中发现该车辆在销售交付前曾做过车面漆面抛光打蜡处理和右后窗帘进行更换的维修记录，认为公司和总经销商汽车（中国）销售有限公司（以下简称销售公司）向其出售的宾利汽车系问题车，且未向其告知这一情况，属于欺诈性销售，给其带来了巨大的损失。

因此，杨某宝请求撤销其与公司签订的销售合同，并判令公司退还购车款550万元、车辆购置税47万元，共计人民币597万元；除此之外，请求判令公司向其支付车辆价款3倍的惩罚性赔偿金共计人民币1650万元。面对杨某宝提起的诉讼，公司和销售公司均认为在销售过程中没有欺诈隐瞒行为，理由是：首先，两被告所售宾利汽车是纯进口的全新车辆，不存在质量问题、产品缺陷。原告所指的大修，实际是经销商进行例行监测时发现车面漆面和右后窗帘轻微瑕疵进行过的处理，上述两项既不属于《产品质量法》第四十六条规定的质量缺陷，也不符合该法第四十三条的规定，并不影响车辆的使用，根本不会影响原告的缔约目的。其次，经销商对两个问题的处理方式是妥善的，符合流程。对于左前门漆面的显著轻微瑕疵做了抛光打蜡处理，不属于对车辆的大修，对于窗帘经销商按流程向厂家申报，更换了原部件，从处理结果上看，上述两项问题在交车前已解决。在二审期间，汽车销售公司提供证据证明公司2014年7月30日对新车到店的检查属于PDI程序（即车辆的售前检验记录），按行业惯例可以不告知杨某宝，且检查情况已如实上报至厂家系统。

一审时贵州省高院认为：《消费者权益保护法》第八条、第十六条、第二十条规定，相对于一般的买卖合同，在商品买卖中，消费者在合同缔结和商品销售的整个过程，都享有知情权等相关权利，经营者理应在缔结合同和商品销售的整个过程中都负有如实反映商品信息、不能有所隐瞒的义务，以确保消费者享有知情权，从而基于真实意愿作出意思表示，正确行使相关权利。2017 年 10 月 16 日，贵州省高院作出如下判决：撤销双方签订的销售合同；杨某宝于判决生效之日起 10 日内将所购的宾利牌汽车退还公司，公司返还杨某宝购车款 385 万元，车辆购置税 47 万元；公司在判决生效之日起 10 日内，支付杨某宝车辆赔偿金 1650 万元。

但此案经最高法院二审撤销贵州省高院（2016）黔民初 166 号民事判决，判决公司于判决生效后 10 日内赔偿杨某宝人民币 11 万元，驳回杨某宝的其他诉讼请求。

案例 4，肖某诉南航超售损害消费者知情权案（资料来源：新浪网）

导读：经营者能否因行业惯例而怠于履行相应的信息告知义务？

因南方航空公司（以下简称南航）超售机票，在 2006 年 7 月 21 日，以 1300 元价格购买南航当天 20 时 10 分飞广州七折机票的北京市民肖先生在办理登机手续时，被告知其所持机票为超售机票，目前该航班已满员。肖先生后滞留机场两个多小时才改乘了其他航班，他认为，南航隐瞒机票超售的事实，造成自己在机场长时间滞留，侵害了自己的合法权益，没有得到赔偿的肖先生将南航告上了法庭。南航认为，机票超售是航空公司对机票进行管理的手段，它是目前国际上的一种先进的通行做法，可以避免航班座位虚耗，充分利用航空资源，因此不能算违约。

法院审理认为，机票超售引入我国时间较短，没有在公众中形成广泛认知。而超售将使所有不特定的购票旅客均面临不能登机的风险，导致合同履行障碍，因此，航空公司应当向旅客进行全面而充分的告知，而不能看作航空公司内部的管理手段，不予公示。中国民用航空总局虽在《航空旅行指南》中有关于超售的说明，但要了解"指南"的内容，必须进入该局网页，通过两级点击才能找到。朝阳区人民法院向中国民用航空总局发出司法建议，建议规则内容包括：航空承运人向旅客进行公示的方法，选择登机乘客的方法（以乘客自愿为首要原则），对不能登机乘客的具体赔偿标准，违反实施规则时的行政处罚措施等。据了解，超售是航空业的一种普遍现象，国外航空公司对于超售制定了完善的补偿措施，在改签其他航班时，还会为旅客提供机票优惠、金钱补偿等，同时超售行为往往在售票时就明确告知旅客。最后，北京市朝阳区人民法院作出一审判决，认定南航损害了消费者的知情权，构成合同违约，赔偿肖先生1300元。

案例5，青岛大虾案（资料来源：360百科）

导读：经营者应如何履行明码标价义务才能更好地保障消费者的知情权？

2015年10月4日，肖先生在青岛市乐陵路92号的"善德活海鲜烧烤家常菜"吃饭时遇到宰客事件引发网友热议。在吃饭前，肖先生曾详细询问过菜价，向老板确认过大虾38元究竟是一份还是一只。肖先生称当时老板说的是38元一份。但吃完饭后，老板却称大虾价格为38元一只。

事后，青岛市、市北区两级物价部门在检查中发现，该烧烤店提供的菜品虽已明码标价，但是极不规范，涉嫌误导消费者消费。鉴于此，将根据《价格法》有关规定，责令其退还非法所得，并按照涉嫌价格欺诈、违反明码标价及侵害消费者权益的规定，依法进行立案查处。

案例6，茅台年份酒案（资料来源：中国白酒网）

导读：经营者的宣传符合行业惯例，但与消费者通常认知不一致，是否构成虚假宣传？

2019年1月17日，成都律师邢某以61996元购买了"50年陈年茅台""30年陈年茅台"各两瓶，不久后他发现购买的这4瓶高价酒是茅台公司用15年酒龄的基酒勾兑而成。邢某遂以虚假宣传等理由，将贵州茅台酒股份有限公司、四川国酒茅台销售有限公司告上法庭，要求"退一赔三"。2019年5月28日，成都高新区法院公开开庭审理了此案，贵州茅台代理人当庭辩称，根据国家标准GB/T18356-2007《地理标志产品贵州茅台酒》4.3条，陈年茅台酒是指"酒龄不低于15年，并经勾兑而成的贵州茅台酒"，贵州茅台所销售30年、50年的酒符合标准。贵州茅台称，以15年、30年、50年为划分标准，是为了使不同年份的陈年茅台酒口感质量风格有明显区别，"许多长期喝陈年茅台酒的消费者，即便不用看包装，都能准确喝出不同年份的陈年茅台酒"。

后成都高新区法院组织双方调解，根据（2019）川 0191 民初 3993 号民事调解书显示，邢某和四川国酒茅台销售有限公司、贵州茅台酒股份有限公司自愿达成协议，双方 2019 年 1 月 17 日达成的买卖合同于 2020 年 11 月 3 日解除，邢某向被告四川国酒茅台销售有限公司退还其于 2019 年 1 月 17 日购买的"50 年贵州茅台酒"及"30 年贵州茅台酒"各 2 瓶，四川国酒茅台销售有限公司在收到原告邢某退还的上述货品后 3 日内，向原告邢某退还货款 61996 元，并支付原告邢某因本案所支出的合理费用 5.5 万元。调解协议中特别提到，被告贵州茅台酒股份有限公司在本案中不承担任何责任，调解协议签订并履行后，各方当事人就本案再无任何争议。

案例 7，云南白药配方案（资料来源：新浪财经赵兵辉"要不要'保密'云南白药陷配方有毒风波"）

导读： 经营者能否以商业秘密为由对抗消费者的知情权？

2013 年 3 月 20 日，著名打假人王海以云南白药侵犯消费者知情权为由，将云南白药告上法庭。王海诉称，他在原告药店买了一瓶云南白药，打开包装后发现说明书上没有药物成分与含量。出于健康考虑，不敢贸然使用。而在了解到同一批号产品，国外说明书中列出成分后，王海以生产者的产品在中国大陆与海外销售实行差别待遇，没有履行药品说明义务，漠视患者生命健康权为由，起诉索赔。而在此前一周，河南、山东、北京三地的 6 位律师联名致信国家食品药品监督管理局，建议其责令云南白药限期修改药品说明书。2013 年 2 月 5 日，香港爆出云南白药召回事件。香港卫生署发文回收云南白药的 5 款药品，理由是发现药物中含有有毒化学成分乌头碱，但未做标示。对此，云南白药发布声明，承认情况属实，但表示，1956 年国务院保密委员会将云南白药处方、工艺列入保密范围，根据国家保密法规，说明书中可不列成分。

第二节　消费者知情权之保障

消费者知情权又称知悉真情权，是消费者享有的知悉其购买、使用的商品或接受的服务的真实情况的权利。

知情权是最早提出的消费者的四项权利之一。1962 年 3 月 15 日，肯尼迪总统向美国国会提出了一份《关于保护消费者利益的总统特别国情咨文》，其中表述了消费者具有四项权利：第一，获得安全商品的权利；第二，知悉商品真实情况的权利；第三，自由选择商品的权利；第四，意见被尊重的权利。由此可见知情权在保护消费者权益中的价值。

市场经济是平等的、自由的经济，主体地位平等自由是交易公平的基础。但是，科学技术的日新月异、市场经济的迅猛发展带来了消费者和经营者之间越来越严重的信息不对称，造成了消费者和经营者之间在市场交易中事实上的不平等。因此，必须赋予消费者知情权，享有充分占有信息的知情权是进行理性抉择的基础，是市场经济平等原则的必然要求。消费者唯有充分获取信息，消除"信息不对称"，把自身从被动、受摆布或蒙昧的客体地位摆脱出来，回归与经营者的平等地位，自由表达交易意愿，才能真正实现市场经济的交易自由。

一　我国消费者知情权的法律依据

《消费者权益保护法》第八条规定："消费者享有知悉其购买、使用的商品或者接受的服务的真实情况的权利。消费者有权根据商品或者服务的不同情况，要求经营者提供商品的价格、产地、生产者、用途、性能、规格、等级、主要成分、生产日期、有效期限、检验合格证明、使用方法说明书、售后服务，或者服务的内容、规格、费用等有关情况。"这是我国消费者知情权的法律依据。

为保障消费者的知情权，经营者必须承担相应的告知义务。对此，《消费者权益保护法》第二十条、二十一条做了详细规定：（1）经营者向消费者提供有关商品或者服务的质量、性能、用途、有效期限等信息，应当真实、全面，不得作虚假或者引人误解的宣传。（2）经营者对消费者就其提供的商品或者服务的质量和使用方法等问题提出的询问，应当作出真实、明确的答复。（3）经营者提供商品或者服务应当明码标价。（4）经营者应当标明其真实名称和标记。租赁他人柜台或者场地的经营者，应当标明其真实名称和标记。

经营者违反告知义务，除依法承担相应行政处罚、刑事责任外，根据《消费者权益保护法》第四十五条、第五十条规定：消费者因经营者利用虚假广告或者其他虚假宣传方式提供商品或者服务，其合法权益受到损害的，可以向经营者要求赔偿。经营者提供商品或者服务有欺诈行为的，应当按照消费者的要求增加赔偿其受到的损失，增加赔偿的金额为消费者购买商品的价款或者接受服务的费用的三倍；增加赔偿的金额不足五百元的，为五百元。法律另有规定的，依照其规定。

二 我国消费者知情权保障的现状

法律虽赋予了经营者告知的义务，但经营者不告知、不完全告知、虚假告知乃至欺诈的现象仍层出不穷。从三鹿奶粉案、苏丹红事件，到立顿速溶茶氟化物含量过高、强生婴儿油含有石蜡成分、高露洁牙膏含有三氯生等，再到国产品牌食品涉红、大量美白化妆品汞含量严重超标[1]……近年来有关知情权的纠纷在网络消费、金融保险、飞机运输、汽车消费等领域愈演愈烈。频发的侵犯消费者知情权的案例，一方面说明广大消费者权利意识的觉醒，也揭示了我国在保障消费者知情权方面的不足。

1. 知情权的内涵过于狭隘

《消费者权益保护法》确立的知情权，要求了消费信息的真实性，但对信息的准确性、全面性、充分性、适当性等都没有做出规定。在许多情况下，仅有信息的真实是不够的，信息的准确充分与否、全面适当与否都会对交易的公平性产生影响。仅凭真实性，消费者的权益是难以得到保护的。消费者知情权不仅要保障消费信息的真实性，还应该保障

---

[1] 来自中国消费者协会官网《对侵害消费者知情权情况的调查与思考》一文。

其准确性、全面性、充分性、适当性。

2. 产品质量的标准常常滞后

一方面是新产品、商品层出不穷，而相关的国家标准、行业标准、检测标准却迟迟不出台，让一些企业钻了空子。如 1996 年英国食品标准局就宣布苏丹红一号是工业原料，而我国直到爆发了苏丹红事件后才出台《食品中苏丹红染料检测方法——高效液相色谱法》，此前整整十年没有相关检测标准。

3. 消费者维权成本依然偏高

虽然《消费者权益保护法》规定了消费者解决争议的几种途径，司法为民的改革和小额诉讼、速裁程序的设置为消费者维权提供了一些便利，但很多消费者依然会选择沉默。一方面，存在监管不力的问题，以罚款了事、不作为、被动监管，甚至有指责消费者的投诉是浪费行政资源。另一方面，司法救济的成本依然偏高，即使胜诉也可能得不偿失。

4. 消费理念和维权意识尚不成熟

我国经济的高速发展使新产品、新科技、新消费形式不断涌现，在满足消费者日益变化的消费需求的同时，很多消费者并未来得及做好消费理念上的准备。迷信洋品牌、迷信似是而非的新科技、一味追求低价等，客观上给经营者侵权行为提供了空间；同时，消费者维权意识淡薄，缺少保护自身合法权益观念，难以与经营者违法行为抗衡。

三 消费者知情权保障之完善

1. 扩展知情权内涵，完善经营者的告知义务体系

消费者不仅要知道商品和服务的真实情况，还要知道得全面、准确、适当、充分。这对经营者告知义务提出了更高要求。

经营者的告知义务包含商品和服务的基本信息告知、警示告知、瑕疵告知等内容。但商品和服务的种类千千万、信息万万千，具体到要明确每一种商品或服务究竟哪些该告知哪些可以不告知，确实是一个难题。这也通常成为经营者和消费者发生争议的关键。

首先可以对商品和服务分类研究，细化告知义务的具体内容，既明

确一般告知事项，也明确某类产品和服务的特殊告知要求。对知情权纠纷频发的领域或舆论聚焦的问题应及时明确告知义务细则。其次，从知情权纠纷实践来看，经营者用以规避告知义务的理由也很多，比如商业秘密、行业惯例等。法律应总结实践中出现的问题，及时作出回应，同时完善经营者违反告知义务的法律责任体系。

2. 加强产品质量管理，提升产品质量标准化管理水平

消费的过程是对经营者提供的商品和服务的消费，因此，归根结底，保障消费者权益就必须提高和保证商品或服务的质量。商品和服务的标准化管理是一个不断提高产品质量的过程。我们要不断完善和丰富产品质量的标准体系，并随着新技术、新产品的出现及时修订标准，使之能切实符合保障消费者人身和财产安全的要求。

赋予消费者知情权的理论基础是信息不对称，解决信息不对称一方面有赖于经营者履行告知义务，另一方面可以通过标准化管理将更多的产品信息写入公开标准中。消费者可以在公开标准中获得更多有关产品的信息，对经营者告知程度的依赖会降低，知情权自然得以保障。

3. 加强监督信息披露，畅通消费者维权渠道

我国《产品质量法》第 24 条规定："国务院和省、自治区、直辖市人民政府的产品质量监督部门应当定期发布其监督抽查的产品的质量状况公告。"监管部门要加大打击力度，及时发布商品抽检检验结果，曝光侵权案例、发布消费警示，进行必要的信息共享、监管协作，引导消费者科学理性消费，为广大消费者营造放心消费的环境。

司法部门要践行司法为民理念，为消费者维权开启便利之门。要针对消费纠纷确立适当的裁判标准，与具体的消费标的、消费行为相结合，实现同案同判；要充分发挥小额诉讼程序的价值，减少消费者维权成本。

新闻媒体应发挥舆论监督作用，客观公正准确报道经营者的违法行为和损害消费者权益的事实，唤起全社会维护良好消费环境的共鸣。

4. 加强消费者教育，提升消费理念

全国妇联权益部、中国妇女杂志社和华坤女性消费指导中心曾在北京、上海、广州、长沙、西安 5 个城市联合开展女性消费知情权问卷调

查，结果显示超过半数的女性认为自己缺乏消费知情权，最不满广告宣传中有虚假成分，八成女性对知情权具体包括哪些内容不太清楚。① 消费者是消费的主体，精明的消费者不仅能维护自身合法权益，更能促进企业质量的提高和消费环境的不断改善。所以，我们要重视消费者教育。通过举办各种形式的消费者教育活动，提高消费知识水平和维权知识，培养成熟的消费理念。唯有精明的消费者才能更容易识别经营者的不告知、不全面告知、虚假告知乃至欺诈等违法行为，也才会更好地维护自己的知情权。

总之，知情权是消费者实现安全权、公平交易权、自主选择权的基础，在整个消费者权利体系中具有举足轻重的地位。因此，我们应高度重视消费者知情权保障。

第三节 经营者虚假宣传之规制

虚假宣传是常见的经营者侵犯消费者知情权的行为。随着市场经济的发展，市场竞争更加激烈，商品宣传在消费者购买商品中所发挥的作用也越来越突出。经营者通过广告等宣传手段，本意在介绍、推销某种商品或服务项目，诱使消费者产生需求欲望，购买商品或接受服务。然而随着宣传大战的愈演愈烈，虚假的或引人误解的表示和宣传层出不穷，严重损害消费者的知情权。

一 虚假宣传行为的法律属性

虚假宣传行为是指经营者利用广告和其他方法，对产品的质量、性能、成分、用途、产地等所做的引人误解的不实宣传。从不同的法律视角，经营者虚假宣传行为具有不同的法律属性。

从《消费者权益保护法》的视角，虚假宣传是一种侵犯消费者权益的行为。《消费者权益保护法》第二十条、二十一条规定：经营者向消费者提供有关商品或者服务的质量、性能、用途、有效期限等信息，应当

---

① 来自中国消费者协会官网"调查体察"。

真实、全面，不得做虚假或者引人误解的宣传。经营者对消费者就其提供的商品或者服务的质量和使用方法等问题提出的询问，应当作出真实、明确的答复。经营者提供商品或者服务应当明码标价。经营者应当标明其真实名称和标记。租赁他人柜台或者场地的经营者，应当标明其真实名称和标记。根据《消费者权益保护法》第四十五条，消费者因经营者利用虚假广告或者其他虚假宣传方式提供商品或者服务，其合法权益受到损害的，可以向经营者要求赔偿。广告经营者、发布者发布虚假广告的，消费者可以请求行政主管部门予以惩处。广告经营者、发布者不能提供经营者的真实名称、地址和有效联系方式的，应当承担赔偿责任。广告经营者、发布者设计、制作、发布关系消费者生命健康商品或者服务的虚假广告，造成消费者损害的，应当与提供该商品或者服务的经营者承担连带责任。社会团体或者其他组织、个人在关系消费者生命健康商品或者服务的虚假广告或者其他虚假宣传中向消费者推荐商品或者服务，造成消费者损害的，应当与提供该商品或者服务的经营者承担连带责任。

从《反不正当竞争法》的视角，虚假宣传是一种不正当竞争行为。《反不正当竞争法》第八条规定，经营者不得对其商品的性能、功能、质量、销售状况、用户评价、曾获荣誉等作虚假或者引人误解的商业宣传，欺骗、误导消费者。第二十条规定，经营者违反本法第八条规定对其商品作虚假或者引人误解的商业宣传，或者通过组织虚假交易等方式帮助其他经营者进行虚假或者引人误解的商业宣传的，由监督检查部门责令停止违法行为，处二十万元以上一百万元以下的罚款；情节严重的，处一百万元以上二百万元以下的罚款，可以吊销营业执照。属于发布虚假广告的，依照《中华人民共和国广告法》的规定处罚。

实践中，虚假宣传多以广告形式出现。从《广告法》的视角，利用广告形式进行虚假宣传，构成虚假广告。《广告法》第四条规定广告不得含有虚假或者引人误解的内容，不得欺骗、误导消费者。广告主应当对广告内容的真实性负责。第五十五条规定，发布虚假广告的，由市场监督管理部门责令停止发布广告，责令广告主在相应范围内消除影响，处广告费用三倍以上五倍以下的罚款，广告费用无法计算或者明显偏低的，处二十万元以上一百万元以下的罚款；两年内有三次以上违法行为或者有其他严重情节的，处广告费用五倍以上十倍以下的罚款，广告费用无法计算或者明显偏低的，处一百万元以上二百万元以下的罚款，可以吊销营业执照，并由广告审查机关撤销广告审查批准文件、一年内不受理其广告审查申请。经营者不得通过组织虚假交易等方式，帮助其他经营者进行虚假或者引人误解的商业宣传。

虚假宣传行为情节严重或者造成法律规定的严重后果将构成犯罪，行为人须依法承担相应的刑事责任。我国《刑法》在第222条明确规定了虚假广告罪，第213条至第218条分别规定了假冒注册商标罪，销售假冒注册商标的商品罪，非法制造、销售非法制造的注册商标标识罪，假冒专利罪，侵犯著作权罪，销售侵权复制品罪，这些罪名集中在"扰乱市场秩序犯罪"和"侵犯知识产权犯罪"当中，为审理情节严重或造成严重后果的虚假宣传行为提供了法律依据。

二　虚假宣传行为的构成

通常认为，构成虚假宣传应具备以下要件：

（1）行为的主体是经营者及其利益的代表者。在某些特殊情况下，其他主体也可能成为该行为的主体。比如在采用广告进行宣传的过程中，广告代理制作者、广告发布者等也会成为虚假宣传行为的主体。

（2）客观上实施了虚假宣传行为。这些行为的实现通常是通过提供虚假信息的方式来实现。虚指夸大或缩小，假对应真，指所宣传的信息不真实。有学者将虚假宣传分为欺骗性宣传、误导性宣传、隐瞒性宣传、夸大性宣传和诋毁性宣传。① 这些虚假信息所涉及的内容十分广泛，主要是针对商品或服务的基本要素，涉及商品的质量、制作成分、性能、用途、有效期限、产地、荣誉以及经营者提供服务的质量、形式、特征，等等。随着网络经济的发展，刷好评、刷销量、刷信誉等成为虚假宣传的新形式。

（3）虚假宣传达到了引人误解的程度，具有社会危害性。虚假宣

---

① 蒋苔：《虚假宣传的法律规制研究》，硕士学位论文，西南政法大学，2018年。

传会产生引人误解的后果，其直接受害者是消费者或者同业经营者，严重时将会引起整个交易市场的混乱。这种后果可能是已经发生的致人误购的后果，也可能是足以引起消费者误购后果的可能性。

（4）主观方面，对提供商品或者服务的经营者来说，对商品或者服务进行符合实际的宣传，是他们应尽的义务。因此，我们在规制虚假宣传行为时，对经营者进行责任认定时，应采取严格责任认定原则，不考虑其主观是否有过错。

三　虚假宣传行为的规制对策

应该说，从《消费者权益保护法》到《反不正当竞争法》《广告法》，我国法律历来重视对虚假宣传行为的规制。但是，虚假宣传仍屡禁不止，甚至愈演愈烈。究其原因有三：一是全球化、信息化所致的信息不对称。虚假宣传盛行归根结底与市场信息不对称有关。在没有充分完全的信息条件下，消费者很难做出正确的购买前评估。规制经营者的虚假宣传行为，保护消费者的权益，赋予经营者告知义务是一方面，但关键还是解决经营者与消费者的信息不对称问题。然而，经济全球化、信息时代的经济迅猛发展，使消费者陷入更严重的信息不对称。全球化营销时代，市场充满了来自不同国家、不同地区、不同品牌的商品。技术的日益复杂及广告信息的泛滥，使消费者越来越难以掌握有关产品的真实信息。网络环境下，消费者接触不到商家，只能通过网络广告的宣传了解产品的性能，更加难以识别商家的虚假宣传行为。据中国电子商务协会对网上购物者的调查，过半的被调查者都曾遭遇虚假信息，从而产生购物纠纷。目前电子商务在国内还处于起步阶段，交易网站良莠不齐，国内个人交易网站的诚信体系仍然很不完善，商家的虚假宣传行为也就难以被规制。二是责任追究机制不完善。相较于虚假宣传带来的巨大市场利益，以罚款为主要形式的法律责任偏轻，威慑力不够。而且，由于处罚总是比虚假宣传延后，所以往往是产品已被宣传得人尽皆知了，之后所受的违法处罚却少有人关注到，虚假宣传已产生的影响难以消除。三是消费者维权意识不强，社会监督不足。虚假宣传往往面对不特定的消费者，人数众多。一方面，受到实际损害的消费者面临各种维权难题，维权动力不足；另一方面，没有实际损失的消费者也很难发起公益性维权。因此，虚假宣传的违法成本低，经营者有恃无恐。

综上，规制虚假宣传行为还需从以下三方面努力：

（1）明确经营者告知义务的同时，更要构建经营者信息披露的激励机制。应健全政府职能部门的质量抽样检查监督机制，完善权威性民间组织对产品或服务的等级评定，加强新闻媒体的舆论监督作用及消费信息和知识的传递功能，以此促使生产经营者真实地披露信息。同时，通过建立和完善经营者信用体系，鼓励生产经营者履行其披露义务，为消费者提供真实有效的信息，使消费者能快捷地获得消费资讯，使商品更易被消费者了解和接受，减少因信息不对称对消费者知情权的侵害。监管部门要加强市场监管，维护市场正当有效竞争。竞争的存在可能使企业不敢制造虚假信息，促进经营者信息披露，减少企业的私人信息，增加市场的公共信息，从而降低信息不对称的程度。

（2）必须严格落实更正广告制度，要求违法者在虚假宣传相同范围内以相同宣传费做更正宣传，以消除其虚假宣传造成的影响。同时，还应对虚假宣传者进行信用惩戒，列入网络"禁入黑名单"，即虚假宣传一经查实，相关产品在一定时间内禁止以任何形式在网络上出现。由于网络经济时代的产品宣传对网络依赖度极高，这种网络禁入惩戒将大大增加虚假宣传的违法成本，一定程度上遏制企业虚假宣传的冲动。

（3）完善责任追究机制的同时，更要提高消费者自我防范意识和维权意识。要想让诚实信用成为市场参与者的共识并自觉遵守，必须有制度上的保障，应建立完善的民事责任追究制度。同时，有效保障消费者的知情权，不仅需要有完备的法律规范体系，还需要消费者自身有法律观念，有利用法律保护自身合法权益的维权意识。要通过消费者教育运动，培养成熟精明的消费者。同时建立健全举报奖励机制鼓励消费者维权，充分发挥社会监督作用。

第四节 经营者欺诈

一 问题的提出

我国《消费者权益保护法》赋予消费者知情权。同时,《消费者权益保护法》第五十五条规定了惩罚性赔偿金制度,消费者在经营者进行欺诈时可据此要求其支付最高三倍金额的赔偿金。为了鼓励消费者积极行使权利,并设定了最低赔偿金额为 500 元。

惩罚性赔偿金的适用前提是经营者提供商品或服务时有欺诈。那么,何为欺诈?经营者欺诈和侵犯消费者知情权的关系是什么?

在天价宾利案中,贵州省高院认为经营者隐瞒车辆维修情况的行为构成欺诈,支持了消费者提出的退一赔三的诉讼请求,但最高人民法院持不同看法,二审时撤销了贵州省高院的判决。这一案例揭示的问题是:经营者在经营过程中隐瞒了商品部分真实情形,侵犯了消费者的知情权,是否构成《消费者权益保护法》第五十五条的欺诈?

二 经营者欺诈释义

经营者欺诈,是指在消费的过程中,经营者故意向消费者告知虚假情况,或者明知消费者不知实情而隐瞒相关情况,从而诱导消费者做出和其真实意思不一致的购买行为。

原国家工商总局发布 2015 年 3 月 15 日起施行的《侵害消费者权益行为处罚办法》,将欺诈分为两大类共 21 种。

第一类,经营者有下列行为且不能证明自己并非欺骗、误导消费者而实施此种行为的,属于欺诈行为。

(1)销售的商品或者提供的服务不符合保障人身、财产安全要求;

(2)销售失效、变质的商品;

(3)销售伪造产地、伪造或者冒用他人的厂名、厂址、篡改生产日期的商品;

(4)销售伪造或者冒用认证标志等质量标志的商品;

(5)销售的商品或者提供的服务侵犯他人注册商标专用权;

（6）销售伪造或者冒用知名商品特有的名称、包装、装潢的商品。

第二类，经营者下列行为属于欺诈。

（1）在销售的商品中掺杂、掺假，以假充真，以次充好，以不合格商品冒充合格商品；

（2）销售国家明令淘汰并停止销售的商品；

（3）提供商品或者服务中故意使用不合格的计量器具或者破坏计量器具准确度；

（4）骗取消费者价款或者费用而不提供或者不按照约定提供商品或者服务；

（5）不以真实名称和标记提供商品或者服务；

（6）以虚假或者引人误解的商品说明、商品标准、实物样品等方式销售商品或者服务；

（7）作虚假或者引人误解的现场说明和演示；

（8）采用虚构交易、虚标成交量、虚假评论或者雇佣他人等方式进行欺骗性销售诱导；

（9）以虚假的"清仓价""甩卖价""最低价""优惠价"或者其他欺骗性价格标示销售商品或者服务；

（10）以虚假的"有奖销售""还本销售""体验销售"等方式销售商品或者服务；

（11）谎称正品销售"处理品""残次品""等外品"等商品；

（12）夸大或隐瞒所提供的商品或者服务的数量、质量、性能等与消费者有重大利害关系的信息误导消费者；

（13）以其他虚假或者引人误解的宣传方式误导消费者；

（14）从事为消费者提供修理、加工、安装、装饰装修等服务的经营者谎报用工用料，故意损坏、偷换零部件或材料，使用不符合国家质量标准或者与约定不相符的零部件或材料，更换不需要更换的零部件，或者偷工减料、加收费用，损害消费者权益的；

（15）从事房屋租赁、家政服务等中介服务的经营者提供虚假信息或者采取欺骗、恶意串通等手段损害消费者权益的。

两类欺诈的区别在于：第一类行为的主观过错表现为欺骗或误导的

故意，但主观要件实行举证责任倒置，需经营者证明自己非欺骗或误导而实施该行为。而第二类只需有客观行为表现即可，但第二类行为并非不需要主观过错要件，而是这类行为的主观过错很明显，可以通过其客观行为表现明确判断出来。

虽然《侵害消费者权益行为处罚办法》属于部门规章，但反映了执法者对欺诈的态度，对规范经营者行为和消费者维权都具有重要价值。

综上，经营者欺诈的构成要件有三：第一，经营者实施了欺诈行为；第二，经营者具有主观欺骗和误导的故意；第三，消费者因经营者欺诈行为受到人身或财产损失。

三　经营者欺诈与侵犯消费者知情权之辨

经营者欺诈和侵犯知情权都是经营者的违法行为，欺诈一定侵犯了消费者的知情权，但侵犯知情权的行为并不都构成欺诈。二者可从以下角度予以区分：

（1）主观形态分析。在主观上区别明显，经营者欺诈应以经营者主观上存在故意甚至是恶意为主观条件。而对消费者知情权的侵犯则不区分主观故意或过失，相较侵犯知情权，经营者欺诈的恶意性或可惩戒性更大。

（2）客观行为表现。在客观行为表现上，经营者侵犯知情权一般表现为不履行法定应告知的义务，如对商品的功效、使用方法、生产日期、保质期、主要成分等信息的未注明。而经营者欺诈时在此基础上更进一步，经营者非但没有注明相关信息，更有故意隐瞒真实信息、虚构信息、披露虚假信息等，欺骗误导消费者。因此，欺诈是严重侵犯消费者知情权的违法行为。

（3）行为后果不同。经营者欺诈具有更大的恶意，所以《消费者权益保护法》规定可以适用惩罚性赔偿。一般侵犯知情权的行为不适用惩罚性赔偿。

综上，经营者侵害消费者知情权行为与经营者欺诈具有极其相似的构成，致使实践中难以作出准确区分，一、二审法院对天价宾利案的不同态度正印证了这点。唯有进一步规范经营者行为，减少侵权发生，同时准确适用惩罚性赔偿金，加大经营者欺诈行为的违法成本，才可能营造诚信交易的市场氛围，促进消费者知情权保障。

第五节 经营者明码标价义务

一 经营者明码标价义务的法律依据

价格买卖双方最看重的交易条件，是保障交易实施的基础。为保障消费者权益，法律明确定价权是经营者的权利，同时赋予经营者明码标价的义务。

经营者明码标价义务主要通过《消费者权益保护法》和《价格法》来赋予。《消费者权益保护法》第二十条规定经营者提供商品或者服务应当明码标价。《价格法》第七条规定："经营者定价，应当遵循公平、合法和诚实信用的原则"，第十三条规定经营者销售、收购商品和提供服务，应当按照政府价格主管部门的规定明码标价，注明商品的品名、产地、规格、等级、计价单位、价格或者服务的项目、收费标准等有关情况。经营者不得在标价之外加价出售商品，不得收取任何未予标明的费用。

2000年国家发展计划委员会8号令发布的《关于商品和服务实行明码标价的规定》第三条：本规定所称明码标价是指经营者收购、销售商品和提供服务按照本规定的要求公开标示商品价格、服务价格等有关情况的行为。第四条规定："经营者实行明码标价，应当遵循公开、公平和诚实信用的原则，遵守价格法律、法规。"这就意味着经营者对于商品或服务不仅要进行标价，还要进行合理的标价。

根据上述法律规定，所谓明码标价就是经营者对其所提供的商品或服务，明确、清晰、公开、真实地标示价格的行为。首先必须进行价格的标示，这需要将所示商品或服务的价格公开，让消费者知晓。其次要合理标价，所提供的商品或者服务与所示价格是相对应的，而不存在隐藏于服务中的额外服务和价格，所示价格要清晰、明确。

经营者履行明码标价义务，对保障消费者知情权具有重要价值。在日常消费中，价格是影响消费者选择的最重要因素之一。消费者对商品或服务的选择都是基于经营者所提供的价格进行比较。经营者对商品或服务实行明码标价，让消费者能够知晓其所选购的商品或服务的真实价格，消费者在价格信息真实的情况下所作的选择是最符合内心真实意思的选择，这样的交易才符合市场公平。

但价格是经营者竞争的主要手段，经营者往往试图通过各种价格竞争实现利润最大化。且由于信息的不对称，经营者在明码标价中的违法行为时有发生。那么，经营者违反明码标价义务有哪些表现？应如何规制？

二 经营者违反明码标价义务的主要表现

1. 没有标价

不对商品或服务进行标价，是最为明显的经营者不履行明码标价义务的的行为。2016 年 11 月，国家发改委与住建部联合印发《关于开展商品房销售明码标价专项检查的通知》（发改办价监〔2016〕2329 号），在全国范围内开展商品房销售明码标价专项检查。检查发现，部分房地产企业未严格遵守《商品房销售明码标价规定》，侵害了消费者的合法权益，价格主管部门依法进行了处罚，并通报了 7 件未明码标价的典型案例。

2. 标价过高

《禁止牟取暴利的暂行规定》中明确规定了经营者提供的商品或服务的价格水平应与其地区所提供的同种商品或者服务的价格相当，不得超出合理的幅度。① 明码标价不只是对商品或服务的价格进行明确清晰的标示即可，所标价格还应具有合理性。青岛天价虾案之所以引发舆

---

① 《禁止牟取暴利的暂行规定》第五条：商品的价格和服务的收费标准（以下统称价格），应当符合下列要求：（一）某一商品或者服务的价格水平不超过同一地区、同一期间、同一档次、同种商品或者服务的市场平均价格的合理幅度；（二）某一商品或者服务的差价率不超过同一地区、同一期间、同一档次、同种商品或者服务的平均差价率的合理幅度；（三）某一商品或者服务的利润率不超过同一地区、同一期间、同一档次、同种商品或者服务的平均利润率的合理幅度。但是，生产经营者通过改善经营管理，运用新技术，降低成本，提高效益而实现的利润率除外。

论，就是因为所标价格超出合理范围。当然，合理与否要考虑商品价值、市场供求多种因素。

3. 标价内容不明

经营者提供的商品或服务与其标示的价格不符，以致出现价格与商品服务不匹配，隐藏服务、额外费用支出的情况。比如零团费旅游项目，超市货架上的标签价格与该栏所摆放的商品不匹配，或货架所列同一商品所标价格不一致。

因此，如何规范经营者的明码标价行为，是消费者权益保护的重要问题。

三　规制经营者明码标价行为的对策

1. 加大惩处力度

我国《价格法》第四十二条对经营者不履行明码标价义务的行为进行了规定："经营者违反明码标价规定的，责令改正，没收违法所得，可以并处五千元以下的罚款。"而香港地区在《商品说明条例》中规定了对构成包含不履行明码标价义务在内的不良经营手段的经营者，最高可处五年监禁和五十万元港币（四十五万多元人民币）的罚金。[①]严厉的处罚能更好地促使经营者履行自己的义务。在如今的经济发展形势下，五千元的罚款对于很多经营者而言并不能起到多大震慑作用。为提高经营者和消费者交易时的价格信息透明度、促进公平交易，我们可以借鉴香港地区关于经营者不履行明码标价义务的处罚规定，将罚款数额标准提高，增加其违法成本，以保证经营者能够切实履行明码标价义务。

2. 实行单价标示制度

标示单价能够让消费者对所购买的商品或服务有一个比较明确的认知，便于消费者通过对比单价了解某一时段内的商品价格的平均水平。对处于景区、游乐场等特殊公共场所的经营者，在提供所售商品的单价

---

① 国家发展改革委价监局赴香港调研组：《香港明码标价制度调研报告》，《中国价格监管与反垄断》2014 年第 12 期。

时，出于保护外地游客的消费权利，还应该附上该区域外同种商品的一般单价，让消费者能清晰知道自己的消费在该区域是否合理，避免因标价过高而遭受较大经济利益损失的情况，减少"天价菜"的出现。[①]

3. 规范价格标签

明确价格标签应载明的内容，且应标注在显著位置。对于因价格标签与商品不对应而致消费者超出其消费时，消费者有权要求退款和替换；对于未明示的内容，消费者不仅有权拒绝支付价款，同时还可以对经营者侵犯消费者知情权的行为请求侵权赔偿。

总之，随着市场的日益繁荣，通过规范经营者的行为，明确经营者的明码标价义务，才能在价格符合市场规则的基础上，促成交易双方之间的公平性与合理性，维护消费者合法权益。

第六节　行业惯例与消费者知情权保障

一　问题的提出

法律赋予消费者知情权，与之相对应，经营者应履行相应的告知义务。但经营者为了追求金钱利益，常常并未客观公正告知消费者真实准确的产品信息，还会在诉讼中以"行业惯例"为由进行抗辩。

茅台年份酒案例中社会普遍认知与行业惯例之间产生了背离。普通消费者基于"是非曲直"的朴素价值观认为，年份酒应以实际储存年份来标注，所以"50年陈年茅台"即为储存50年的陈年老酒。而与普通消费者简单化的认知不同，行业惯例中的"年份酒"，乃是运用"以酒调酒"的勾调技术，将陈年调味酒与新产基酒勾调融合的产物。即"50年陈年茅台"是以存放了15年以上茅台陈年基酒勾调。而且全行业几乎都站在茅台集团身后，不仅认同茅台年份酒成品中陈年老酒占很小比例的事实，也认可"50年茅台"是以存放了15年以上茅台陈年基酒勾调的事实。再如在酒店住宿，消费者以天为单位支付住宿费，通常

---

① 王火旺、卓琰：《欧盟明码标价制度及其启示》，《中国价格监管与反垄断》2015年第3期。

理解酒店应提供满 24 小时服务。但酒店往往以行业惯例为由对超过 12 点退房的客人加收房费。类似的行业惯例引发的纠纷还很多。

问题的关键是：面对消费者的知情权，经营者能否以此为行业惯例抗辩而不履行如实告知的义务？行业惯例具有什么法律效力？

二　司法实践对行业惯例的态度

所谓行业惯例（Usage of the Particular Trade）是指特定行业中经过长期业务活动而形成的一些通用习惯规则。如港口惯例、交易所惯例、拍卖行惯例、银行结算惯例，等等。这些惯例被行业内人士所共知，绝大多数是成文的。行业惯例强调的是法律没有明确规定的情况下人们普遍遵守的行为规范[1]，一般不具有强制性，而是一些任意性规则。有学者认为，公认的商业道德就等同于行业惯例。[2] 行业惯例的制定主体并不是具有强制执行力的国家机关，但其制定的规范却可以规制本行业内部共同体成员的行为。行业惯例的产生和规制效力都是存在于行业共同体内部，不具有法律规范的普遍适用性。

行业惯例是经营者经常援引的抗辩之一，但不同地区不同层级的法院在对待经营者援引"行业惯例"作为抗辩的态度上并不一致。在刘超捷诉中国移动通信集团江苏有限公司徐州分公司电信服务合同纠纷案中[3]，被告称以发票联告知客户话费有效期的方式是通信业的交易习惯，法院认为其未能提供有效证据证明以该方式向原告进行了告知，故不予采纳。在上海某网络系统股份有限公司诉徐某邮寄服务合同纠纷案中，速递服务社坚持对于快递物品丢失的限额赔偿属于快递业内的行业惯例，因此未在其所提供的格式条款中进行特殊说明。法院经审理认为，限额赔偿的免责条款印刷在快递单的背面，字体小，不易辨认，也没有醒目的提示标识，且没有特别提请寄件人进行关注，因此认定速递服务社未采取合理的方式尽到提示告知义务。同时，限额赔偿条款本身

---

[1]　杨帆：《行业惯例在互联网不正当竞争案件中的司法适用研究》，硕士学位论文，西南政法大学，2018 年。

[2]　李锦：《论"公认的商业道德"：基于判例的整理与研究》，《法学研究》2012 年第 11 期。

[3]　参见最高人民法院第 64 号指导案例。

未区分具体情形而限制了被告的赔偿责任，排除了原告以违约造成的实际损失来求偿的权利，明显违反公平原则。根据我国原《合同法》第四十条的规定，法院认定该"限额赔偿"条款无效。在另外一起银行援引国际行业惯例来主张对客户全额罚息的案件中，客户主张银行未尽告知义务，银行以相关条款属行业惯例来抗辩银行的抗辩却得到了法院的支持。

我国现行的《消费者权益保护法》对经营者关于商品或者服务的信息告知范围做了相对明确具体的规定，涉及商品或者服务的质量、性能、用途、有效期限等信息。同时，经营者必须答复消费者的信息疑问，且答复必须明确，不能模糊不清，还要履行强制性信息的披露义务。但《消费者权益保护法》并没有就行业惯例问题作出明确规定。

本质上，行业惯例并非法律，虽然在一定程度上可以成为法官据以作出司法裁判的依据，但是，这是一种间接依据而非直接法源。所以，行业惯例必须经过法官的认可才能够转换为"习惯法"，成为案件的判决依据。法官适用行业惯例首先需要对其进行识别、认定和审查，确认其适用范围和效力。

三 知情权保障视角对行业惯例的规制

第一，为保障消费者知情权，经营者应履行告知义务，这是经营者的法定义务，不因消费者已知情而免除。那么即使该商品或服务的信息是众所周知、约定俗成的行业惯例，经营者也不能因此而怠于履行告知义务，或以行业惯例对抗消费者的知情权。经营者的告知义务，一是经营者应该主动向消费者提供相关信息，二是应消费者请求告知。虽然经消费者询问而告知的内容与经营者主动告知的内容可能发生重合，但经营者却不能够以消费者没有询问，或者行业惯例即是如此规定而作为不履行告知义务的抗辩。

第二，应考量行业惯例的合法性与合理性。行业惯例是一个行业内形成的规则，通常是经营者视角的习惯，其形成往往缺乏不同利益主体的广泛参与，因而其本身作为评价依据的正当性则需要经受利益平衡的审查。在经营者与消费者发生消费纠纷时，行业惯例能否成为经营者的抗辩，必须考量行业惯例对消费者的权益有无实质上的影响。如果行业惯例会加重消费者责任减轻免除经营者义务，则对经营者告知义务的要求应更严格。

第三，发挥行业协会的作用，提升行业惯例的正当性和合理性。行业协会是由行业从业人员自发成立的，以敦促行业内自律的中介组织。[①] 作为最了解行业运转相关情况和特点的主体，行业协会制定的行业惯例必然与本行业和市场的实际情况相符合。良好且规范的行业惯例会促进行业的良性发展，从经营者的角度进一步保护消费者的知情权。因此，从尊重社会自治、交易双方自治的角度，具有规范性、对经营者和消费者都有利好的行业惯例可以作为确认经营者告知义务内容的标准之一。

第七节　商业秘密与消费者知情权保障

一　问题的提出

云南白药案揭示了在消费者知情权纠纷中，经营者商业秘密权和消费者知情权的冲突。

一般而言，消费者对选购的商品或服务获得足够的知情权是促使其达成市场交易的前提与基础。消费者知情权的内涵应当包括以下两个方面：第一，消费者有权要求经营者按照法律、法规规定的范围和方式明确标明商品或者服务的真实情况。例如，商品或者服务的价格、产地、生产者、主要成分、生产日期等有关基本情况，即“明码标价”的义务。第二，消费者有权知晓所购买商品或服务的真实情况。这就要求经营者不得作虚假告知或提供具有误导性、欺诈性的信息。

商业秘密权是指经营者可以依法对商业秘密享有占有、使用、收益和处分的权利。从权利形态上看，商业秘密权具有知识产权的基本特征，都是法律上对创造性成果所给予的一种专属保护。首先，享有商业

---

① 李刚、陈旋：《对完善我国消费者权益保护制度的几点看法》，《清华法学》2011 年第 5 期。

秘密权的主体一般是与经营者有密切联系的人。因此，商业秘密权具有身份权的性质，商业秘密权的所有人具有处理商业秘密的权利。其次，商业秘密权是一种无形的资产，可以用来获取经营利润，因此它也是一种财产性质的权利。最后，商业秘密权只能通过保密来体现其价值，而商业秘密权的使用可以确保避免与他人分享权利。因此，商业秘密权的持有人具有以下权利：第一，该权利的持有人有权决定是否公开或保持商业秘密不对公众开放，而不受外界干扰。第二，权利人有权要求他人不对外透露相关商业信息。

消费者的知情权和经营者的商业秘密权都是受法律保护的权益，两权冲突的根源是什么？应如何平衡和协调？

二　两权冲突的根源

消费者知情权与经营者商业秘密权之间的冲突实质上是权利的冲突，其根源在于两权在立法价值、权利内容和权利主体地位上的差异。

（一）立法价值的冲突

消费者知情权是保护消费者合法、便利地获取商品、服务真实信息权益的需要，是国家对经济交易过程中处于相对弱势地位的消费者给予的特殊倾斜保护，体现的是现代法保护弱者的价值理念。而商业秘密权则是建立在平等保护的基础上，旨在保护商业经营者的竞争优势，体现了市场经济条件下对公平和效率价值的追求。

从利益属性上说，消费者知情权和经营者商业秘密权的冲突本质上是消费者利益与经营者的垄断利益之间的冲突。作为一个社会群体，消费者是不特定的大多数人，具有公共属性，其范围和构成随时在不断变化。因此，从这个角度来说，保障消费者的知情权可以上升到保护社会公共利益的高度和范畴。而商业秘密权的保护实质上是对商业信息垄断的一种法律确认，更多属于私人利益保护范畴。二者法益保护的不同，更多体现的是不同立法价值之间的冲突。

（二）权利内容的不同

知情权的实质是信息公开，实现消费者知情权，意味着要求经营者提供全面、准确、充分、及时的商品信息,以改变消费者在市场交易活动中所处的信息不对称劣势,从而确保准确和合理的消费。因此,知情权的内容主要是保障消费者知道其购买、使用的商品或服务的真实情况的权利。普通消费者根据法律规定,有权要求提供商品或服务的经营者履行告知真实信息的义务,包括商品的价格、性能和关键信息等内容。

而商业秘密的重要特征是保密性。为了保持竞争优势,经营者必须在披露商品信息的过程中保留一些独创性的东西以获得竞争优势和丰富的经济利益。商业秘密天然具有不可公开性,其价值和保密性同样受到法律的特殊保护。二者内容上的冲突不可避免,例如产品的配方,既是消费者知情权的对象,又是经营者商业秘密权的保护对象。那么,经营者借由商业秘密权对抗消费者的知情权就在所难免。

(三)权利主体地位的对立

市场经济的盲目性和资本天生逐利的本质,导致市场经济主体的多元化和利益追求的最大化。每一个市场经济主体在谋求自身利益得到法律承认的同时也在努力使得自身利益最大化。

消费者和经营者双方无论是在身份、角色上,还是利益追求上,均处于天然对立的位置。随着市场经济的发展和电子商务等信息经济时代的来临,消费者的知情权与经营者提供信息的义务之间的矛盾也在加剧和升级。

一方面,消费者迫不及待地想从经营者那里了解有关消费产品的更多信息,以便更好地控制和选择市场上的产品,购买到更多"物美价廉"的商品;而另一方面,商业秘密权利者尽其所能将其得以获益的技术和信息置于商业秘密保护之下,以期利用合法的方式将他人排斥在该技术或信息之外。因此,经营者往往不愿让消费者过多地了解到关于商品的消费信息或者完全真实的信息,想用商业秘密来阻止消费者获取信息,并希望借助双方之间的信息不对称优势而获得更多的额外利润。这种矛盾总是与整个消费过程有关,并且有加剧的趋势。其中,突出的表现是消费者知情权与经营者商业秘密权之间的冲突。

三 两权冲突时的平衡和协调

在市场交易法律关系中，经营者与消费者是必要的当事人，经营者作为商品（服务）的提供方对于消费者权益的保护应当承担更多的责任。我国在制定《消费者权益保护法》时，考虑到消费者在市场经济活动中处于相对弱势的地位，因此利益保护的天平偏向了消费者一端，偏重于对消费者知情权的保护而让经营者承担更严格的信息披露义务。

但无论是知情权还是商业秘密权，本身是一个边界容易模糊的概念。具体到某一项信息，是属于企业的商业秘密范畴，还是公众有权知晓的范畴，法律往往很难给出明确答案。

要平衡和协调消费者知情权与经营者商业秘密权的冲突，应注重以下两个方面的问题：

（一）规范经营者商业秘密权的合理行使

其基本原则是：经营者在行使法律给予其的商业秘密保护权时不应当以损害消费者的合法权益为前提，如果公众有紧迫的知情利益时，经营者的商业秘密则应当适当、适度的公开，以倾斜于对消费者知情权的保护，同时将经营者的损害降低到最小。

1. 保护经营者商业秘密权的宗旨是保护公平竞争而不是对抗消费者权益

我国商业秘密保护法律制度主要分散在《反不正当竞争法》《民法典》《劳动法》和《刑法》等相关部门法中。其中，《反不正当竞争法》经过两次修改，在第九条、第二十一条、第三十二条等条文中明确了商业秘密的概念、侵犯商业秘密的具体表现形式、法律责任及举证责任分配等问题，全面体现了法律加强商业秘密保护的立法态度。但《反不正当竞争法》第一条亦申明：为了促进社会主义市场经济健康发展，鼓励和保护公平竞争，制止不正当竞争行为，保护经营者和消费者的合法权益，制定本法。因此，保护商业秘密，制止侵犯商业秘密的不正当竞争行为，其宗旨在于通过保护合法经营者的商业秘密，惩罚侵犯商业秘密的非法经营者，鼓励和保护公平竞争的市场竞争秩序。其本意并不保护经营者以商业秘密权对抗消费者的知情权，故保护经营者商业秘密权，不能牺牲消费者合法权益。

2. 保护经营者商业秘密权应受消费者权益保护相关法律的制约

《消费者权益保护法》是保护消费者知情权的基本法，此外，《食品安全法》《产品质量法》《广告法》等法律中也有保护消费者知情权的内容。应充分发挥各法在保护消费者权益方面的积极作用，特别是在涉及消费者生命健康安全的领域，更应明确经营者的强制披露义务，不得以商业秘密对抗消费者的知情权。

比如在食品、药品等领域，其配方中是否含有毒有害成分，直接关乎消费者的生命健康。"生命权是人最为宝贵的权利，是优于一切权利的权利。"[①] 在这种情况下，消费者要求商家公布商品的成分、组成等信息，是出于对公众生命健康权的保护和尊重，经营者应履行严格的信息披露义务，不得以保护商业秘密为由，对商品的成分和配方进行隐藏而拒绝公开披露。

（二）对消费者知情权进行合理限制

任何权利都应该在一定范围内行使才能发挥其应有的作用，消费者知情权也不例外。

1. 消费者知情权的内容应限于法律规定的领域和合理范围

根据《消费者权益保护法》的规定，消费者知情权的内容一般包括商品的价格、产地、制造商、用途、性能、规格、规模、主要成分、生产日期、有效期等。但这一一般性列举显然并不全面，还应考虑不同消费的差异性做特别列举，以进一步完善消费者知情权的内容。同时，对无法全面列举的事项也可形成一些确认规则供司法机关在司法实践中应用。

消费者无权要求经营者履行法律规定范围以外的信息披露义务。基于保障消费者知情权而赋予经营者的解释义务也不应涉及商业秘密事项。如果在特定交易中有必须说明的商业秘密事项，也必须严格要求消费者承担保密义务。

[①] 朱玲妹：《论机动车交通事故民事侵权的无过失责任》，硕士学位论文，中国政法大学2002年。

2. 消费者知情权损害赔偿诉讼应以受到实质损害为前提

从《消费者权益保护法》的立法本意考虑，只要经营者不存在隐瞒事实，以虚假的广告、产品说明、营销手段欺骗、误导消费者的欺诈行为，那么其告知义务未尽到或未完全尽到仅仅是因为注意上的过失。经营者当然应承担相应的法律责任。但此类过失往往并不一定会导致消费者人身权、财产权或其他权利的实质性损害。

从侵权行为构成的要件来看，人身权或财产权的实际损失应当是侵权行为成立的必要条件。知情权是否属于一种可以请求赔偿的民事权利，在学术界尚有不少争议。在司法实践中如果仅仅以侵害知情权本身作为诉由，又无法证明因知情权受损而遭受实际损失，要认定侵权责任成立于法于理都比较牵强。司法机关在审判实践中，亦应引导消费者树立正确的诉讼观念，保护经营者免受讼累。

综上所述，如何保障消费者知情权的合法行使，如何平衡消费者知情权与经营者商业秘密保护之间的冲突，还有待法律进一步规范和完善。

第三章　自主选择权

第一节　案例导读

案例1，迪士尼禁止外带食品案（资料来源：上海市第一中级人民法院民事裁定书（2019）沪01民终3442号）

导读：迪士尼禁止外带食品，是经营者根据经营自主权确定的经营策略，还是属于侵犯消费者自主选择权的违法行为？

王某于2018年4月29日前往上海迪士尼乐园游玩，经过乐园安检时，被工作人员搜查包裹，并告知携带的面包、牛奶和饼干等食品不能入园。在得知寄存费用为每件80元后，王某无奈丢弃了所带食品。进入乐园后，王某由于没有食物，购买了标价75元的套餐一份及15元饮品一份。游玩结束后，王某在上海迪士尼度假区官方网站上查询到《上海迪士尼乐园游客须知》，发现了禁止携带食品以及超过600毫升的非酒精饮料入园的规定。王某就此规定以及该乐园工作人员搜查游客包裹的行为向上海迪士尼乐园发送邮件，提出质疑，而该乐园在回复邮件中并没有作出实质性的解释。根据《中华人民共和国消费者权益保护法》第九条、第十条、第二十七条、第四十条以及《中华人民共和国合同法》第三十九条的规定，《上海迪士尼乐园游客须知》中禁止携带食品以及超过600毫升非酒精饮料入园的规定侵犯了王某的自主选择权、公平交易权，属无效条款。上海迪士尼乐园搜查王某包裹侵犯了王某的隐私权。故王某诉至法院，请求判令：1.××公司合理修改其《游客须知》中禁止携带食品以及超过600毫升非酒精饮料入园的规定，允许游客自带食品和饮料入园；2. ××公司赔偿起诉人丢弃自带食品而在园内用餐增加的损失 75 元；3. ××公司调整园内餐饮价格，提高餐饮服务水平；4. ××公司废除人工搜查游客包裹的制度；5. 诉讼费由××公司承担。

一审裁定不予受理，王某随后上诉，二审驳回上诉，维持原裁定。

案例 2，吴某案（资料来源：最高人民法院指导案例 79 号）

导读： *具有一定垄断地位的经营者的经营自主权是否应受到特别限制？*

原告吴某诉称：2012 年 5 月 10 日，其前往陕西广电网络传媒（集团）股份有限公司（以下简称广电公司）缴纳数字电视基本收视维护费得知，该项费用由每月 25 元调至 30 元，吴某遂缴纳了 3 个月费用 90 元，其中数字电视基本收视维护费 75 元、数字电视节目费 15 元。之后，吴某获悉数字电视节目应由用户自由选择，自愿订购。吴某认为，广电公司属于公用企业，在数字电视市场内具有支配地位，其收取数字电视节目费的行为剥夺了自己的自主选择权，构成搭售，故诉至法院，请求判令：确认被告 2012 年 5 月 10 日收取其数字电视节目费 15 元的行为无效，被告返还原告 15 元。本案历经一审、二审、再审，最终吴某胜诉。

案例 3，杜康酒开瓶费案（资料来源：广州市中级人民法院民事判决书穗中法民终字第 2901 号）

导读： *餐饮企业能不能收开瓶费？为什么？*

广州市民曲某自带一瓶珍藏了十多年的杜康酒，和老朋友相约来到广州下塘西路的"天鲜阁"餐厅，准备开怀畅饮。宴会一开始，当众人的目光聚集在那瓶杜康酒上时，餐厅服务员彭××不失礼貌地告诉他们，自带酒水要收开瓶费。众人对此不解，服务员解释说是餐厅的规定。于是，曲提出买餐厅的杜康酒。他的用意很明白，假如餐厅没有同样的酒卖，那就没有理由收取开瓶费了。很快从总台返回的服务员表示，餐厅没有这样的酒卖，但如果他们要喝自己带来的酒，还是要收开瓶费，这也是餐厅的"规定"。为了让老朋友喝上杜康酒又不至于因开瓶费而扫兴，曲某试图用另一种规定来回应餐厅"规定"。他告诉服务员，中国消费者协会前不久刚发布了一个规定，说餐厅向自带酒水的顾客收取开瓶费是不合法的。对此，服务员仍坚持要收开瓶费，并叫来了餐厅的一名部长再次重申餐厅的"规定"。菜已经陆续上来了，杜康酒不能不喝，于是，曲某自己动手开启了酒瓶。结账时，曲某再次提出中消协的规定，餐厅方面则再次告知收取开瓶费是"餐厅规定"，曲某还辩解道，酒是自己打开的，并没有让服务员开启，餐厅廖部长却认为，即使如此，也要照收开瓶费。最后，曲某要求餐厅出具开瓶费发票，餐厅只在一张百元定额发票上注明"其中开瓶费 20 元"的字样。曲某气愤之余一纸诉状将对方告上了法庭。广州中院判决曲先生胜诉，禁止餐厅收取开瓶费。

案例 4，餐具收费案（该案例入选由中国法学会消费者权益保护法研究会联合中国消费者协会、中国质量万里行促进会共同推选出的 2009 年度消费维权典型案例）

导读：面对餐饮企业的餐具收费，消费者应如何维权？

2008 年 3 月，厦门市民林先生和几个朋友到一家饭店吃饭。在结账的时候，林先生发现他们消费的 68 元中，有 7 块钱是消毒餐具和消毒纸巾的费用，这让他感到非常不解。在与饭店经理沟通无果的情况下，林先生将饭店告上了法庭，要求返还多收取的纸巾、餐具费用人民币 7 元，额外损失人民币 100 元。

对于林先生的诉讼请求，饭店方面表示，饭店在顾客用餐之前就已经告知了对方，这些包装好的消毒餐具是要收取费用的；同时也告知了林先生，餐厅提供免费的未经包装的消毒餐具。林先生是自愿选择收费餐具的，所以他们不能接受要其赔偿的请求。饭店方面的这种想法也得到了很多餐饮业者的支持。

2009 年 10 月 23 日，厦门市思明区人民法院根据《中华人民共和国食品安全法》和《中华人民共和国消费者权益保护法》的相关条款，对该案作出了一审判决：被告某火锅店退还原告林先生人民币 7 元，本案受理费用 50 元人民币由被告承担。

案例 5，麦当劳一次性餐具收费事件（资料来源：搜狐网）

导读：一次性餐具收费 ＝ 餐具收费吗？

2020 年"深圳麦当劳一次性餐具收费"上了热搜。在深圳麦当劳的外卖点餐平台和门店中，都增加了一个选择一次性餐具的新选项。一次性餐具的售价为0.5元，同时标注显示每单仅需点一份，餐厅会根据订单餐品提供对应餐具（刀叉勺）。对此，深圳麦当劳方面表示，这是应深圳新规要求做出的响应行为，也将持续关注政府政策。

深圳的新规名为《深圳市生活垃圾分类管理条例》，该条例自2020年9月1日施行。条例第46条：餐饮服务和餐饮配送服务提供者应当提示消费者合理消费，适量点餐，不得免费向消费者提供一次性筷子、叉子、汤匙等餐具。

第二节　"禁止外带食品"类公告的效力

一　问题的提出

上海迪士尼禁带饮食一案将商家要求消费者禁止外带食品这一普遍现象重新拉回了大众视野，引起了广泛热议。在国内外一些比较大的主题类公园会有禁止自带饮食入园的情况存在，比如迪士尼、长隆等。景区禁止游客自带饮食入园主要从三个方面考虑：第一，游客自带饮食会产生很多垃圾，影响园区内的卫生环境。第二，园区觉得游客自带饮食会有发生食品安全事故的隐患，担心受到牵连，禁止带饮食可以减少这种情况发生。第三，景区禁止带饮食入园其实是在保护园区内餐饮售卖点的利益。

消费者普遍认为这类公告侵犯消费者的合法权益。

1. 侵害消费者自主选择权

我国《消费者权益保护法》第九条规定："消费者享有自主选择商品或者服务的权利，消费者有权自主选择提供商品或者服务的经营者，自主选择商品品种或者服务的方式，自主决定购买或者不购买任何一种商品、接受或不接受任何一项服务，消费者在自主选择商品或服务时，有权进行比较鉴别和挑选。"由此可见，消费者的自主选择权是指消费者根据自己的消费意愿、爱好兴趣和需要，自主充分地选择商品或者服务的一种权利，是消费者内心意愿的外化表现。消费者的自主选择权有两个特点：一是主观自愿性，二是客观自由性。消费者消费时除了具备民法理论上的意思表示真实的要求以外，还应出于发自内心的自由意志。

影响消费者自主选择权的因素：一是经营者的地位。经营者在市场中处于强势地位，消费者处于弱势地位，诸多时候消费者都不敢发声或者觉得小题大做费时费力，于是忍气吞声。二是垄断。在经营市场充分竞争尚未出现垄断的情况下，消费者"用脚投票"具有充分的自主选择权。而当市场产生了垄断现象之后，经营者占主导地位，消费者只有被迫进行消费，被剥夺了自主选择权。

2. 侵害消费者公平交易权

公平交易权是指交易过程中的交易各方所处的地位平等，权利相当。消费者可以获得公平合理的对待，与经营者有平等对话和商榷的权利。包括：第一，消费者对交易具有自主选择权，而非强迫交易。第二，消费者应当对其想要购买的商品和服务的基础信息充分了解，自愿交易。经营者有必要对商品和服务的外观、质量性能等进行真实描述和展示交易全过程，应当充分体现消费者的自由意志。第三，经营者可以通过创新技术和降低成本来形成价格优势和增多交易的机会，但是如果使用不正当的交易手段，如行业垄断、虚假宣传、不合理的免责条款等从而促成交易，就是违背公平交易原则的。《消费者权益保护法》第十条对此明确阐述："消费者在购买商品或者接受服务时，有权获得质量保障、价格合理、计量正确等公平交易条件，有权拒绝经营者的强制交易行为。"

但许多经营者则认为"禁止外带食品"等公告都是其在行使经营者自主经营权。其核心是企业有独立自主决定其经营事务的权利，任何单位和个人都不得对其经营自主权进行非法干涉。2002年，中国旅游饭店业协会颁布《中国旅游饭店行业规范》："饭店可以谢绝客人自带酒水和食品进入餐厅、酒吧、舞厅等场所享用，但应当将谢绝告示放置于有关场所显著的位置。"很显然，饭店等行业已将"禁止外带食品"当作一种行业惯例。

然而，2013年12月，北京市工商局公布了餐饮行业6种免除经营者责任、加重消费者责任或者排除消费者权利的不公平格式条款，当中就包含"禁止自带酒水和食品"。北京市工商局要求各餐饮业在一个月内自查自纠,不改者将根据《合同违法行为监督处理办法》进行处罚。对此,中国烹饪协会和中国旅游饭店协会向北京市工商局发出抗议,认为该行为是行政权对市场的不当干预。2014年2月12日,最高人民法院在接受《中国消费者报》采访时明确提出,餐饮业禁带酒水、设最低消费等违反相关法律规定,属霸王条款。消费者可以依据上述法律规定请求人民法院确认霸王条款无效。

可见,对餐饮企业禁止外带食品类公告,各方站在不同的角度有不同的看法。那么,究竟在法律上该如何评价"禁止外带食品"类告示?

二 "禁止外带食品"类告示的法律属性

1. 行业惯例

餐饮业试图将"禁止外带食品""禁止自带酒水"等作为行业惯例。行业惯例是行业内部长期形成并在行业内被普遍遵守的习惯做法。但行业惯例的效力仅限于行业内部,并不能限制消费者的重要权益。消费者与经营者之间建立消费关系,经营者主张的契约自由与自由竞争并不能取代公平交易与实质正义。经营者也要在法律、行政法规规定的范围内行使自主经营权,不能非法使用或者滥用其经营自主权。因此,行业惯例并不当然对消费者产生约束力。当行业惯例与法律发生冲突时,应以法律优先。

2. 格式条款

一般认为,根据《中华人民共和国民法典》,"禁止外带食品"类告示属于格式条款,是当事人为了重复使用而预先拟定,并在订立合同时未与对方协商的条款。和普通的合同条款不同,经营者为了提高交易效率、更加方便快捷获取利益而预先拟定好的格式条款具有时间上的提前性,且内容是由经营者独立订立的,消费者一方并未参与内容的订立与协商,只能接受或者拒绝。

《消费者权益保护法》第二十四条规定:"经营者不得以格式合同、通知、声明、店堂告示等方式作出对消费者不公平不合理的规定,或者减轻免除其损害消费者合法权益应当承担的民事责任。格式合同、通知、声明、店堂告示等含有前款所列内容的，其内容无效。"因此，对该格式条款效力的讨论就很有必要。

三　"禁止外带食品"类告示的效力

对于公平正义的追求，不能无视代价。出于保护交易的目的，在一个法律纠纷中，基本都会寻求双方之间的利益平衡，而一个好的法律体系既能保持商业的营利能力，又能保证民众的福利。在此基础上讨论"禁止外带食品"告示的效力应考虑两个层次的问题。

1. 经营者是否履行了提示说明义务

在订立格式条款的时候，应当遵循公平原则确定双方当事人之间的权利与义务，商家应当对该条款履行说明义务。《消费者权益保护法》第二十六条明文规定："经营者在经营活动中使用格式条款的，应当以显著方式提请消费者注意商品或者服务的数量和质量、价款或者费用、履行期限和方式、安全注意事项和风险警示、售后服务、民事责任等与消费者有重大利害关系的内容，并按照消费者的要求予以说明。"若消费者在充分了解该条款的情况下进行消费，则表示消费者接受该格式条款，双方达成一致意思表示，该合同成立。此时体现了"公平"与"合理"。若商家在消费者进入经营场所时，未履行提示或者说明义务的，致使消费者没有注意或者理解该条款，消费者可以主张该条款不成为合同的内容。在此种情况下，由于商家不合理地免除或者减轻其责任、加重消费者的责任、限制或排除了消费者的自主选择权和公平交易权，此时该条款无效。

2. 考虑行业竞争度是否充分

在竞争度充分的行业，经营者可以规定禁止外带食品。经营者竞争度较充分的行业，同类型的经营场所较多，在市场中立足的压力也较大，而消费者对于商家具有较多的选择权。此时，即使有部分商家发出"禁止外带食品"这一告示，也不影响消费者去同类商家进行消费。如此，在不排除消费者的自主选择权与公平交易权的同时，商家的自主经营权也能够被尊重，此时双方的权利能够得到一个平衡，达到既能满足经营者的自主经营权，又能充分保障消费者权益的两全其美的效果。

　　而竞争度不充分的行业，经营者不应规定禁止外带食品。如果竞争度不够充分，经营者具有一定的垄断优势，消费者可选择的替代性产品服务较少，如果允许经营者规定禁止外带食品者则容易排除消费者的自主选择权和公平交易权，侵犯消费者的权益。

　　《消费者权益保护法》是为维护消费者权益服务的，消费者应当勇于亮出法律武器，为自己的合法权益发声。王某为价值46.30元的食品起诉迪士尼，标的虽小，背后所代表的权利无价。希望更多人的权利意识觉醒，更多人能行动起来维护自身的合法权益。

第三节　消费者自主选择权与经营者自主经营权的冲突与协调

一　问题的提出

　　在最高人民法院指导案例79号吴某诉陕西广电网络传媒（集团）股份有限公司捆绑交易纠纷案中，法院审理认为该案的争议焦点是诉争行为是否违反了反垄断法有关禁止经营者滥用市场支配地位的规定。一审法院认为广电网络的搭售行为违反了《中华人民共和国反垄断法》，二审法院则认为该销售行为不构成《反垄断法》禁止的搭售行为。再审时最高人民法院认为广电公司收费行为剥夺了消费者的自主选择权。

　　在曲某诉广州市白云天鲜阁酒楼返还开瓶费、赔偿损失并赔礼道歉案中，被告酒楼认为收取开瓶费的规定就是一种经营策略。被告天鲜阁酒楼做此规定，并将此规定写在酒楼大堂及房间内，其目的在于希望店内顾客能够购买和消费店内的酒水，促进店内销售额的增加。然而，原告曲某认为20元开瓶费是违法行为，加收开瓶费是一种强迫交易行为，侵犯了消费者的自主选择权。法院判决认为，被告该酒楼没有向就餐顾客提示该规定，侵犯了消费者的自主选择权。法院判决支持了原告要求被告酒楼返还所收的开瓶费20元的诉讼请求。

　　上述案例反映了消费者自主选择权和经营者自主经营权之间的冲突。消费者要求更大的自主选择权，希望能够购买到物美价廉、称心的商品或服务。经营者则希望能够拥有更大的经营自主权，在合法的情况下自主决定经营方式、经营策略等。两权冲突在所难免。这一冲突也引起市场监管部门、司法机关和行业协会、消费者协会的广泛关注和争议，成为消费者权益保护中的热点和难点。

二　消费者自主选择权与经营者经营自主权的冲突

消费者自主选择权，是指消费者根据自己的主观自愿，在法律规定的范围内所享有的自由选择商品或者服务的权利。《消费者权益保护法》第九条规定了消费者的自主选择权。消费者的自主选择权包括自主选择商品或服务，自主选择交易对象、商品或服务进行比较、选择、作出决定等内容。消费者自主选择权不同于传统的民事权利，其具有如下特点：第一，消费者享有权利，而经营者承担义务；第二，消费者的自主选择权是法定权利；第三，消费者自主选择权是以消费者身份为基础；第四，消费者自主选择权的赋予是基于消费者的相对弱者地位。

经营者经营自主权，是指经营者依法享有的权利，其核心是经营者享有独立自主决定其经营事务的权利。经营者依法享有经营自主权，即经营者依法在核准登记的经营范围内自主经营。《中华人民共和国宪法》第十六条第一款、第十七条第一款分别规定了国有企业、集体经济组织经营自主权。第十一条规定国家保护非公有制经济的合法权利和利益。经营者自己决定经营商品或服务类型、经营方式、产品价格、产品数量、服务对象等，这些都属于经营者自主经营的范围。

在商品交易活动中，消费者与经营者始终都在追求自己的利益最大化，对消费者而言，正是通过消费市场而获得消费资料与消费服务，从而满足其个人与家庭生活的需要。每一位消费者都希望在消费之时，既能够买到物美价廉、性价比很高的商品，获得心满意足的服务，又能够在选择与购买过程中真正实现其自主选择权。对经营者而言，其根本目的是通过向消费者提供商品与服务而营利，故而，他们更希望在商品交易活动中能拥有更多的经营自主权，比如在法律允许的范围内自主决定经营方式、自主定价、自主确定客户目标、自主确定交易条件等。两种权利间的冲突不可避免。

权利冲突是指由两个或两个以上的法定权利之间相互矛盾或抵触的法律现象。权利冲突应主要从以下几个方面理解：第一，消费者自主选择权和经营者经营自主权都是法律所规定的权利。第二，消费者自主选择权和经营者经营自主权的行使应具有合法性和合理性。第三，消费者自主选择权和经营者经营自主权是在行使过程中发生的矛盾。第四，消费者自主选择权和经营者经营自主权产生冲突是基于同一客体商品或服务。消费者和经营者在商业交易中各自不断扩大范围地行使自身的权利，导致自主选择权与经营自主权之间容易发生冲突。

三　经营者经营自主权与消费者自主选择权的协调

经营者经营自主权与消费者自主选择权都是法律规定的权利，理应平等保护。但基于两个权利主体的强弱地位，法律又不得不有所偏重。

1. 明确自主经营权范围，合理限制消费者自主选择权

由于消费者的相对弱势地位，立法在消费者和经营者之间更向保护消费者的权利倾斜，容易忽视经营者的经营自主权。因此，完善立法保护消费者自主选择权的同时，也要注意保护经营者经营自主权。既要避免消费者自主选择权的绝对扩大化，也要避免经营者以经营自主权之名侵害消费者自主选择权。

我国法律并未明确规定经营者经营自主权的范围，只是对经营者依法享有经营自主权予以确认。因此，对经营者经营自主权的范围应从立法上加以明确。经营者应依法在登记的经营范围内自主经营，经营者自行决定提供商品或服务类型、自主定价、自主决定产量等。

经营者依法在经营范围内提供商品或服务，在符合商业惯例和道德的情况下，对其限制性条件向消费者作出了明确告知，经营者的经营自主权应受到法律的保护。消费者在依法行使自主选择权时应该受到如下限制：第一，经营者对其合法的限制性条件进行了明示或者告知的；第二，经营者的限制性规定是符合商业惯例和商业习惯的；第三，消费者行使自主选择权时，不得要求经营者超越经营对象、时间、范围、条件和风险进行经营。消费者无权要求经营者在超越经营范围、经营方式等情况下提供商品或者服务。

2. 对经营者实施的限制性经营策略进行行业引导和规范

行业协会等组织是行业内部的自律组织机构，行业协会制定和实施行业规范，约束行业内部经营者的行为，可以缓解行政机关的监管压力，维护行业发展的整体利益。良好的规范能够促进行业信誉的提升。行业在市场中取得良好口碑，有利于取得消费者的信任，扩大行业的消费市场。通过规范经营的行为，行业内的经营者之间有序竞争，也利于增强行业的产品质量和服务水平。通过行业自律维持行业的健康风气还能促进社会管理效率的提升。

在市场交易过程中，消费者相对于经营者始终处于弱势地位，法律禁止行业协会等组织利用自身制定的规范形成垄断地位，侵害消费者的自主选择权。

第四节　餐具收费之辩

近年来，各大城市的餐饮业盛行在餐桌上摆放着一套用塑料膜包装起来的消毒餐具或者一次性餐具，这些餐具全部都要收取消费者额外的费用，有的甚至在餐具外包装上标注"工本费一元""有偿使用"等字样。对于这一做法，消费者们颇有微词，但出于某些原因，大部分人还是随餐支付了费用。

对此，各级消协曾多次指出餐具不该收费，餐饮企业有关餐具收费的规定是霸王条款，市场监管部门和人民法院司法裁判也多支持消费者。但餐具收费现象仍然屡禁不止。

分析实践中的餐具收费主要有两种类型：一是收取餐具消毒费，一是收取餐具使用费。那么，餐饮企业到底能不能向消费者收取餐具费？

一　收取餐具消毒费的法律论证

消费者去餐馆就餐，与餐馆之间形成餐饮服务合同。该合同形式虽大多没有正式文本，但菜单、付费单据等都可构成合同的凭证。

合同双方的权利、义务是合同的主要内容。餐饮服务合同是双务合同，餐饮企业和顾客互负义务。餐饮服务合同的具体内容有约定义务和法定义务两方面，约定义务根据当事人约定确定，比如菜品、价格等内容，法定义务根据法律法规的规定而确定，比如食品的安全标准、保护消费者的基本权利等。

1. 提供餐具是餐饮企业的从给付义务

在餐饮服务合同中，餐饮企业的主给付义务是提供安全卫生的饮食供顾客食用，而顾客食用这些饮食离不开餐具，根据餐饮业多年的交易习惯，餐具一般是由餐饮企业提供的，尚未有要求顾客自带餐具去餐馆就餐的交易习惯。餐饮企业提供餐具是为了辅助合同主给付义务的实现，因而属于合同的从给付义务。

所谓从给付义务，是指从属于主给付义务，其本身不具有独立的意义，但可以确保债权人的利益获得最大限度满足的辅助性给付义务。

根据合同的全面履行原则，合同债务人在履行债务时，除应履行主给付义务外，还必须履行从给付义务以及附随义务，否则亦构成违约。

2. 餐具洗净消毒是餐饮企业的法定义务

根据我国《消费者权益保护法》，消费者在购买、使用商品和接受服务时享有人身、财产安全不受损害的权利，消费者有权要求经营者提供的商品和服务符合保障人身、财产安全的要求。因此，餐饮企业提供的餐具应符合保障消费者人身、财产安全的要求。

《食品安全法》对餐具应保障消费者人身、财产安全做了更具体的要求。第二十七条第五项规定，"餐具、饮具和盛放直接入口食品的容器，使用前应当洗净、消毒，炊具、餐具用后应当洗净，保持清洁。"第五十六条第二款规定："餐饮服务提供者应当按照要求对餐具、饮具进行清洗消毒，不得使用未经清洗消毒的餐具、饮具；餐饮服务提供者委托清洗消毒餐具、饮具的，应当委托符合本法规定条件的餐具、饮具集中消毒服务单位。"即餐具洗净消毒是餐饮企业的法定义务。该法定义务应由餐饮企业履行，为餐具洗净消毒支付的费用也理应由其承担。

如果餐饮企业对消费者收取餐具消毒费，相当于将此项法定义务转移至消费者，有违市场交易的公平原则，涉嫌侵犯消费者的公平交易权。

综上，餐饮企业不能向消费者收取餐具消毒费。

二 收取餐具使用费的法律论证

如前所述,提供安全卫生的消毒餐具是餐饮企业的从义务,该从义务来源于交易习惯和法律规定。那么,餐饮企业履行提供餐具的从义务,消费者是否应支付对价?亦即餐饮企业能否向消费者收取餐具使用费?

餐饮服务合同是双务合同,因而一方履行义务,另一方通常需支付相应的对价。餐饮服务合同的主义务是餐饮企业提供饮食,而顾客支付餐费。餐饮企业履行提供餐具的从义务,消费者是否应支付对价取决于三个因素:

1. 有无约定

市场经济是契约经济,意思自治,当事人之间权利义务关系由双方共同约定产生,只要不违反法律的强制性规定,该约定对双方都有约束力。因此,如果餐饮企业要收取餐具使用费,应与顾客明示并达成一致意思。如果是以格式条款的方式明示,应进行充分提示和说明,否则不产生效力。没有约定而收取餐具使用费,涉嫌强迫交易,侵犯消费者的自主选择权和公平交易权。

2. 有无法定

对于餐饮企业是否可以收取餐具费的问题,目前在法律和行政法规层级并无明确规定,但有些地方法规对此有所回应。

2017 年 7 月 1 日实施的《江苏省消费者权益保护条例》第三十五条规定,餐饮业经营者应当以显著方式向消费者明示所提供商品和服务项目的价格、数量和规格。未事先明示告知的,不得收取费用。餐饮业经营者应当提供符合卫生标准的餐具,使用集中消毒套装收费餐具的经营者应当同时提供免费餐具供消费者选择。因此,在江苏省行政区域内餐饮企业应向消费者提供免费餐具。如果要使用集中消毒套装收费餐具的,应事先明示告知,并同时提供免费餐具。否则不能对消费者收取餐具使用费。

2018 年 5 月 1 号实施的《湖北省消费者权益保护条例》第二十四条明确指出,餐饮业经营者应当免费提供符合质量标准和卫生条件的餐具。因此在湖北省行政区域内，餐饮企业不得收取餐具使用费。

民事生活领域通常会有约定优于法定的情形。那么，江苏、湖北行政区域内，餐饮企业和消费者能否约定收取餐具使用费呢？约定优于法定原则适用的前提是该法定不是强制性规定。一方面，两部地方法规在规定餐具免费时用了"应当"一词，亦即餐具免费是义务性规范而非授权性规范，不具有可选择性。另一方面，两部地方法规都对违反免费义务设置了法律责任条款。《江苏省消费者权益保护条例》第六十五条规定，违反第三十五条规定，未经显著方式明示收取费用或者未提供符合卫生条件的免费餐具供消费者选择的，由市场监督管理部门或者其他有关行政部门责令改正，没收违法所得，可以并处 5000 元以上 5 万元以下的罚款；情节严重的，处以 5 万元以上 10 万元以下的罚款，责令停业整顿。而《湖北省消费者权益保护条例》第五十一条规定，经营者违反本条例第二十四条，由工商行政管理部门责令改正，没收违法所得，处 1000 元以上 5000 元以下罚款。因此，两省地方法规关于餐具免费的规定显然是强制性的，不能因当事人约定而改变。

也有地方法规明文规定餐具不得免费的。2020 年 9 月 1 日施行《深圳市生活垃圾分类管理条例》第四十六条规定：餐饮服务和餐饮配送服务提供者应当提示消费者合理消费，适量点餐，不得免费向消费者提供一次性筷子、叉子、汤匙等餐具。这一规定的目的是推动生活垃圾减量化而减少一次性餐具的使用，并且收费仅限于一次性餐具。因此在深圳行政区域内，餐饮企业对一次性餐具收费也是法定义务，具有强制性，不能因当约定而免除，违者"由市场监管部门责令限期改正；逾期不改正的，处 1000 元以上 5000 元以下罚款"。

3. 有无交易习惯

在既没有约定，又没有法定的情形下，餐饮企业能否收取餐具使用费？根据《民法典》第十条，处理民事纠纷，应当依照法律；法律没有规定的，可以适用习惯，但是不得违背公序良俗。因此，餐饮企业能否收取餐具使用费还可以根据交易习惯来确定，只要该交易习惯不违背公序良俗。

交易习惯是指在交易行为当地或者某一领域、某一行业通常采用并在订立合同时为交易对方所知道或者应当知道的做法；或者指当事人双方经常使用的习惯做法。因为交易习惯要对交易双方产生效力，因此必须基于双方当事人意思而产生，仅有一方意思不能成立交易习惯。所以，如果餐饮行业，餐饮企业和消费者双方都认可餐饮企业可以收取餐具使用费这一习惯，餐饮企业收费也无可厚非。或许餐饮企业都认可这一行业惯例，但消费者显然并不同意。2010 年 3 月 14 日，来自北京、上海、香港、澳门、沈阳、广州和西安等 21 个城市的消费者协会和中国消费者报社在内的全国 22 个消费者协会维权联盟成员单位共同发布了"致餐饮企业的公开信"，一致认为餐饮企业向消费者额外收取消毒餐具费的行为是对消费者公平交易权的侵犯。可见，收取餐具使用费的交易习惯并未形成。

因此，如果没有不违反法律强制性规定的明确约定，餐饮企业不能收取餐具使用费。

三　消费者的权利救济

根据法律规定，消费者合法权益受到侵害时，可以通过协商、调解、仲裁、诉讼等方式寻求救济。但面对屡禁不止的餐具收费，大多数消费者一面抱怨，一面交费，真正走上维权救济之路的还是占少数。

究其原因有四：一是餐具收费大多金额不多，消费者受时间精力限制不愿维权；二是出于对餐饮安全性的需求，无奈选择了消毒套装餐具；三是对餐饮企业能不能收费似是而非；四是认为即使不收餐具费，餐饮企业也会把这笔费用摊到菜价里，本质上是一回事。所以，对消费者的权利救济要靠多方力量，仅靠消费者自身是难以完全实现的。

第一，要帮助消费者做"成熟消费者"，提高消费者自身的素质和维权意识。第二，要完善法律法规，明确经营者的权利、义务、责任。第三，要加强行业监管，严格执法。第四，要加强行业自律，提高餐饮企业合法经营、自觉守法的意识。

餐具收费是小钱但不是小事，折射出消费者权益保护工作的艰难。维护消费者合法权益，需要各方力量聚力同心。

第四章 公平交易权

第一节 案例导读

案例 1，移动通信"每次通话不满一分钟按一分钟计费"资费纠纷案（资料来源：财新网"通话不满一分钟按一分钟计费被诉不合理"）

导读：以分钟为单位计费是否侵犯消费者的公平交易权？以分钟计费和以秒计费，是技术问题还是利益之争？

因不满"每次通话不满一分钟按一分钟计费"的收费方式，北京的张女士将中国移动告上法庭。张女士诉称，她使用的是全球通 88 元系列套餐中的 58 元套餐，本月实际产生的话费额到次月由用户一次性缴纳。去年 12 月 17 日，她到金融街营业厅打印去年 11 月份的客户账单，其中显示本地通话费为 39.33 元。计费方式为以一个月为一个计费周期，月结月交，本月通话总时长按次累加计算，每次通话时长不足一分钟的均按一分钟计，每通一次话计一次费用。张女士按照客户账单显示的每次通话实际时长计算，11 月份本地通话的总时长为 398 分钟 53 秒，但北京移动却是按照 457 分钟计费。张女士起诉要求北京移动返还多收的本地通话费 11.02 元。一审败诉后，张女士又提起上诉。北京市第二中级人民法院终审判决维持原判，原告张女士败诉。

在二审中，中国移动北京分公司答辩称：移动及固定电话通话费的计费单位由相关部门统一规定，各电信企业均遵照执行。即，这是全行业通行的标准。中国通信资费的计费原则，始于 1995 年原电邮部颁布的《全国数字移动电话（GSM）计费原则暂行规定》，该规定明确了以分钟为计费单位，有效计费时间自被叫应答开始至首先挂机或无限信道释放为止的计费原则。此后，2000年，原信息产业部、原国家发展计划委员会、财政部联合发布了《关于电信资费结构性调整的通知》，对部分电信资费进行结构性调整，改革国内长途电话等部分资费的计费单元，将计费单元由1分钟缩短为6秒钟，但移动电话基本通话费的计费单位未做调整。2003年，工信部颁布《公用电信网间互联结算及中继费用分摊办法》。该办法规定：在本地网范围内，每次通话的计算时长以分钟为单位，不足一分钟按一分钟计算，国内长途电话呼叫，每次通话的结算时长以6秒钟为单位，不足6秒钟按6秒钟计算。2004年，原信息产业部向省、自治区、直辖市通信管理局发出《关于中国移动通信GSM移动电话业务计费原则备案的通知》，该通知明确："移动电话基本通话费以分钟为计费单位，不足1分钟按1分钟计……有效计费时长自被叫应答开始至任一方挂机或无限信道释放为止。"据此，中国移动提交了《关于中国移动通信GSM移动电话业务计费原则的报告》，向主管部门进行了备案。此外，根据《关于调整固定本地电话网营业区间结算标准的通知》（信部电函【2006】565号）的规定，"在本地网范围内，不同电信业务经营者的固定用户相互呼叫时，每次通话以分钟为单位进行结算，不足一分钟按一分钟计算。"中国移动北京分公司还举出了中国联通的案例：根据《关于中国联通CDMA移动电话预付费业务资费标准的批复》的规定，"CDMA移动电话预付费业务实行双向计费，计费单位为一分钟（不足一分钟按一分钟计算）"。据此，中国移动北京分公司称，每次通话的时长以分钟为计费单位，不足1分钟按1分钟计，"符合相关规定，也是目前各电信企业均执行的计费原则"。

对此，原告的代理人谢律师认为，这种收费方式并不合理。"消费者消费多少就支付多少费用"，同样作为公用事业的自来水以吨为计费单位、电以度为计费单位、天然气以立方米为计费单位，并不是用一次水、用一次电、用一次煤气，不足一吨就按一吨、不足一度就按一度、不足一立方米就按一立方米计费，而是按月计算总使用量后进行计价计费。谢律师认为，即便按照"不足一分钟按照一分钟计算"的要求，如原告某月份的通话时长为 398 份 53 秒，"53 秒不足 1 分钟，就按 1 分钟计算"，据此，原告当月应当缴费的通话时长为 399 分钟。按这个算法初步推算，"每个移动用户的不合理付费约占总额的 10%—20%"。

但法院的判决认可了中国移动所解释的"按次计算通话时长及费用"的计费方式，并认为原告主张的"按月累计通话时长"的计费方式"无法律依据"。

案例 2，孙某诉上海一定得美容有限公司服务合同纠纷案（资料来源：《中华人民共和国最高人民法院公报》2014 年第 11 期）

导读：预付卡消费，经营者应如何规范经营？消费者应如何防范风险？监管部门应如何加强监管？

2010 年 7 月 18 日，原告孙某与被告一定得公司签订了服务协议，协议约定：本协议的期限自 2010 年 7 月 18 日起至 2011 年 1 月 18 日止。原告选择被告提供的价值人民币 100000 元的尊贵疗程，所有项目疗程单价按 85 折从卡内扣。如原告未按计划及进程表接受被告提供的服务的，经被告善意提醒，仍未能有改善的，且超过本协议约定的服务期限的，则视为原告放弃提供的服务。原告保证遵照被告制定的方案，适时参加各类项目及正确使用相关产品，如因原告自身原因不能按被告制定的方案切实履行，则原告不能要求退还任何已支付予被告的费用；原告保证在一定得公司的合理安排下，参加协议约定的各类项目，如因自身原因连续三个月不能参加相关项目，则被告有权终止服务，原告保证不得向被告要求退赔任何费用；根据各人情况的不同，被告提供的服务期限一般为 3—12 个月，原告保证努力遵守被告制定的方案及进程，以配合被告服务的实施。原告任何懈怠的态度或违反方案及进程的行为，经被告善意提醒而未有改善的，被告有权终止对原告的服务，原告并不得要求被告退赔任何费用。被告为确保双方协议完整履行，特向原告发布声明书，上写郑重声明：为促使阁下达到理想的疗体效果，阁下必须：（1）遵从我司的顾问指示；（2）配合营养师的指导及配合进食时间；（3）配合纤体部之安排并参与所有纤体疗程。如因阁下的个人原因，不能配合我司上述之安排而导致纤体疗程失败或进度缓慢，我司一概不负任何责任，也不会因此而退还余款或保留按照协议追究违约责任的权利。原告在该声明书上签字予以确认。

2010年7月18日及20日，原告孙某分两次向被告一定得公司支付了人民币100000元的服务费。原告于2010年7月19日至同年7月31日在被告处多次接受相应的瘦身疗程服务，后原告因体重未能减轻，停止在被告处接受瘦身疗程。后原告与被告交涉未果，在协议期满后，原告向法院提起诉讼。

本案一审原告败诉。二审时，上海市第二中级人民法院认为：根据法律规定，经营者不得以格式合同、通知、声明、店堂告示等方式作出对消费者不公平、不合理的规定，格式合同、通知、声明、店堂告示等包含有上述内容的，该内容无效。在上诉人孙某签订的服务协议及声明书中虽写明孙某放弃或不按照被上诉人一定得公司的安排接受服务，则不退回任何费用，但这些"余款不退"的约定系由一定得公司预先打印拟定的格式化条款，而且综观服务协议及声明书的内容，服务协议、声明书仅对孙某的权利进行了约束，而丝毫没有诸如是否需达到服务效果、一定得公司在无法达到服务效果时是否应承担责任、一定得公司在不能提供相应服务时应承担何种责任等对一定得公司的权利进行相应约束的约定。而作为消费者的孙某一旦预付了服务期内的所有费用，即使对服务效果不满意也无法放弃接受服务。显然，提供格式条款的一定得公司并未遵循公平的原则来确定其与孙某之间的权利和义务，服务协议及声明书中关于孙某放弃服务不退回任何费用的约定明显加重了孙某的责任，排除了孙某的权利，这些约定条款应属无效。

案例3，陈某诉杭州易程公司格式条款纠纷案（资料来源：江苏法院2019年度消费者权益保护十大典型案例）

导读：使用格式条款，应如何保障消费者的公平交易权？

京东公司系电子商务平台经营者，为杭州易程公司提供网络经营平台。2018年12月2日，陈某向杭州易程公司支付1499元，购买澳森智能跑步机家用款减肥小型迷你跑步机一台。陈某于2018年12月4日收到上述跑步机，并于2018年12月6日在杭州易程公司跑吧App报名参加了杭州易程公司举办的"你敢跑，我敢送，自报名40天内，跑满35小时，跑步机免费送"活动，杭州易程公司在京东问答版块答复客户时陈述"跑步数据以 App 记录为准"。但活动详细规则为：签收之日起 7 天内必须在 App 内报名，自报名后的 40 天内，累计跑步 35 小时以上免费送跑步机，40 天后达标者联系客服返款，跑步时长以后台软件数据为准等。2019 年 1 月 15 日，陈某 App 显示跑步时长约 35 小时 31 分钟，但杭州易程公司审核认为陈某的有效时间仅为 34 小时 28 分钟，不符合返现条件。后陈某与杭州易程公司因返现问题引发纠纷。

法院认为，关于计算跑步时长的标准存在两种合同条款时，应当以个别约定的非格式条款为准。本案中应按照杭州易程公司在京东问答版块答复客户时陈述的"跑步数据以 App 记录"作为计量跑步时长的标准，判令杭州易程公司返还陈某预付款 1499 元。

法官点评认为：现今网络购物已经成为重要的购物交易方式，网络平台内经营者为了促进消费，会推出很多优惠促销活动。在此过程中，经营者与消费者可能会因为对合同条款的理解产生分歧。网络平台内经营者与消费者之间就格式条款中的相关约定与具体沟通时达成的约定内容常常引发争议。

首先，格式条款是指当事人为了重复适用而预先拟定，并在订立合同时未与对方协商的条款。因为格式条款是提供方提前制定，相对人在订立时实质上不是处于平等协商的地位，而非格式条款是双方平等协商达成的条款。从维护公平的角度出发，在一个合同中，如果同时存在格式条款与非格式条款，且两种条款对同一事项的约定不一致时，应当优先采用非格式条款，方能充分体现当事人的真实意思，保护消费者的合法权益。

本案中，杭州易程公司公布的有关活动详细规则规定"跑步时长以后台软件数据为准"，系格式条款。而杭州易程公司在京东问答版块中有关跑步时长"跑步数据以 App 记录为准"的答复则属于和消费者单独沟通约定的非格式条款。在 App 记录中，陈某实际跑步时长已满 35 小时。两者规定不一致时，应适用非格式条款确定陈某的跑步时长。故陈某已符合杭州易程公司公布的返现活动规则，杭州易城公司应向其返还跑步机现金价格 1499 元。

案例4，网站商城注册协议格式条款案（资料来源：硕博论文网《网络合同格式条款法律问题研究——以三个典型案例为视角》）

导读：我们应如何认定格式条款的效力？

原告刘某于2012年8月16日在被告天成公司所经营的网站商城通过注册成为该网站的用户，其中注册协议第10条规定：消费者一旦注册成本商城用户，本商城内所有货物信息均不再构成网络购物合同的要约，而只是一种要约邀请，用户最终的下单行为构成网络购物合同的要约，网站的发货行为及发货通知构成对用户下单的承诺，此时双方合同才算成立。不久之后原告刘某在商城里购买一台海尔32英寸电冰箱。原告在被告的商城订购的电冰箱下单成功后，收到被告网站商城的电子邮件一封，内容为：感谢您本次的电冰箱下单行为，我们将诚挚为你服务。本次订单的价格为6800元，产品为海尔32英寸电冰箱，产品收货人为刘某，货物将以快递的方式送货上门。2012年10月15日，被告天成公司网站商城再次向原告刘某发送一封电子邮件称：在此十分抱歉，由于商品暂时缺货，导致无法满足原告刘某的本次订单需要，不能作出发货与发货通知的承诺，双方的购物合同未成立，因此将原告刘某所支付的款项6800元全额退回。

原告刘某认为双方之间的网络购物合同理应自订单作出之后就已然成立，而不是应当按注册协议的规定要等到被告做出发货行为以及通知后才成立，而且被告对该特殊规定也没有进行应有的提醒注意义务，因此该注册协议规定不能视为合同的内容，不具有法律效力。综上原告刘某将被告天成公司起诉至北京朝阳区人民法院，要求其履行原订单并且交付订单所购的海尔32寸电冰箱的合同规定责任。而被告认为既然原告已经注册成为商城会员，那么就视为对该协议的同意，故理应受到该条款的约束，自己无需承担违约责任。

第二节 公平交易条件之确认

一 问题的提出

根据《消费者权益保护法》，消费者享受公平交易权。一方面，公平交易权来源于传统民商法中的公平交易原则，认为交易双方是平等的民事主体，进行民事活动是基于自愿、等价有偿进行的，经营者和消费者处于平等地位，体现的是民法的价值理念，交易行为也受民法的调整。另一方面，公平交易权和传统民法的公平、平等不同，它突破了形式公平，倾向于对交易行为中处于弱势地位的消费者进行保护，是基于社会本位的价值理念，体现的是经济法中的实质公平正义。

那么，消费者公平交易权保护的现状如何？

二　消费者公平交易权保护的现状

在现实交易过程中，由于经营者占据主导地位，他们提供商品或者服务，拥有商品的全部信息，在与消费者的交易中，明显形成信息不对称，消费者处于弱势地位，消费者的公平交易权极易被侵犯。经营者主要通过减损、增设或者隐藏交易条件达到其营利目的，然而核心交易条件的减损、增设或者隐藏是公平交易权受到侵犯的主要因素。

1. 经营者减损交易条件

经营者减损交易条件，比如商品质量、数量等，商品或者服务质量存在瑕疵，以假充真、以次充好，消费者购买的商品或服务不具备应有的使用性能，或者在使用中因为质量问题而造成人身和财产损害；或者计量上缺斤短两，任意克扣，计量器不标准，不法商家或是在秤上做手脚，或是在鲜活水产及肉类等商品中注水加冰，以此来增重进而牟取利益，消费者支付了价款却没有得到相应的足量的商品，这些都会严重侵犯消费者的公平交易权。

2. 经营者增设交易条件

经营者增设交易条件，如搭售、强制交易等，在现实生活中还十分普遍。我国餐饮行业、影院、KTV 等经营场所内常见张贴"谢绝自带酒水"等告示，而其经营场所内的食物、酒水却以高于市面上的价格出售，消费者只能被迫接受，几乎没有和经营者平等协商的余地。在某些景区水上游乐项目中，经营者以明显高于市场的价格搭售其雨衣，消费者只能吃哑巴亏。这都属于增设的交易条件，侵犯了消费者的公平交易权。

3. 经营者隐藏交易条件

经营者用隐蔽的方式隐藏不利于消费者的交易条件，从而侵犯消费者公平交易权。比如"爱奇艺超前点播《庆余年》案"中，爱奇艺公司单方增加"付费超前点播"条款，从消费者公平交易权角度来看，就是在交易过程中极其隐蔽地更改了格式合同的内容，侵犯了消费者公平交易权。

公平交易权的内容是通过规定公平交易的条件来具体说明和体现的。那么，究竟该如何确定公平交易条件？

三 公平交易条件的确定

《消费者权益保护法》立法的初衷就是对消费者利益的保护，消费者的公平交易权是为了保障消费者免受不公平交易行为的侵害，限制经营者的权利，弥补消费者的弱势地位，对消费者进行倾斜性保护和照顾，体现经济法的社会本位和实质公平正义的价值理念。

一个交易行为达成，消费者关注的是自己是否在交易中获得了公平的交易条件，从而最大程度地达到了交易的目的。在出现商品经济时，即出现了交易，交易经历了漫长的发展历史，关于公平交易的条件也形成了一定的共识。

（一）交易条件的类型

交易条件可以理解为消费者购买的商品或者服务具有符合质量的使用价值，其次是消费者支付的对价合理，再次是商品在计量上标准精确，最后是消费者购买商品或接受服务全凭自愿，可选择交易，也可以拒绝交易，经营者不能强迫消费者。因此，消费者公平交易条件贯穿于交易始终，体现实质上的公平。交易条件被减损、增设或者隐藏会侵犯公平交易权。在交易中，如果交易条件如约履行，那么消费者的公平交易权利也能正常得到行使。

交易条件的类型大致可以划分为两类：

（1）核心交易条件。包括质量保障、价格合理、计量正确、拒绝强制交易等。这些交易条件是直接影响交易效果和质量以及消费者满意度的因素，是直接决定交易是否公平的条件要素。商品或者服务质量如果存在问题，以次充好，或者价格欺诈、价格与质量不符，以及存在缺斤少两，经营者强迫消费者进行交易等问题，将会直接破坏交易的等价交换原则，侵犯消费者公平交易的权利。

（2）一般交易条件。包括支付方式、购买渠道、地域选择、搭售等。这些交易条件并不直接影响交易结果的公平，而是影响交易过程的体验。支付方式可以通过现金支付或者线上微信、支付宝支付，购买渠道也可以有线上或者线下，交易地点以及是否选择搭售，是消费者可以进行选择的，或者可以和经营者进行协商确定的。

（二）交易条件的特点

（1）公认性。公平交易条件是在长期的交易历史发展过程中逐渐形成的，是由最初的不公平向公平发展转变的过程。公平交易条件经过长期交易，形成了一定经验和对应的规则要求，并且在交易过程中被交易双方所认同，正如"商业道德"被广泛遵守，体现出其社会公认性。

（2）合法性。公平交易条件应由具体法律法规所规定，并不仅仅靠商业道德与习惯规则来进行约束。我国目前与市场交易相关的法律有《消费者权益保护法》《民法典》《反不正当竞争法》《电子商务法》《产品质量法》等。在衡量市场交易是否公平时，一个重要的条件就是交易活动本身不能违反法律的规定，交易的条件和内容也要符合法律规定，只有当整个交易过程不违反法律法规时，才有可能是公平的交易。

（3）合理性。公平交易的核心是交易双方围绕价值与使用价值进行交换，最终达到实质的公平。交易条件的合理性要求交易双方权利义务必须统一，在享有权利的同时也要承担相应义务。且权利和义务要对等，不能显失公平或者明显偏于某方。交易的条件合理，交易的结果才会公平和合理。

第三节　格式条款之规制

一　问题的提出

格式条款是建立在社会分工和交易活动发展到一定水平的基础上，伴随着精细专业化和规模集团化经济形式的出现而大量产生的，是合同双方共同追求节约交易成本的结果，尤其是在消费合同中，格式条款更是得到广泛使用。

"格式条款"这一概念正式确立在 1999 年《合同法》中第三十九条第二款之规定中，此前我国立法中仅使用 1993 年的《消费者权益保护法》中有关格式合同的概念。《民法典》规定："格式条款是当事人为了重复使用而预先拟定，并在订立合同时未与对方协商的条款。"格式条款具有以下特征：

第一，双方主体地位不平等。虽然交易双方从形式上看是平等的，但非实质意义上的平等。制定格式条款的一方，要么是该行业的有关利益主体或联盟，要么是利益主体相关联者，他们对该行业的影响力较大，交易相对人基于信息不对称，仅具有形式上"签与不签"的自主权，为维系自身生存所需，通常不得不在强大的势力面前妥协。

第二，单方预先拟定性。该特征强调交易合同订立前该条款所体现出的制定者的单方意志性。制定者未考虑交易相对人的特殊性，排除了交易相对人的议价商讨权，一味强调自身提供的格式条款的优点，因而无法体现双方的真实意思表示。

第三，不可协商性。该特征主要是针对合同条款所涉内容是否可以变更而言，这也是格式条款的最本质的属性。因格式条款的内容相对固定，交易双方在签订格式条款合同时，相对人无权对条款内容进行任何实质变更，否则将无法获得合同的履行机会，即不能得到条款提供方提供的商品或服务。该条款也是合同双方力量博弈的真实体现：双方地位不平等，经济实力差距明显等。因此，该特征是格式条款与其他一般条款的最本质区别。

二　格式条款与消费者公平交易权

在消费领域格式条款普遍存在，由于消费者的弱势地位，经营者提供的格式条款常常引发消费者的质疑和不满，认为格式条款存在以下侵犯消费者权益的情形：

第一，不合理地分配执行合同可能产生风险。如《某某银行信用卡领用合约》，对于信用卡丢失挂失之前发生的一切资金、账号风险，约定由用户承担，并约定不可抗力、供电系统故障、恶意程序攻击而导致电子银行不能正确运转的风险，银行不承担责任。

第二，赋予自己任意解除合同或变更合同内容的权利。如《某某网服务协议》中约定网络平台有权根据需要不时地制订、修改协议及/或各类规则，有权自行全权决定以任何理由不经事先通知地中止、终止向客户提供部分或全部网络服务，暂时冻结或永久冻结（注销）用户的账户。某视频平台的《VIP会员协议》也约定平台有权变更本协议内容，一旦本协议内容发生变更的，将在相应页面、站内发布信息或以其他合理方式进行通知。

第三，减轻或免除自己的责任，扩大自己的经济利益。《某客户移动通信服务协议》约定暂停提供服务期间，用户仍须向通信公司缴交电话月租费、资费套餐费及其他服务月租费。《某某网服务协议》约定，用户的资料及数据信息，用户授予平台及其关联公司独家的、全球通用的、永久的、免费的许可使用权利。

第四，限制甚至剥夺消费者的权利。如"特价商品，恕不退换"要求消费者放弃对瑕疵商品的更换或退货权；"离开柜台后概不负责"剥夺消费者公平交易权和索赔权。《某某网服务协议》约定：无论用户事实上是否在使用该网服务之前认真阅读了该协议内容，只要用户使用该网服务，则本协议即对用户产生约束，排除了用户的协商权。

第五，不恰当地增加消费者的义务。《某某通客户移动通信服务协议》规定，用户想办理退网销户，必须先到通信公司服务厅办理预约手续，之后再等三个月的"欠费观察期"，才能完成销户。

格式条款之所以能够对消费者公平交易权构成威胁，在于经营者与消费者悬殊的实力差距，面对经营者，消费者通常缺少相应的交涉机会和交涉能力，其在格式合同的订立过程中常常处于被动地位。实践中格式合同大多字数较多、字体较小，而且在一些消费领域还存在排队签约办理的行为，消费者很难做到仔细阅读全部格式条款，即使有时间全部阅读，消费者往往也很难有专业的能力及时发现其中的问题。

那么，究竟应如何规制格式条款才能切实维护消费者公平交易权？

三　格式条款的法律规制

格式条款与普通条款相比，具有不可比拟的优势，如它可以降低交易成本、提高交易效率，可以明确分配风险、增进交易安全，便于国家宏观调控，等等，但同时其自身也存在不可忽视的缺陷，如限制了合同自由原则，导致合同的风险分配不合理，因当事人缔约地位不平等而损害弱势相对人的利益，等等。为充分发挥其优势，抑制其消极影响，《民法典》对格式条款进行了全面的立法规制，其第 496 条、第 497 条、第 498 条分别规定了格式条款的订立、效力、解释规则。

（一）对格式条款订立的规制

《民法典》第四百九十六条：格式条款是当事人为了重复使用而预先拟定，并在订立合同时未与对方协商的条款。

采用格式条款订立合同的，提供格式条款的一方应当遵循公平原则确定与当事人之间的权利和义务，并采取合理的方式提示对方注意免除或者减轻其责任等与对方有重大利害关系的条款，按照对方的要求，对该条款予以说明。提供格式条款的一方未履行提示或者说明义务，致使对方没有注意或者理解与其有重大利害关系的条款的，对方可以主张该条款不成为合同的内容。

《民法典》第 496 条第 2 款确立了格式条款提供方的公平拟约义务和提示说明义务。

1. 公平拟约义务

这是民法的公平原则在格式条款领域的体现。《民法典》第 497 条实际上规定了严重违背公平原则的条款无效。权衡合同是否公平，应当从合同整体出发而非仅仅着眼于单个条款。合同是当事人意思表示一致的产物，当事人所追求的公平，乃是双方当事人整体利益的一致，在个别条款上，必定是有舍有得。故格式条款的公平尚有如下特点：第一，显失公平的格式条款无效。相对方可以依法主张撤销或变更。第二，在评价格式条款的公平性时，应当将潜在可能的相对人的利益也考虑进来，格式条款的内容虽非显失公平，但亦有可能因损害多数人利益而被认定为显失公平乃至损害社会公共利益，从而被判定无效。

2. 提示说明义务

对于提出要约一方的格式条款提供方，法律设定了较为特殊的提示注意义务，目的是平衡当时人权益，促进交易公平。关于提示注意的程度，一是要达到普通大众能够认识的标准；二是相对方对格式条款的免责事项、合同目的、履行状况均有特别的认识，即合理公平、可以接受的程度。格式条款提供方如未尽提示说明义务，相对方有权主张该条款不成为合同的内容。

提示义务与说明义务通过赋予相对方撤销权，使相对方免于因疏忽大意而受提供方精心设置的不公平条款约束。提示说明的对象是"免除或减轻其责任"的条款。免除其责任并非单指免除其全部责任，而是指完全免除某一种类或者某一情形下的全部责任；减轻责任，是指仅仅减轻责任承担的数额、规定最高赔偿率、规定责任的免赔率或免赔数额。提示的对象不能仅限于免除责任的条款，对于免除其义务，排除相对方权利的条款，由于这些条款最终也会免除提供方的责任，所以也应当进行提示说明。提示的方式须达到足以引起相对方注意的程度，至于具体的方式，应当以明示为主。说明的方式，法律未做明确规定，参考关于提示的规定，也应当达到令相对方明了的程度。相对人在提供方的提示义务完成的基础上作出了同意的真实意思表示，才视为该条款订入合同。否则，不考虑相对人是否同意的真实意思表示，仅凭相对人在形式上的签字认可去推定提供者的该提示义务已完成，是不符合实质公平正义的要求的。

（二）对格式条款效力的规制

根据《民法典》第153、497、506条之规定，只要含有规定的内容，合同条款一律无效，格式条款亦不例外。因此格式条款特有的无效情形就是：免除其责任、加重对方责任、排除对方主要权利的格式条款无效。

免除其责任不仅包括完全免除责任，还包括种类免除和额度减轻，对应第496条的"免除或减轻其责任"。同时，"免除其责任"应当是免除提供方本应当承担的责任，如果格式条款规定的免责条款仅仅是对法律规定的抗辩事由的复述，不应当认定该条款无效。

加重对方义务，是指不合理地通过加重对方的主给付义务以外的其他义务，给对方造成了不利影响，达到了不公平的程度。如果加重的是对方的主给付义务，在此问题上应当尊重当事人自治与市场调节的结果。如果加重对方的义务符合公平原则，也不应当认定为无效。反之，不符合公平原则的，应当认定格式条款无效。

排除对方主要权利，不仅包括完全排除对方主要权利或者部分排除，也包括限制对方主要权利的行使，或者限制对方主要权利的某一权能。

（三）对格式条款解释的规制

从《民法典》第498条来看，可以初步确认我国对格式条款的解释规则分为：通常解释、不利于条款提供方解释和非格式条款优先原则。

第一，按照通常理解予以解释。也就是说，应当以可能订约者的通常的、合理的理解对格式条款进行解释。

第二，对条款制作人作不利的解释。此项解释原则来源于罗马法"有疑义者就为表义者不利之解释"原则，后来被法学界广泛接受。

第三，非格式条款优先于格式条款。如果在一个合同中，既有格式条款，又有非格式条款（即由双方当事人经过共同协商、达成一致后所拟定的条款），并且两种条款的内容不一致，那么采用不同条款，会对双方当事人的利益产生重大、不同的影响。在这种情况下，根据该原则应当采用非格式条款，这也是充分尊重双方当事人的意思，并且在一般情况下也更有利于保护广大消费者。

此外，还可以引入民法的基本原则，如诚实守信、公平原则，以及目的解释和限制解释等规则，通过对双方缔约目的进行考察，看该条款是否存在着双方能各取所需、互赢互利的局面，以及有无存在扩大提供方权利或加重对方责任等侵害消费者权益的概括性兜底款项情形的出现。通过这样对格式条款的多方解释，为法官判断该条款的效力提供准确的内心确认，最大限度地保障消费者的合法权益。

第五章　求偿权

第一节　案例导读

案例1，张某诉徐州苏宁电器有限公司侵犯消费者权益纠纷案。（资料来源：徐州市泉山区人民法院（2004）泉民一初字第1961号民事判决书）

导读： 本案历经一审二审再审，消费者最终胜诉。一审中法官将举证责任分配给经营者，二审法官认为这种分配不恰当，再审则对现有证据的证明事项提出不同看法，最终支持了消费者的主张。本案提出的问题是：消费者通过诉讼行使求偿权，应承担什么举证责任？

2004年1月1日，原告张某在被告苏宁公司以1600元的价格购买一台伊莱克斯BCD–170K型冰箱，机号为34600150（以下简称第一台冰箱）。后因该机出现质量问题，苏宁公司两次上门进行维修仍未修复，遂于2004年7月24日为张某更换一台同品牌同型号的冰箱（以下简称第二台冰箱）。当日，苏宁公司的工作人员将第二台冰箱送至张某住宅楼下，在张某及其家人不在场的情况下自行拆除外包装后，将第二台冰箱抬上楼交给张某的家人。苏宁公司的工作人员未经张某及其家人验货，未收回第一台冰箱的三包凭证、说明书等资料，同时也未将第二台冰箱的三包凭证等资料留下，未办理必要的交接手续，即带第一台冰箱离开。后张某发现第二台冰箱上有污渍、霉斑等，认为该冰箱系使用过的旧冰箱，遂与苏宁公司进行交涉，双方协商未果。原告认为，被告苏宁公司用旧冰箱冒充新机器予以调换，存在欺诈行为，故要求被告双倍返还购货款并赔偿误工费、交通费、电话费等损失共计3320元。被告苏宁公司辩称：被告给原告张某调换的冰箱是新机，亦无质量问题，不存在欺诈行为，请求法院驳回张某的诉讼请求。

原告张某提交了第一台冰箱的三包凭证、使用说明、维修指南、发票以及其录制的关于第二台冰箱情况的录像带等证据，被告苏宁公司提交了提货单，及双方当事人当庭陈述为证。

本案争议的焦点是被告苏宁公司提供的第二台冰箱是否为新机，被告是否存在欺诈行为。

徐州市泉山区人民法院认为，经营者为消费者提供商品或服务时，应当遵循诚实信用原则，消费者亦有权知悉其所购买、使用的商品或接受的服务的真实情况。本案被告苏宁公司是长期专门从事家用电器经营的商家，在避免纠纷、解决纠纷方面，较普通消费者具有更为丰富的经验，应当具备足够的能力来证实交付原告张某的第二台冰箱为新机。因此，证明第二台冰箱为新机的举证责任应由被告承担。现被告无证据证实第二台冰箱为新机，应当承担举证不能的法律后果。此外，被告给付原告的三包凭证中明确记载："属下列情况之一者，不实行三包……4.三包凭证型号与修理产品不符或者涂改的。"据此，原告持有的第一台冰箱的三包凭证等资料登记的机号与第二台冰箱不符，必然导致原告在今后的使用过程中难以享受三包服务。综上，被告不能证明其提供的第二台冰箱是新机，且在为原告提供商品的过程中存在服务瑕疵，给原告享受售后服务带来困难，具有过错。被告的行为违反了诚实信用原则，构成欺诈，应当承担相应的民事责任。

关于原告张某要求被告苏宁公司赔偿其因发生纠纷而导致的误工费、交通费、电话费等损失的问题，经审查，张某主张的电话费系其与南京总销售商电话交涉时的支出，与苏宁公司无关，故不予支持；张某因本案纠纷与苏宁公司交涉，必然发生误工费、交通费的损失，误工费酌定根据上年度城市人均收入15581元按1天计算，为43元，原告主张的交通费损失金额为20元，亦予以支持。

据此，徐州市泉山区人民法院于2004年10月25日判决：

一、自本判决生效之日起十日内，被告徐州苏宁电器有限公司返还原告张某购货款 1600 元；

二、自本判决生效之日起十日内，被告徐州苏宁电器有限公司赔偿原告张某损失 1600 元；

三、自本判决生效之日起十日内，被告徐州苏宁电器有限公司赔偿原告张某误工费 43 元，交通费 20 元，合计 63 元；

四、驳回原告张某要求被告徐州苏宁电器有限公司赔偿电话费的诉讼请求；

五、自本判决生效之日起十日内，原告张某返还被告徐州苏宁电器有限公司伊莱克斯 BCD - 170K 型号冰箱一台。

案件受理费 150 元，其他诉讼费 50 元，由被告徐州苏宁电器有限公司承担。

苏宁公司不服一审判决，向徐州市中级人民法院提起上诉，理由是：上诉人已经提供证据证明给被上诉人张某更换的冰箱为新机，张某虽主张是用过的旧机，但是未履行任何举证义务。一审法院未经任何检测，仅凭被上诉人的怀疑就认定第二台机器为旧机，既缺乏事实依据，又缺乏法律依据。因为更换的是同机型同型号的机器，被上诉人手中有第一台冰箱的三包凭证，虽然登记机号与第二台冰箱不同，但是型号一致，故被上诉人完全可以享受到三包服务。综上，上诉人认为，一审法院认定事实及适用法律均错误，且程序违法，请求二审法院查明事实，依法改判或发回重审。

上诉人苏宁公司为证明第二台冰箱为新机，申请给被上诉人张某送冰箱的送货员申某出庭作证。

被上诉人张某答辩称：（1）上诉人苏宁公司虽出具提货单证明提出仓库的冰箱是新的，但不能证明送到被上诉人家的是新冰箱。（2）上诉人认为其不存在拒绝给被上诉人提供三包服务的事实，主张用第一台机器的三包凭证也可以使被上诉人就第二台冰箱享受售后服务。对此，被上诉人认为，提供适当的三包凭证应是冰箱买卖合同中卖方的附随义务，应该按照法律规定办理，事实上第一台冰箱的凭证也不可能供第二台冰箱使用。（3）对于第二台冰箱有污渍，上诉人是认可的，该事实完全可以证明上诉人提供的第二台冰箱不是新的机器。（4）上诉人要求在二审时举证，被上诉人认为已经超过举证期限，不应允许。即使允许其举证，因其提供的证人是本公司职员，这样的证人证言也没有证明力。综上所述，一审认定事实清楚，适用法律正确，程序合法，请求二审法院依法驳回上诉，维持一审判决。

二审期间，上诉人苏宁公司提供的证人、给被上诉人张某送第二台冰箱的送货员申某出庭作证。申某证实：他和苏宁公司售后服务部的工作人员一起从 605 仓库提出冰箱，直接送到张某的住处。用户下楼来，在楼下拆封后，他们把第二台冰箱送到楼上，然后把第一台冰箱抬下带走。对此，张某认为：上诉人的举证已经超过了法定的举证期限，该证人证言不能作为新的证据，二审不应认定；该证人证言没有对送货的时间、地点进行明确说明，且该证人只是送货的，没有相关的经验和知识，其陈述的情况和被上诉人认可的送货情况不相符合。另外，电器在送货上楼前也不应拆封。

徐州市中级人民法院认为，要确定上诉人苏宁公司为被上诉人张某更换的第二台冰箱是否为新机，首先必须明确举证责任的分配，即由谁对第二台冰箱是否为新机进行证明。根据我国现行法律的规定，一般的证明责任分配原则是"谁主张，谁举证"，即提出诉讼请求的一方当事人应对其诉讼主张承担举证责任。但是，法律同时也设置了证明责任分配的特殊规则，即举证责任倒置。举证责任倒置是对证明责任分配一般原则的例外规定和必要补充，必须有明确的法律依据方可使用，不能任意扩大适用范围。最高人民法院《关于民事诉讼证据的若干规定》（以下简称民事诉讼证据规定）第四条第一款列举了应当适用举证责任倒置的八种情形，同时该条第二款规定："有关法律对侵权诉讼的举证责任有特殊规定的，从其规定。"本案既不具有上述规定列举的应当适用举证责任倒置的情形，也没有相关法律对本案涉及的侵权诉讼的举证责任分配作出特殊规定，故本案不应适用举证责任倒置，而应该按照证明责任分配的一般原则确定举证责任。张某主张第二台冰箱是使用过的旧机器，即应由其举证加以证明，一审法院将该项举证责任分配给上诉人不当。一审期间，张某虽然提交了关于第二台冰箱情况的录像带，但没有其他证据相互印证，不能仅根据该录像带认定第二台冰箱是使用过的旧机器，张某主张第二台冰箱是使用过的旧机器证据不足，上诉人的上诉理由成立，予以支持。

关于被上诉人张某要求互相返还并由上诉人苏宁公司赔偿其误工费、交通费的问题，上诉人在为被上诉人更换冰箱的过程中，虽然将第二台冰箱送至被上诉人家中，但没有履行必要的交接手续，也没有将第二台冰箱的三包凭证交付被上诉人。虽然上诉人主张被上诉人可依据第一台冰箱的三包凭证就第二台冰箱享受正常的售后服务，但是被上诉人持有的第一台冰箱的三包凭证所载机号与第二台冰箱机号不符，必然导致被上诉人不能享受正常的售后服务。一审法院认定上诉人在服务中存在瑕疵是正确的。考虑到被上诉人在购买冰箱的过程中，经历了购机后修理、修理不好又调换、调换后又发生纠纷等诸多情况，加之上诉人在服务过程中存在瑕疵，已经导致被上诉人对上诉人的商品及服务失去信心，一审法院判决双方互相返还并由上诉人赔偿被上诉人因本案纠纷造成的误工费、交通费并无不当，但认定上诉人存在欺诈行为并判决上诉人赔偿被上诉人相当于一倍货款的经济损失，证据不足，应予改判。

据此，徐州市中级人民法院于 2005 年 3 月 8 日判决：

一、维持徐州市泉山区人民法院（2004）泉民一初字第 1961 号民事判决第（一）、（三）、（四）、（五）项。

二、撤销徐州市泉山区人民法院（2004）泉民一初字第 1961 号民事判决第（二）项。

三、驳回被上诉人张某要求上诉人苏宁公司赔偿 1600 元损失的诉讼请求。

一审诉讼费 150 元，其他诉讼费 50 元；二审诉讼费 143 元，合计 343 元，由上诉人苏宁公司负担。

张某不服二审判决，向徐州市中级人民法院申请再审，理由是：（1）二审认定事实不清，举证责任分配错误。再审申请人在原一、二审中均提交了录像带，该录像带的内容足以证明被申请人苏宁公司提供的第二台冰箱为旧机或次机。被申请人作为商品经营者，应提供第二台冰箱的出厂合格证、使用说明书及三包凭证等，但其确未提供。（2）二审审判程序违法。对再审申请人提供的录像带，二审法院以再审申请人未提供播放设备为由不予质证，而对被申请人在二审期间新提出的证人证言予以采信。（3）对电冰箱质量的鉴定和证明应由生产者及销售者负责，这也符合民事诉讼证据规定第七条的规定。

双方当事人均未提供新的证据。徐州市中级人民法院在本案复查期间，播放了再审申请人张某提供的录像带，该录像带表明第二台冰箱存在以下情况：（1）压缩机外观粗糙，焊接点无黑漆保护；（2）过滤器生锈；（3）机内金属铜生锈；（4）机内红漆涂抹不均；（5）插头和电线破损；（6）机内三颗螺丝规格不同等。

被申请人苏宁公司对该录像带的质证意见为：（1）如果苏宁公司提供的第二台冰箱存在上述缺陷，再审申请人张某应当拒收，或要求送货人员签字确认；（2）录像带里显示的冰箱不能证明就是苏宁公司送去的第二台冰箱；（3）第二台冰箱送到张某家中的时间是2004年7月24日，录像带制作的时间为2004年8月9日，在此时间内张某的行为也可导致冰箱出现上述问题。

再审期间，双方当事人争议的焦点仍是第二台冰箱是否为新机的问题。

徐州市中级人民法院认为：

一、《中华人民共和国消费者权益保护法》（以下简称消费者权益保护法）第八条规定："消费者享有知悉其购买、使用的商品或者接受的服务的真实情况的权利。消费者有权根据商品或者服务的不同情况，要求经营者提供商品的价格、产地、生产者、用途、性能、规格、等级、主要成分、生产日期、有限期限、检验合格证明、使用方法说明书、售后服务，或者服务的内容、规格、费用等有关情况。"据此，再审申请人张某作为消费者，有权利向作为商家的被申请人苏宁公司主张对第二台冰箱真实情况的知情权，苏宁公司亦有义务就此向张某作出说明。

二、被申请人苏宁公司的行为构成欺诈，应当承担惩罚性赔偿责任。《消费者权益保护法》第四十九条规定："经营者提供商品或者服务有欺诈行为的，应当按照消费者的要求增加赔偿其受到的损失，增加赔偿的金额为消费者购买商品的价款或者接受服务的费用的一倍。"最高人民法院《关于贯彻执行〈中华人民共和国民法通则〉若干问题的意见（试行）》第六十八条规定："一方当事人故意告知对方虚假情况，或者故意隐瞒真实情况，诱使对方当事人做出错误意思表示的，可以认定为欺诈行为。"再审申请人张某主张苏宁公司承担惩罚性赔偿责任，即应对苏宁公司是否存在欺诈行为承担举证责任。本案中，张某已经提供了其制作的录像带，用以证明苏宁公司为其调换的第二台冰箱不是新机器，且存在诸多的表面缺陷。同时，第二台冰箱如果是新机器，应当附有随机单证，苏宁公司亦承认未向张某提供第二台冰箱的随机凭证（合格证、维修单、使用说明书等）。根据《中华人民共和国产品质量法》第二十七条的规定，产品或者其包装上的标识必须真实，并应当有产品质量检验合格证明；根据产品的特征和使用要求，需要标明产品规格、等级、所含主要成分的名称和含量的，应当用中文相应予以标明；需要事先让消费者知晓的，也应当在外包装上标明，或者预先向消费者提供有关资料。该规定是强制性规定，苏宁公司作为商品销售者对此应当明知，却不向作为消费者的张某提供第二台冰箱的随机单证，其行为属于故意隐瞒真实情况，应认定为欺诈。苏宁公司主张因第一台冰箱的随机单证没有收回而未提供第二台冰箱的随机单证，张某可凭第一台冰箱的随机单证就第二台冰箱享受售后服务。对此法院认为，随机单证是商品的身份证明，与商品一一对应，具有不可替换性。苏宁公司的上述主张既不符合常理，也与商品单证的特性不符，且苏宁公司在本案一审、二审乃至再审期间始终未出示该随机单证，不能确定第二台冰箱是否附有随机单证，亦即不能确定第二台冰箱是未经使用过的新机器，故对苏宁公司的抗辩主张不予支持。

根据《消费者权益保护法》第一条的规定，该法的立法目的是保护消费者的合法权益，维护社会经济秩序，促进社会主义市场经济健康发展。再审申请人张某主张被申请人苏宁公司的行为构成欺诈、应当承担惩罚性赔偿责任，并提交了相应的证据，苏宁公司如有异议，应就其行为不构成欺诈承担举证责任。苏宁公司提供的第二台冰箱的储存单、提货单及送货人的证言，仅表明其送货的过程，并不能证明第二台冰箱为全新的机器，其提交的证据缺乏证明力，应承担举证不能的不利后果。二审判决确有错误，依法应予改判。

综上，徐州市中级人民法院依照《中华人民共和国民事诉讼法》第一百五十三条第一款第（三）项，最高人民法院《关于适用〈中华人民共和国民事诉讼法〉若干问题的意见》第二百零一条，《消费者权益保护法》第八条、第十一条、第四十九条之规定，于 2006 年 4 月 21 日判决如下：

一、撤销该院（2004）徐民一终字第 2482 号民事判决；

二、维持徐州市泉山区人民法院（2004）泉民一初字第 1961 号民事判决。

原一审案件受理费 150 元、其他诉讼费 50 元，二审案件受理费 143 元，均由徐州苏宁电器有限公司负担。

本判决为终审判决。

案例 2，林女士产后康复服务案（资料来源：《中国消费者报》2021 年 1 月 27 日）

导读：惩罚性赔偿金适用的前提是欺诈，如何认定欺诈？

2019 年 4 月 14 日，林女士生孩子不久，看到安妮娅公司在网络上发布的产后康复服务的广告，广告声称该公司可提供缩阴术、耻骨闭合、骨盆、腹直肌等产后康复服务。林女士遂到安妮娅公司指示的地址厦门市湖里区的"减肥终点站"，由该站的经营者联系安妮娅公司的人员来做产后康复服务。安妮娅公司在广告中称，这种产后康复服务通过穴位的刺激快速启动盆底肌、括约肌及宫颈肌肉筋膜神经以及骨盆矫正，"以纯正健康的技术手法为女性带来意想不到的惊喜，绽放女性新光彩"。林女士在该"减肥终点站"先后支付给安妮娅公司 59600 元，双方约定该服务项目一疗程为三次。但在接受两次康复治疗后，林女士感觉安妮娅公司的服务没有任何效果，故未继续接受第三次服务。林女士发现该公司没有相关医疗保健资质，也没有所做服务的医疗和女性产后康复专业技术知识的人员，遂向对方提出退款申请，但被拒绝。林女士以消费欺诈为由，向厦门市湖里区人民法院提起诉讼，要求安妮娅公司按收费额度 59600 元"退一赔三"，合计赔付 238400 元。诉讼中，安妮娅公司辩称，其提供的是人工的普通按摩保健服务，与产后催乳师的性质一样，并无任何法律法规规定的资质要求，且服务人员亦持有某行业协会颁发的岗位证书，完全有能力为林女士提供理疗服务，安妮娅公司提供服务的行为并不存在任何资质或能力问题。安妮娅公司还声称，为林女士提供的属于人工的按摩理疗服务，该种服务因人而异，并没有量化标准。林女士以服务效果不佳为由退款没有任何依据。安妮娅公司并未对林女士作出任何的承诺，也不存在任何夸大性质的宣传，不存在欺诈。

厦门市湖里区人民法院经审理认为，根据安妮娅公司所发布的服务承诺及服务反馈记录所载的服务项目，可以认定安妮娅公司所承诺提供的服务内容为具有医疗保健性质的服务，其服务的效果理应有相应的医疗辅助数据予以佐证。安妮娅公司明确称其提供的仅为人工普通按摩保健服务，显然与其服务承诺的内容不相吻合，涉嫌服务欺诈。2020 年 6 月，湖里区人民法院依法判决安妮娅公司合计向林女士赔偿 15.84 万元。安妮娅公司不服一审判决，向厦门市中院提起上诉。2021 年 1 月，厦门市中级人民法院终审维持原判，该判决现已生效。

案例 3，黄某天价笔记本电脑索赔案（资料来源：《因索赔 500 万美金被关押 10 个月"勒索华硕案"女生将获国家赔偿》，载《北京晨报》2008 年 10 月 27 日第 5 版）

导读：消费者维权行为是否有边界？

基本案情：《京华时报》2006 年 4 月 21 日报道：黄某购买了价值 2 万多元的华硕牌笔记本电脑后，朋友周某对黄某的电脑进行了检测，认定电脑的核心部件 CPU 使用了禁止在市场流通的工程测试芯片。随后黄、周二人以向新闻媒体曝光此事作为谈判砝码，向华硕公司提出高达 500 万美元的"惩罚性赔偿"要求，并声称如果不满足"惩罚性赔偿"数额，将会以向新闻媒体曝光等方式，使对方当事人企业损失中国市场每年数亿元的份额。华硕公司报警。2006 年 3 月 7 日，因涉嫌敲诈勒索，二人被北京市海淀区警方羁押。2007 年 11 月 9 日，北京市海淀区人民检察院对黄某作出不起诉的决定。检察院对黄某的《刑事赔偿确认决定书》指出，黄某在自己的权益遭到侵犯后以曝光的方式索赔，并不是一种侵害行为，而是维权行为，索要 500 万美金属于维权过度但不是敲诈勒索。

案例 4，李某天价索赔今麦郎获刑案（资料来源：河北省隆尧县人民法院（2015）隆刑初字第 258 号刑事判决书）

导读：合法维权索赔行为和敲诈勒索罪的界限在哪里？

基本案情：2014 年 12 月，黑龙江货车司机李某购买 4 包"今麦郎"方便面，食用出现腹泻现象后发现方便面均已过期且醋包中有疑似玻璃碴的结晶（后证实并非玻璃碴），于是投诉今麦郎醋包内有"玻璃碴"，要求赔偿 300 万元，否则就向媒体曝光此事。在协商期间，李某以个人名义委托了 2 家检测机构对醋包有关成分进行检测，其中西安国联质量检测有限公司得出了"汞含量 0.4596mg/kg，超标 4.6 倍（GB2762—2012），亚硝酸盐 11mg/kg（未超标）"的检测结果。据此，李某怀疑其母罹患乳腺癌与经常吃今麦郎方便面有关，其先将索赔数额提至 500 万元，后又降至 450 万元。在得到今麦郎公司拒绝高额赔偿的答复后，李某在微博上发布了"今麦郎含有致癌物质，汞超标接近 5 倍，用的工业盐，亚硝酸盐含量为 11mg""我妈妈因家里工作原因长期食用方便面导致患上乳腺癌！最小的癌症患者不到 3 岁！"等相关信息。2015 年 3 月今麦郎公司报案，后河北省隆尧县人民法院以敲诈勒索罪判处李某有期徒刑 8 年 6 个月，并处罚金 2 万元。

案例 5，贾某人身损害赔偿案，该案被称为中国精神损害赔偿第一案（资料来源：中央电视台《今日说法》二十年 法论点滴（5）2000 年 12 月 27 日《法律改变命运》）

导读：消费者在什么情形下可以请求精神损害赔偿？

1995 年 3 月 8 日晚 7 时许，17 岁的女孩贾某与家人及邻居在位于北京市海淀区的春海餐厅聚餐时，发生卡式炉爆炸，导致贾某容貌被毁，并丧失 30% 劳动能力。今后她还需治疗等费用 5 万元至 6 万元，再行手术费用 1 万元，但治疗后面部及双手仍将遗留部分瘢痕难以消除。春海餐厅使用的是北京国际气雾剂有限公司生产的边炉石油气，龙口市厨房配套设备用具厂生产的卡式炉。经鉴定，边炉石油气罐的爆炸是由气罐不具备盛装边炉石油气的承压能力引起，卡式炉也存在漏气的可能性。为此，贾某向法院提起诉讼，要求损害赔偿。北京市海淀区人民法院于 1997 年 3 月 15 日对本案做出判决：判令北京国际气雾剂有限公司、龙口市厨房配套设备用具厂连带赔偿贾某治疗费 6247.20 元，营养品费 3809.48 元，护理费 7051.50 元，交通费 4293.90 元，残废者生活自助具费 3559.35 元，残废者生活补助费 78296.40 元，今后治疗费 70000 元，残疾赔偿金 100000 元，总计 273257.83 元。气雾剂公司承担 70% 的责任，厨房用具厂承担 30% 的责任。其中残疾赔偿金 100000 元被认为是精神赔偿金。法院判决书指出："根据民法通则第一百一十九条规定的原则和司法实践掌握的标准，实际损失除物质方面外，还包括精神损失，即实际存在的无形的精神压力和痛苦。本案原告在事故发生时尚未成年，身心发育正常，烧伤造成的片状疤痕对其容貌产生了明显影响，并使之劳动能力部分受限，严重地妨碍了她的学习、生活和健康，除肉体痛苦外，无可置疑地给其精神造成了伴随终身的遗憾和伤痛，必须给予抚慰和补偿。精神损害赔偿 65 万元的诉讼请求明显过高，其过高部分不予支持。"

案例 6，北京三里屯酒吧拒入案（资料来源：中新网 2000 年 11 月 24 日新闻大观）

导读： 侵害消费者的人格权，经营者应承担什么责任？

张某年幼时，因家中失火，导致张某脸部大面积皮肤被烧伤，经医院抢救后，保住了性命，但留下了满脸的疤痕。2015 年 6 月，张某入职北京三里屯某公司，某日，张某与公司同事一同到北京三里屯某酒吧聚餐狂欢。走到酒吧门口时，张某被酒吧保安拦住，拒绝让张某进入，并告知张某"您相貌欠佳，让您进去会吓到其他客户的，您请回吧"。张某无奈，只得独自先行离去。回家的路上，张某越想越委屈，越想越生气，经过向律师咨询后得知，酒吧已构成侵权，遂一纸诉状将酒吧告上法庭，要求酒吧支付精神损害抚慰金。庭审中张某诉称：酒吧以其相貌欠佳为由拒绝其进入酒吧，严重侵害了张某的人格平等、人格尊严等权利，张某也因此遭受到了巨大的心灵创伤，造成了严重的后果，应当依法向其支付精神损害抚慰金。酒吧辩称：酒吧开张营业，与客户建立的是合同关系。而酒吧作为合同一方的主体，有权选择是否与张某建立合同关系。酒吧拒绝张某进入酒吧，是拒绝与张某建立合同关系。酒吧是在行使自己的合法权利，无需向张某支付任何赔偿。北京市朝阳区人民法院一审认为：我国公民依法享有人格自由、人格尊严、人格平等、人格独立等一般人格权利。公民的人格权依法受法律保护，他人不得随意侵害。酒吧作为一方民事主体，依法享有是否与张某建立合同关系的权利，但权利的行使不得损害他人合法利益。酒吧以张某相貌欠佳为由，拒绝张某进入酒吧，已构成对张某人格平等、人格尊严等一般人格权的侵害，且造成了给张某带来巨大心理创伤的结果，遂依法判决，酒吧依法向张某支付精神损害抚慰金 4000 元。但该案经北京市第二中级人民法院二审撤销了该笔精神抚慰金。

第二节 消费纠纷中的举证责任

《消费者权益保护法》第十一条规定：消费者因购买、使用商品或者接受服务受到人身、财产损害的，享有依法获得赔偿的权利。此即求偿权。无救济则无权利。求偿权是保障消费者权益的最后防线，旨在弥补消费者在消费中受到的人身和财产损失。消费者在行使求偿权过程中，离不开证据。俗话说打官司就是打证据，可见证据在解决纠纷中起决定性作用。而举证责任由谁承担，直接影响裁决的最终结果。

所谓举证责任，又称证明责任，是指当事人对自己提出的主张有收集或提供证据的义务，并有运用该证据证明主张的案件事实成立或有利于自己的主张的责任，否则将承担其主张不能成立的危险。

举证责任分配，是指法院对事实真伪不明的风险，指定双方当事人按照一定标准分别承担，使原告负担一部分事实真伪不明的风险，被告负担另一部分事实真伪不明的风险。如果举证责任在双方当事人之间不能合理分配，就会导致当事人在诉讼地位上不平等，使当事人产生心理阴影，进而导致当事人对我国法律制度的公正性产生怀疑。所以，维护消费者合法权益，需特别关注举证责任制度。

一 举证责任的一般规定

我国《民事诉讼法》第六十四条第一款规定："当事人对自己提出

的主张，有责任提供证据。"即将"谁主张谁举证"作为举证责任分配的原则标准。《关于民事诉讼证据的若干规定》第二条："当事人对自己提出的诉讼请求所依据的事实或反驳对方诉讼请求所依据的事实有责任提供证据加以证明，没有证据或证据不足以证明当事人的事实主张的，由负有举证责任的当事人承担不利后果。"以上法律法规阐明了我国诉讼中举证责任的分配原则——"谁主张谁举证"的制度。

民事诉讼法规定的证据种类包括：（1）当事人的陈述；（2）书证；（3）物证；（4）视听资料；（5）电子数据；（6）证人证言；（7）鉴定意见；（8）勘验笔录。证据必须查证属实，才能作为认定事实的根据。

证据应具有真实性、关联性和合法性。《最高人民法院关于民事诉讼证据的若干规定》第五十条规定："质证时，当事人应当围绕证据的真实性、关联性、合法性，针对证据证明力有无以及证明力大小进行质疑、说明与辩驳。"既然质证是围绕证据的"三性"展开的，那么当事人就主张提供的证据必须具备"三性"。

二 《消费者权益保护法》中举证责任的特殊规定

消费纠纷最大的特点是消费者和经营者之间存在明显的信息不对称，消费者处于信息弱势地位，特别是对一些技术含量高的商品，如果完全适用谁主张谁举证原则，消费者无疑会面临举证上的困境，进而无法维护自身合法权益。因此，消法确立了举证责任倒置制度。

所谓举证责任倒置是指基于法律规定，将通常情形下本应由提出主张的一方当事人（一般是原告）就某种事由负担举证责任，而由他方当事人（一般是被告）就某种事实存在或不存在承担举证责任，如果该方当事人不能就此举证证明，则推定原告的事实主张成立的一种举证责任分配制度。

《消费者权益保护法》第二十三条第三款规定："经营者提供的机动车、计算机、电视机、电冰箱、空调器、洗衣机等耐用商品或者装饰、装修等服务，消费者自接受商品或者服务之日起六个月内发现瑕疵，发生争议的，由经营者承担有关瑕疵的举证责任。"即在这些特定消费纠纷中，消费者主张商品或服务有瑕疵，则将举证责任倒置给对应的经营者，由经营者举证证明该商品或服务不存在瑕疵，如果经营者不能举证，则推定该瑕疵成立，经营者承担不利的后果。举证责任倒置的情况下，如果消费者提出瑕疵的主张，经营者委托鉴定机构鉴定试图证明瑕疵不存在，根据谁委托谁付费的原则，无论鉴定结果如何，产生的鉴定费用应由委托的经营者承担。

（1）适用举证责任倒置的商品和服务包括《消费者权益保护》第二十三条里列举的机动车、计算机、电视机、电冰箱、空调器、洗衣机等耐用商品或者装饰、装修服务。本条中的"等"字，一般是对举证责任倒置适用的商品或服务范围做扩大解释，除此之外，凡是耐用的、技术含量比较高的商品和服务，也可以适用这个规定。

举证责任倒置既然涉及的是技术含量较高的耐用消费品，则有关产品的信息多掌握在经营者手中，消费者往往因缺乏专业知识难以举证，因此将举证责任倒置给经营者更公平，也更有利于保护消费者权益。

（2）本条提出了瑕疵的概念。但我国法律没有关于瑕疵的明确概念。理论上一般认为，瑕疵是指产品不具备应当具备的使用性能而事先未作说明的，或不符合以产品标准、产品说明书和实物样品等方式表示的明示担保条件。

（3）本条确立了举证责任倒置的时限，即消费者自接受商品或者服务之日起六个月内。这就意味着，如果消费者接受商品或服务之日起超过六个月发现瑕疵的，则无法适用举证责任倒置，仍适用谁主张谁举证的一般原则。六个月的时限规定在一定程度上平衡了消费者和经营者的利益关系。因为商品和服务已交付消费者，如果时间过长发现瑕疵，经营者失去商品或服务的控制权太久而让其承担举证责任，显然也有失公平。但因为可适用举证责任倒置的商品服务都具有耐用性的特点，六个月是否就是合适的时限，也有待实践进一步检验。

举证责任倒置并非免除消费者的全部举证责任，消费者应当举证证明其向经营者购买了有争议的上述商品或者服务，且该商品不能正常使用或者服务出现瑕疵。所以消费者一定要增强证据意识，在消费过程中注意搜集和保存证据。

三　缺陷产品所致产品责任纠纷的举证责任

理论上一般认为产品的质量问题分为瑕疵和缺陷两类，瑕疵是一般的质量问题，缺陷则涉及产品的安全性问题。根据《产品质量法》的规定，缺陷是指产品存在危及人身和财产安全的不合理的危险，有保障人身和财产安全的国家标准、行业标准的，是指不符合国家标准和行业标准。因产品缺陷所致的产品责任，生产者承担严格责任，销售者承担过错责任。

法律并未规定产品责任纠纷实行举证责任倒置，即意味着在产品责任纠纷中，消费者需要证明缺陷的存在及缺陷所致的损害发生。

然而，相较于瑕疵，缺陷实际上更难证明。如果部分商品或服务的瑕疵都可以适用举证责任倒置，为什么缺陷反而不能倒置举证责任了？这显然有举证责任分配失衡之嫌。也有学者认为，《消费者权益保护法》里的瑕疵应作广义理解，即既包括一般质量问题即狭义上的瑕疵，也包括缺陷在内。但司法实践上对此认识和裁判并不一致。

综上，虽然现行举证责任分配对消费者已有倾斜，但消费者求偿依然困难重重。

第三节　惩罚性赔偿制度

一　惩罚性赔偿金的制度优势

惩罚性赔偿金，一般是指超过原告所遭受的可证明的损害而授予的赔偿金。不同于一般民事责任制度的补偿性特征，惩罚性赔偿金具有惩罚性与威慑性。这项制度在中国俨然成为专治各种假冒、欺诈行为的良方，可以有效地弥补行政处罚、刑事处罚和民事补偿性赔偿的不足，加大制假售假的违法成本，减少执法成本，达到个人和社会的激励相容。

惩罚性赔偿金的制度优势表现在以下几个方面：

第一，弥补公共资源投入的不足。在市场经济中企业只有不断提高效率，同样的资源实现利益最大化，才能在激烈的竞争中立于不败之地并得到发展，国家的发展亦如此。国家的公共资源是有限的，远不能满足公众的需要，现代的发达国家，如美、英、德、日等国，均感到经费的紧张，像我国这样的发展中国家更是如此。惩罚性赔偿制度很大程度上激励个人投入自己的时间、精力、物力、财力，参与对违法行为的治理，以缓解公共资源不足的问题。

第二，发挥个体的效率优势。用较低的成本发现违法行为才能实现法律执行的高效率，但在消费者权益保护领域，监管部门常常并不能第一时间出现在违法现场，而消费者却是产品、服务的直接使用者。同时，行政机关决策层级较多，倾向于通过严格的规范来防控风险，相应加大了执法成本，而私人主体不受行政体制的限制，可以更加灵活地运用资源。

第三，弥补行政机关的懈怠。依赖公共执法的国家存在执法动力不足的现象，问责制的存在更是影响执法动力的一大原因，赋予受害者请求惩罚性赔偿的权利，一定程度上消除了上述问题带来的影响。

惩罚性赔偿金制度激发了消费者打假的动力，也催生了一批职业打假人。由此也衍生了对消费者打假的争议：（1）消费者因惩罚性赔偿金获得超过损失的赔偿额度，是否正当？（2）如何评价职业打假人？

二 消费者获益的正当性

从《消费者权益保护法》最初的一倍惩罚性赔偿金（俗称双倍赔偿），到修改后的三倍惩罚性赔偿金，以及《食品安全法》规定的十倍惩罚性赔偿金，从《消费者权益保护法》的 500 元最低赔偿额到《食品安全法》的 1000 元最低赔偿额，无一例外，消费者符合惩罚性赔偿金的适用条件，均可以获得超过实际损失数倍的惩罚性赔偿金。这部分收益的正当性何在？

1. 消费者获得惩罚性赔偿金具有法律的正当性

与正当性相对应的是不当得利。《民法》对不当得利的界定是：没有法律依据而获得利益。1988 年，《民法通则》第九十二条"没有合法依据，取得不当利益，造成他人损失的，应当将取得的不当利益返还受损失的人"，该条对不当得利制度进行了明确规定。2017 年，《民法总则》第一百二十二条："因他人没有法律根据，取得不当利益，受损失的人有权请求其返还不当利益"。第一百一十八条："民事主体依法享有债权。债权是因合同、侵权行为、无因管理、不当得利以及法律的其他规定，权利人请求特定义务人为或者不为一定行为的权利"，该条明确将不当得利归于债权法律关系。《民法典》第二十九章用四个条文对不当得利进行规定：得利人没有法律依据取得不当利益的，受损失人可以请求得利人返还取得的利益，但有下列情形之一的除外：为履行道德义务进行的给付；债务到期之前的清偿；明知无给付义务而进行的债务清偿。

而惩罚性赔偿金源于法律的直接规定，《消费者权益保护法》第五十五条规定，经营者提供商品或者服务有欺诈行为的，应当按照消费者的要求增加赔偿其受到的损失，增加赔偿的金额为消费者购买商品的价款或者接受服务的费用的三倍；增加赔偿的金额不足五百元的，为五百元。法律另有规定的，依照其规定。因此，消费者根据法律获得惩罚性赔偿金，其正当性毋庸置疑。

2. 消费者获得惩罚性赔偿金具有道德上的正当性

传统的民事责任以补偿受害人的损失为特征，损失多少赔偿多少。但随着市场经济的发展，以营利为目的的"营利性违法行为"往往使违法收益大于受害者的损害，致使仅以补偿受害者所受实际损害为限的赔偿金已难以遏制营利性违法行为。于是有越来越多的学者认识到，只有对"营利性违法行为"授予惩罚性赔偿金，使其违法成本大于收益才能遏制此行为，才符合法"不能让违法者从违法中获得好处"这一基本法律原则。

惩罚性赔偿金适用的领域主要是竞争法、消费者权益保护法、产品责任法，后扩展至今天的环境法、知识产权法等领域。这些领域侵权行为的共同特点是：主体上看是违法行为人对众多人利益的损害。惩罚性损害赔偿最初主要是为消费者权益保护和产品责任等领域中受害者个人提起的赔偿而创设。在个人提起的惩罚性损害赔偿之诉中，即使多倍赔偿具有惩罚功能，相对于违法所得仍略显微不足道，未必能达到威慑遏制违法行为的效果，但其确实能激励受害者提起诉讼，实现利用私人提起诉讼维护公共利益的激励机制。职业打假人群体的出现恰恰能验证这一点。

三 对职业打假人的评价

职业打假人并不是一个法律术语，百度百科的定义是："职业打假人"（Professional extortioner for fraud fighting）是指一种民事行为人，由于假冒伪劣、有毒有害食品横行，普通民众无法识别保护自身权益，许多民众利用自身学习相关法律知识，通过法律途径主动打击市场流通的假冒伪劣产品，对市场消费环境起到净化作用。但围绕职业打假人的争议一直不断。一种认为职业打假人是非法存在，法律不应对"知假买假"的职业打假人予以保护；一种则完全力挺职业打假人，认为职业打假人就是正义的化身。职业打假人频繁要求行政机关对其举报进行查处，并以查处结论为依据提出赔偿请求，也给行政监管部门带来了巨大压力。

职业打假人"打假"，能够起到"啄木鸟"的作用。尤其是在目前消费者维权成本高、维权意愿低、维权难的困局下，职业打假人起到的积极作用不容小觑。因此对于严格在法律范围内进行打假维权的职业打假人，不应因为其是"知假买假"就不予以法律保护。虽然职业打假并不应是消费者维权的常态，但这确实对于无良商家能产生惩戒与震慑的作用。

当然也有一些"职业打假人"是为了牟利，但如果牟取的是法律规定的正当利益就没有错。如果借此牟取不正当利益，则为法律不容。如有的打假人在"打假"过程中"造假"，用蘸有特殊药水的棉布将商品的生产日期擦去，以此向商家索赔。这些行为突破法律底线，已涉嫌诈骗、敲诈。对于"职业打假人"诈骗、敲诈等违法违规行为，有关部门应予以严厉打击。从某种意义上说，这些人并不是真正的职业打假人。

总之，惩罚性赔偿是一种打破常规的特殊惩罚制度，它实质上授予私人一种惩罚特权，以弥补公法在维护公共利益上的漏缺，并在心理上满足受害人对加害人的报应需求。然而，惩罚性赔偿金制度的实施也不可避免存在一些负面因素。比如这种制度不仅打破了国家对惩罚权的垄断，而且颠覆了民法的结构性原则。再如，惩罚性赔偿金引发的滥诉所致公共资源损耗。在惩罚性赔偿案件中，私人在启动程序方面享有主动权，只要符合形式要件，法院就必须审理和判决。对于私人而言，只要个人回报高于其支付的成本，就有动力提起诉讼，即使诉讼消耗的公共资源高于社会整体回报。特别是，司法资源耗费等成本并不由原告承担，这就极易产生公共资源过度损耗的问题。

因此，对惩罚性赔偿金制度还需多视角检视。

第四节　求偿权行使与敲诈勒索罪

黄某天价笔记本索赔案，最终检察院作出不起诉决定，认为其行为不构成敲诈勒索罪，李某今麦郎索赔案，李某则因敲诈勒索罪获刑。从被侵权行使求偿权索赔维权，到"涉嫌敲诈勒索"犯罪，似乎只有一步之遥，二者的界限在哪里？

一　敲诈勒索罪的犯罪构成

《刑法》第二百七十四条规定，敲诈勒索罪是指以非法占有为目的，对被害人使用威胁或要挟的方法，强行索要公私财物的行为。可见，维权索赔与敲诈勒索的界限就在于，主观上是否具有"非法占有"公私财物的故意，客观上是否实施了"威胁或要挟"的行为。

敲诈勒索罪的犯罪构成包括：犯罪主体为一般主体，主观方面表现为直接故意，必须具有非法强索他人财物的目的。侵犯的客体是复杂客体，不仅侵犯公私财物的所有权，还危及他人的人身权利或者其他权益。客观方面表现为行为人采用威胁、要挟、恫吓等手段，迫使被害人交出财物的行为。

二　消费者行使求偿权与敲诈勒索罪的区分

学术界通常说敲诈勒索的基本结构是对他人实施威胁或者要挟行为继而使对方产生恐惧心理，基于恐惧心理对方处分财产，行为人获得财产，被害人遭受损失。这就为我们区分求偿权行使与敲诈勒索的界限奠定了理论基础。维权索赔与敲诈勒索的界限就在于：主观上是否具有"非法占有"公私财物的故意，客观上是否实施了"威胁或要挟"的行为。

1. 从主观目的看

敲诈勒索罪的所谓"非法占有目的"，是指无事实依据，也无法律依据的纯粹"敲诈"占财行为。一般消费者索赔案件中，消费者行使求偿权是因为商家提供的商品本身存在缺陷或瑕疵，致使产品不能满足消费者需求甚至损害其人身、财产安全。这种索赔是事出有因，有理有据的依法索取赔偿，而非"非法占有"。

至于索赔数额不应成为判断其非法目的的要素，即使消费者提出天价索赔，经营者也可以拒绝，可以协商，可以通过法律途径解决，而不是必须服从。"天价索赔"本身并不等于敲诈勒索，消费者充其量是过度维权，刑法应保持其谦抑性，消费者才更愿意积极地维护自身权益，从而使社会的法律意识和规则意识得到进一步提高。

2. 从权利行使方式看

敲诈勒索罪的手段行为包括暴力和胁迫（要挟），其中胁迫（要挟）是指，以恶害相通告，使对方产生恐惧心理。恶害的种类没有限制，包括对被害人（广义）的生命、身体、自由、名誉等进行胁迫。这种威胁、要挟行为，应当足以使被害人的内心产生恐惧心理。实践中消费者声称或已经向有关机关举报、控告，向社会、媒体曝光的行为，既是一种监督行为，也是一种维权手段，并不具有非法性和强制性，因而不属于敲诈勒索犯罪意义上的"威胁或要挟"。

即使消费者维护自身合法权益时，以某些胁迫性的言语吓唬商家，此种情形下，若行为手段不是十分恶劣，常见的有"你若不赔偿，我就在你店里闹让你做不了生意"等，对他人的合法权益造成的损害有限，则可以认定此种手段为维权所必需且处于合理的范围内，根据社会一般人的通常观念，可以认定该行为并无不妥之处；若维权的行为手段情节比较恶劣，对他人的合法权益已然造成了特定程度上的损害，常见的有"你若不赔偿，我就让你活不过明天"，这种行为手段已经不属于社会一般人可以接受的容忍范围，但是也未必需要动用《刑法》，可以依据行为手段的恶劣程度，通过其他法律进行评价，或追究其民事责任或追究其行政责任；若维权的行为手段情节非常恶劣，使得对方的合法权益遭受了重大损害，比如消费者使用刀具进行威胁且具有紧迫的危险程度，则可以认为其行为手段已经属于敲诈勒索罪的客观行为方式，此时就应该被认定为敲诈勒索罪。

三　消费者行使求偿权的法律界限

根据行使求偿权和敲诈勒索罪的区分，以下几种索赔行为涉嫌敲诈勒索罪：

（1）消费者已经就赔偿问题与商家达成一致，获得合理赔偿后出尔反尔再次向对方提出赔偿或以向媒体曝光、向有关部门检举揭发等相要挟，向商家索取数额较大财物的，应以敲诈勒索罪追究刑事责任。

（2）消费者严重夸大侵权损害事实或捏造、编造事实并对外散布，或是假借维权的名义以向媒体曝光相要挟，勒索对方财物数额较大的，应以敲诈勒索罪处理。比如将自己携带的异物投入火锅内，谎称是从火锅中吃出的异物。

（3）消费者在维权过程中采用激烈的暴力手段相威胁，对他人或是他人亲属的人身、财产实施加害，或是打砸物品、阻碍他人正常生产经营活动的，应当以敲诈勒索罪处罚。

消费者维权索赔是法律赋予的权利，当消费者购买商品却因此受到损害，积极向商家索赔是行使自己的权利。但权利的行使也是有界限的，当行使权力超过必要限度，极易造成过度维权，甚至达到《刑法》上的犯罪。

消费者维权时首先不应当具有非法占有目的，比如不能因为服务员态度不好想要伺机报复就谎称其提供的食物中有异物并索取高额赔偿；其次就是注意维权的手段，可以采取合理合法的方式进行协商，比如以向有关部门投诉或者向媒体曝光等方式为条件，但是不可以在店内打砸甚至是以威胁商家人身安全为条件进行协商。

总之，消费者行使求偿权也应知法守法运用合理手段来维权，避免过度维权甚至陷入犯罪。在司法实践中，对于消费者行使求偿权与敲诈勒索的边界，我们应该从行为人的主观动机目的、行为手段等方面，具体问题具体分析，做到宽严相济，打击抵制违法犯罪，从而更好地维护消费者和经营者的合法权益。

第五节　精神损害赔偿

精神损害赔偿，是随着《民法通则》的公布实施而建立的一项民事法律制度。最高人民法院于 2001 年 3 月 8 日以法释〔2001〕7 号《关于确定民事侵权精神损害赔偿责任若干问题的解释》形式对精神损害赔偿作出了认可。2013 年通过的《消费者权益保护法》第 51 条明确规定，经营者侮辱诽谤受害人，非法限制其人身自由或搜查被害人身体或有其他侵害消费者人身权益的不法行为，给消费者带来严重精神损害的，受害人享有精神损害赔偿请求权。

一　精神损害赔偿制度的基本内容

1. 精神损害赔偿的责任主体

精神损害赔偿的责任主体毫无疑问是经营者，经营者包括自然人、法人和其他组织，其行为必须具有经营性，与消费者产生消费关系时，如为消费者提供商品或服务时才能认定为经营者。经营者在侵害消费者合法权益后合并、分立的，由合并、分立后的企业承担责任，使用他人营业执照经营的，消费者有权选择向实际经营者或营业执照持有者索赔。

2. 精神损害赔偿的权利主体

精神损害赔偿的权利主体为消费者和其他受害人。精神损害赔偿权利主体是否包含胎儿可以借鉴民法上对于胎儿继承权的规定，如果胎儿出生后为活体的，则对其在母胎中遭受的侵害行为具有精神损害赔偿请求权，如果出生后死亡的，则不享有，从而全面地保障胎儿的合法权益。此外，精神损害赔偿权利主体应限于自然人，法人虽然在法律上享有一些人格权，但它毕竟和自然人存在很大区别，根本不会产生心理上和情感上的痛苦与折磨,自然也无法适用精神损害赔偿制度。

其他受害人,应当包括父母、子女、配偶等近亲属,法律应当允许他们在某些情况下基于身份权提起精神损害赔偿请求,因为当受害人身体健康遭受严重损害或死亡时,会对亲人带来巨大的精神打击和心理痛苦,产生焦虑、悲伤等不良情绪,且难以弥补。所以应将受害人的近亲属也纳入精神损害赔偿的权利主体范围之内。

随着经济的发展,消费者精神损害现象层出不穷,如何保护消费者的精神利益,是社会各界关注的重点。2013 年修改后的《消费者权益保护法》明确规定了消费者精神损害赔偿制度,将其上升到法律层次,具有重要意义,但仍存在许多问题。

二 消费者精神损害赔偿制度的不足

1. 未明确严重精神损害赔偿标准

《消费者权益保护法》规定只有造成了严重精神损害,消费者才有权利请求精神损害赔偿,轻微、一般精神损害不能请求精神损害赔偿,但如何才算达到了严重程度,法律并没有给出一个明确的判断标准。

目前是否造成了严重精神损害,需要法官根据具体案件情况进行裁判,法官享有较大的自由裁量权,可能导致同案不同判的现象存在,进而影响司法公信力。如 2015 年北京市张某前往美容机构进行了注射生长液除皱抗衰的美容手术,价格为 1.2 万元,手术后不但没有产生预期效果,注射部位还发生了灼痛发红的现象,但该美容机构忽略该问题,再次进行注入手术,造成了面部损害,张某向法院起诉请求判决被告赔偿精神损害费 20000 元,一审法院和二审法院均未予以支持,认为虽然对其精神产生一定不良影响,但尚未达到《消费者权益保护法》规定的"严重损害"的标准。而 2018 年山西原告陈某在庞某的美容院内进行美容项目,庞某在此过程中对超声刀美容效果进行了夸大,且并不具备相关资质。因前几次未达到美容效果,陈某与庞某签订继续提供服务的保证书,其中约定放弃人身损害赔偿权。但美容项目并未改善陈某面部老化状态,且给陈某的面部留下了疤痕损伤,法院认为庞某的行为构成加害给付,与原告面部损伤具有因果关系,造成严重精神损害,最终判决被告应支付精神损害抚慰金3000元。两起案件均是美容服务造成原告面部损伤，但是结果却大不相同，可见，精神损害本身就是主观性的感受，不像财产损失一样可以直接准确地衡量，法官由于其过往经历、专业素养、价值取向不同，对严重损害的认识程度也有所差异，同一种侵害情况由于消费者个体差异也会造成不同的心理损害。

在司法实务中许多法院拘泥于"严重"二字，大量案件消费者提出精神损害赔偿的诉讼请求都未获得法院支持，认为不符合严重这一要求，胜诉率偏低。法律规定过于笼统模糊，在实践中会产生一系列问题，不利于消费者维护其合法权益，获得公正赔偿，与立法本意相违背。

2. 未确立违约精神损害赔偿制度

《消费者权益保护法》中虽然肯定了消费者享有精神损害赔偿请求权，但限于侵权责任领域，并没有将违约损害赔偿纳入其中，违约行为如果同时构成侵权、损害他人人身和财产权益的，可以依法选择提起侵权之诉或者违约之诉，只有在侵权之诉中被害人才可以请求精神损害赔偿。对于是否应当将单纯的违约行为纳入精神损害赔偿的范围中，理论上一直存在着很大的争议，许多知名学者都对其展开了论述。

反对派认为受害人请求精神损害赔偿只能在侵权诉讼中提出，违约之诉中赔偿范围应仅限于直接和间接的财产损失。能否提起精神损害赔偿实际上是侵权责任和违约责任的重要区别之一，在责任竞合时被害人完全可以通过侵权之诉获得救济，无需额外规定违约精神损害赔偿。而且精神损害具有强烈的主观性和个体差异性，在订立合同时很难预见。且非财产法益事后又难以用金钱衡量，随着消费者精神损害赔偿案件增长迅速，如果将精神损害赔偿范围规定得过于宽泛会导致司法机关压力巨大，司法资源紧张。

肯定派学者认为，《消费者权益保护法》应当突破传统民法上的成见，肯定违约精神损害赔偿，因为：（1）设立损害赔偿制度的主要目的是要弥补当事人遭受的损害，非财产性利益损害同样应当坚持有损害就有赔偿的原则，如果法律规定被害人只能通过侵权之诉获得精神损害赔偿则不利于全面保护被害人的合法权益，因为违约之诉在违约金主张、归责原则、举证责任分配、诉讼时效、免责事由、定金条款主张、责任构成要件上都与侵权之诉的要求存在较大差异，可能对于被害人而言更具有实益。如果只能提起侵权之诉，这意味着他必须放弃违约之诉中许多便利，可能对其不利。如果选择违约之诉，则必须放弃精神损害赔偿。这实质上限制了被告人的自由选择权，与民法基本精神背道而驰。（2）侵权、违约责任竞合体制并不能全面保护消费者的权益。如果违约行为构成侵权，可以通过侵权之诉寻求精神损害赔偿，但并非所有的违约行为都构成侵权，现实中存在许多单纯的违约行为同样对被害人造成巨大的精神损伤，此时被害人无法通过任何方式获得精神损害赔偿。（3）在许多享受型合同中，订立合同使精神损害是可以预见的，比如旅游、人格物保管、婚庆服务、观看表演等。

3. 精神损害赔偿金额幅度不统一

我国《消费者权益保护法》未对精神损害赔偿金额作出具体规定，只是通过相关司法解释确定了参考因素：经营者的过错程度、侵权的方式、场合、侵害后果严重程度、侵权人的经济状况、受诉地平均生活状况等。司法实践中由案件承办法官结合具体情况确定精神损害赔偿金额。

关于立法是否应当确定精神损害赔偿金额这一问题也存在不同的观点。确定派认为应当确立一个统一的标准，避免同案不同判的现象发生。不确定派则认为精神损害作为纯粹的主观感受，又因消费者个体不同而存在差异，难以事先衡量，现实中损害类型也是多种多样，法律很难也不应该明确具体数额标准，应当赋予法官自由裁量权，具体问题具体分析。

立法要确定统一的具体数额标准虽然存在技术上的困难，但仅规定参考因素也太过宏观，看似包含所有重要因素，但指导作用十分有限，法官自由裁量权过大。各地法院往往根据内部指导意见进行裁判，不同地区精神损害赔偿数额幅度存在较大差异，会对司法权威产生消极影响，因此应将精神损害赔偿数额类型化、具体化，不必确定精确的数额，但应制定一个标准的计算方法，为法官办案提供指导准则，也可以让消费者在起诉时形成一个基本预期。

三 完善消费者精神损害赔偿制度的对策

1. 明确消费者精神损害赔偿的认定标准

精神损害作为一种纯粹的主观感受，其严重程度很难从科学的角度直接测量。现实中案件情况多种多样，随着经济的发展，也会有更多的新情况出现，法律也不可能包罗万象，列举出所有的严重情形。但可以规定参考因素，采取分类列举法和概括法相结合的立法方式明确严重精神损害程度的判定标准，既为法官提供指导，又保留了一定的自由裁量权以便应对未来可能出现新情况。

首先，分类列举加概括，根据消费者严重精神损害的具体情形，划分不同的层级，如致人死亡或者身体健康严重受损、造成伤残结果的；没有造成伤残，但导致了消费者产生永久性创伤，会严重影响受害人未来正常工作与生活的；虽未造成身体器官损坏，但致使消费者精神失常，患有精神疾病的；严重损害消费者人格权利；损坏具有人格象征意义的纪念物；其他造成严重精神损害后果的情形。其次，明确严重精神损害程度的参考因素，法官在具体审案时根据侵害人的主观恶性、过错程度、影响范围、消费者的受害情况等综合考量。

2. 建立违约精神损害赔偿制度

建立违约精神损害赔偿制度是现实的需要。如度假旅游、观看表演、结婚照复印、美容等追求精神享受的消费合同，该类合同消费者以精神享受为目的，经营者在订立合同时可以预见有些违约行为会损害当事人的期待利益，产生精神损害。再如，婚礼服务、丧葬服务等具有特殊意义的合同，因经营者违约使得婚礼、葬礼无法按时或正常进行会致使当事人精神损害。还有因违约造成具有人格象征意义的物品损毁的，如照相馆遗失亲人遗照、结婚照等原件，保管机构遗失结婚戒指、重要纪念物等，会导致消费者产生巨大的心理痛苦。这些合同的订立目的中明显包含精神利益，对方当事人在订立时也是明知的，并不是纯粹的财产交易。根据合同法完全赔偿原则，违约方应对违约行为所致对方精神损害进行赔偿。

但如果不作任何限制，允许对所有造成精神损害的违约行为提起精神损害赔偿，会造成诉权滥用，大大加重司法诉讼的负担，不利于促进市场交易和经济发展。所以可以用列举的方式对能提起精神损害赔偿的违约行为范围作出适当的限制。

3. 统一消费者精神损害赔偿金额的计算方法

由于各地经济发展水平、个体感受差异、案件情况多样化等多种原因，制定精确的具体数额是不切实际的，制定统一的计算方法及幅度既能够在各法院审理具体案件时提供客观依据，又能使得法官拥有一定的自由裁量权，能够适应社会的发展变化。可以考虑在明确考量因素和计算原则后，采用归档分类法将精神损害赔偿案件按严重程度分类分档，并设立精神损害赔偿的最低数额标准。

第六章　结社权

第一节　案例导读

案例 1，蓝精灵儿童摄影会所突然停业，460 名消费者集体诉讼维权（资料来源：《中国消费者报》——中国消费网 2017 - 12 - 5）

导读：集体诉讼中，消费者可否行使结社权？代表人诉讼、共同诉讼和结社权有无关联？

辽宁省鞍山市铁东区人民法院公开审理了一起有关预付式消费的共同诉讼案。因摄影会所突然停业，460 名消费者在鞍山市消费者协会支持和组织下，以共同诉讼的方式向摄影会所经营者索赔。开庭前，原告方从 460 名登记投诉的消费者中，选取最具典型性的 5 名消费者代表在铁东区法院提起诉讼并立案，其余消费者以登记的形式一起纳入诉讼中，作为共同的原告。一旦法院作出判决，就不仅仅是对 5 名起诉消费者的判决，对其他 455 名消费者也有法律效力。在庭审现场，拥有百余个座位的审判庭座无虚席，消费者代表及其委托代理人坐在原告席，被告蓝精灵摄影会所经营人杨某及其委托代理人也参加了当天的庭审。

由于原、被告双方争议较大，法院当庭未作出判决。

根据《民事诉讼法》的相关规定，当事人一方或者双方为二人以上，其诉讼标的是共同的，或者诉讼标的是同一种类，人民法院认为可以合并审理并经当事人同意的，为共同诉讼。共同诉讼的一方当事人对诉讼标的有共同权利义务的，其中一人的诉讼行为经其他共同诉讼人承认，对其他共同诉讼人发生效力。当事人一方人数众多的共同诉讼，可以由当事人推选代表人进行诉讼。代表人的诉讼行为对其所代表的当事人发生效力，但代表人变更、放弃诉讼请求或者承认对方当事人的诉讼请求，进行和解，必须经被代表的当事人同意。人民法院作出的判决、裁定，对参加登记的全体权利人发生效力。

案例2，"商品房消费者协会"（资料来源：中顾法律网结社权调查（上）：三成受访者全然不知结社权）

导读：消费者如何行使结社权？

2012年，广东省出台了社会组织登记注册的行政机关指导制度，著名职业打假人王海认为这可能是消费者行使消费者结社权的真正开始。2013年2月21日，王海拨通了广东省深圳市民政局的电话，询问如欲成立"商品房消费者协会"需要哪些条件。成立商品房消费者协会是王海的一个梦想，"早在六七年前就有这个想法了。"王海告诉记者，当时他和一些同事为部分准备成立业主委员会的小区业主提供咨询意见。"我们发现，虽然通过专业咨询公司也能做一些维护消费者权益的工作，但局限性很大，最典型的就是没有话语权。"王海告诉记者，"根据《消费者权益保护法》的规定，立法机关、政府部门在立法立规时要听取消费者组织的意见，消费者组织也有权利对政府部门在消费者权益保护方面的工作进行监督。如果我们能成立一个消费者组织，就可以在政府就立法征求意见时，邀请最好的律师、法学专家提供专业的意见，代表消费者发声。"

第二节　结社权之保障

一　消费者结社权的法律基础

1993年《消费者权益保护法》第十二条规定，消费者享有依法成立维护自身合法权益的社会团体的权利。这一权利被称为消费者的结社权。消费者组织起来依法成立消费者社会团体，可以形成对商品和服务的广泛社会监督，对于及时处理侵害消费者权益的行为、指导消费者提高自我保护意识和能力、及时解决消费纠纷等具有重要的意义。

消费者结社权具有宪法和经济法的双重属性。作为消费者的一项基本权利，它与知情权、人身财产安全权、公平交易权等权利不同，是一种用以保障权利实现的权利，在促使消费者与国家、社会的融合中合法合理维护自己的合法权益产生了巨大的作用。

1. 维护消费者合法权益功能

消费者结社权的首要作用在于维护消费者合法权益，保证在消费交易中实现公平，这是消费者结社权的宗旨所决定的。处于分散状态的弱势消费者往往无法与力量强大的经营者对抗，消费者组织的出现，使消费者维权力量壮大，迫使经营者不断更新产品、注重产品质量。同时，当消费者个体利益受到侵害时，消费者组织可以代为向人民法院提起诉讼，为其提供法律援助，切实维护消费者合法权益。消费者组织可以开展一系列有利于维护消费者合法权益的活动，提高整个消费者群体的素质和能力。如通过各种媒介宣传消费者理性、合理、文明消费的相关知识，以及各种维护自身合法权益的途径和方法，提供免费的法律咨询和援助，加强对市场的监督力度，提高消费市场的和谐健康水平。

2. 调控经济功能

消费者维权组织的出现，让消费者真实地了解到好的产品与坏的产品，推动消费者在市场分配中不断提出自己的要求，代表消费者参与市场调研，向政府、人大提出自己的建议，并参与政府政策和国家法律的制定，从而间接调节经济发展。此外，消费者组织通过内部的宣传和指引，使消费者正当合法地选择商品或服务，减少不理性的消费行为，从而影响市场供求。

3. 社会监督功能

经营者应当习惯于尊重消费者，接受消费者对自身的监督。消费者结社权的社会监督功能贯穿于消费交易的始终。消费交易前，消费者组织发挥其团体的力量，组织消费者进行产品的学习了解，特别是对某些信息不对称的商品，防范消费者的权益受到侵害；消费交易时，充分发挥消费者组织的优势，及时反映消费者的意见和建议，引导消费者采取正确的消费行为，维护消费者权益；消费交易后，消费者组织通过奖励表彰的方式鼓励合法的经营行为，更重要的是，消费者组织可以通过各种媒介披露不法经营者的行为，警示消费者，使不法经营行为受到全社会的唾弃。

二　消费者结社权状况分析

《消费者权益保护法》涉及结社权的规定用 25 个字表述。虽然 2013 版《消费者权益保护法》对消费者组织予以了专章规定，但没有涉及消费者结社权。我国县以上消费者协会已达 3000 多个，但消费者协会与消费者的结社权无关。真正意义上由消费者自身行使结社权，依靠消费者自觉成立的消费者组织尚未出现。

究其原因，一方面源于消费者对结社权知之甚少。《中国消费者报》联合新浪网和 3G 门户网开展的中国消费者权益保护状况调查中，自认"了解"结社权的受访者为 11.02%，自认"基本了解"的受访者有 26.3%，两者合计仅占全部受访者的 37.32%，还有 33.06% 的受访者表示对这一权利"听说过但不清楚"，表示"完全不知道"的受访者有 29.69%。在此次调查中还发现，有 40.44% 的受访者对消费者结社权的保护状况评价为"一般"，有 12.02% 的受访者评价为"不好"，仅有 4.49% 的受访者评价为"很好"，14.71% 的消费者评价为"较好"，还有 28.34% 的受访者表示"说不清"。所以，结社权并没有为广大消费者所行使，相比其他权利，消费者结社权更像是一项"沉睡"的权利。

另一方面，消费者行使结社权还受限于社团登记的门槛和经费问题等。各国的消费者组织一般分为两种，一种是委员会制，没有固定的会员，比如中国消费者协会，其最高权力机构为理事会，理事会成员来自政府部门、学术界、新闻界等，其经费主要来源于政府支持。一种是会员制消费者组织，此类消费者组织公开吸纳个人或者团体作为组织会员，以保护会员的利益为中心开展各种活动，其经费主要来源于会员交费和社会捐助。英美国家及日本的消费者组织多属于此类会员制组织。会员制消费者组织和消费者行使结社权密切关联，但我国目前还鲜有这种类型的消费者组织。

三 保障消费者结社权的基本思路

结社不是目的，结社只是手段。消费者结社权是法律赋予消费者保障自身利益的权利，对消费者利益的保护有举足轻重的意义，对消费者而言是一项很重要的权利。因此消费者结社权不应该成为一种宣誓性的"沉睡"的权利，而应该使得消费者权利能够行使，从一种应然的权利变为实然权利。

1. 正确认识消费者结社权及消费者组织

消费者结社权是消费者运动发展到一定阶段的产物，是经营者在与消费者斗争中出现的，是针对消费者的弱势地位所设立的一项消费者专项权利。同时，消费者结社权是宪法政治结社权在消费者经济权利中的延伸，具有双重属性和功能，既具有制约国家权力推进民主的功能，也弥补了市场经济市场调节和政府管控的缺陷，有利于保障消费秩序和安全，更有利于提高现代经济的发展速度和质量。

在权利的实现中，消费者组织不可避免地成为消费者结社权的核心，新型的消费者组织是宪法法律的题中之意，也是时代的必然选择，更是消费者的强烈要求。构建新型的消费者组织有利于保障消费者的合法权益，也有利于经济更好更快发展。所以，我们必须从权利意识和市场发展来正确认识消费者结社权和消费者组织。

自 1983 年消费者协会成立，中国消费者组织已经走过了 30 多年，这是在政府的主导下实现的，而根据社会组织的定义，消费者组织应该是消费者自愿组成或参加的并代表消费者利益的非营利性组织。但是，中国消费者协会作为中国消费者组织的唯一代表，半官方性成为它存在的最典型特征。由于其脱离民间和消费者，消费者也对其产生了不信任感，消费者又无其他组织可以依靠，消费者的合法权益也就无法得到应有的保障。因此，坚持消费者组织的民间性本质是国家、消费者协会及其他消费者组织的最佳选择。

2. 完善结社立法，为消费者结社权实现奠定坚实的法律基础

我国社团的立法模式应该以结社法为中心，提高立法的层次和权威，为所有社团提供统一的、基本的法律标准，平等地保障公民的结

社权。

消费者结社权的实现首先要得到政府的肯定和支持,通过立法、行政、司法为其保驾护航,只有这样才能够真正去行使该权利并得到保障。这样才能让该权利从宣誓性权利变为现实权利,提高消费者参与市场经济的积极性,长远来看,无论是对国家、市场和消费者都具有积极意义。

由于消费者组织具有民间组织的特殊属性,就要求消费者组织必须具有独立性和自治性,组织内部机构设置、经费、职能行使等,不受国家机关和企业的干涉,能够独立自主发表消费意见和建议,能够独立自主管理本组织内外的事务。当然,自由并不是绝对的自由,权利并不能被滥用,消费者组织还应具备非营利性和公益性的特征,如果消费者组织违背消费者的意愿,成为企业的"形象代言人",甚至帮助经营者欺骗消费者,政府应该予以制止。消费者组织的独立自治与政府的监管并重,这是权利的自由与限制的表现,两者相辅相成,缺一不可,这也是消费者组织公信力的重要保障。

随着市场经济的日趋成熟,多元与开放、自治与法治等价值观念成为这个时代社会组织的主题。一些学者提出,新型的社会公共治理模式将重新审视国家与社会、个人的关系。而构建这一模式的过程中,不仅需要国家自上而下的变革,更需要来自社会组织自下而上的努力推动。在新型消费者组织制度构建中,具有权力优势的国家处于主要地位,而处于弱势的消费者组织往往需要外部的支持。所以,构建和实现新型消费者组织制度,国家应坚持对消费者组织进行鼓励、支持、引导,使消费者真正行使消费者结社权。

3. 构建会员制消费者组织实现形式

现代社会越来越注重团体的力量,商品交易市场也不例外,消费者行使消费者结社权就是法律将个体变为团体的一种实现形式。另一方面,单一的消费者协会已经无法适应日益复杂的商品交易市场,急需构建新型消费者组织来弥补消费者协会的不足。会员制消费者组织成为当今消费者的必然选择。

(1)《消费者权益保护法》应明确会员制消费者组织是消费者结社

权的实现形式。既可以防止消费者组织泛滥的发生，也可以引导消费者正确行使消费者结社权。（2）制定社会组织等结社相关法律法规，并对消费者组织的会员制予以规范。我国应完善结社法律制度，统一规范社会组织的登记备案，为会员制消费者组织提供基本的登记备案标准。（3）构建多渠道的组织经费来源模式：一是消费者组织直接向会员收取会费，消费者缴纳会费即成为消费者组织的会员，享受消费者组织的权利和义务；二是政府的拨款及政府向消费者组织购买相应的服务而支付的费用；三是接受社会捐助。（4）规范会员制消费者组织的内部运行模式。

总的来说，法律赋予消费者的结社权不应"沉睡"，应从认识层面和制度层面促进消费者结社权行使。

第七章　受教育权

第一节　案例导读

案例 1，《关于加强金融消费者权益保护工作的指导意见》（资料来源：国办发〔2015〕81 号）

导读：金融机构是保障金融消费者受教育权的义务主体吗？

2015 年 11 月 13 日，国务院办公厅发布了《关于加强金融消费者权益保护工作的指导意见》，明确了金融机构消费者权益保护工作的行为规范，要求金融机构充分尊重并自觉保障金融消费者的财产权、知情权、自主选择权、公平交易权、受教育权、信息安全权等基本权利，依法、合规开展经营活动，这是首次从国家层面对金融消费者权益保护进行具体规定，强调保障金融消费者的八项权利。其中特别提到"保障金融消费者受教育权"，要求金融机构应当进一步强化金融消费者教育，积极组织或参与金融知识普及活动，开展广泛、持续的日常性金融消费者教育，帮助金融消费者提高对金融产品和服务的认知能力和自我保护能力，提升金融消费者金融素养和诚实守信意识。

案例 2，"消协帮你选"微信小程序（资料来源：北京青年报 – 北青网 2020 – 3 – 15　作者：王薇）

导读：消费者协会在保障消费者受教育权方面应承担什么义务？

由中国消费者协会开发，基于全国消协组织比较试验数据库的"消协帮你选"微信小程序正式上线。比较试验工作是消协组织履行《消费者权益保护法》赋予消费者协会首项公益性职责的重要手段。近年来，各地消协组织开展了大量商品和服务的比较试验。为加强比较试验结果的应用，实现比较试验结果的共享和消费指导意义，中消协建立了全国消协组织比较试验数据库，数据库收录了包括副省级以上消协组织录入的近3年开展的商品比较试验数据。为更好地将这些比较试验结果呈现给消费者，中消协在数据库内容的基础上，开发并上线这款"消协帮您选"小程序，消费者可以登录微信，搜索小程序"消协帮您选"，点击进入后，可查询自己感兴趣的商品，了解同类产品的性能以及性价比等信息。

案例3，银行帮助消费者防骗（资料来源：百度文库《金融消费者八项基本权利解读》）

导读：经营者应如何保障消费者受教育权？

某银行网点，一位50多岁男客户边打手机边神色慌张地来到网点柜台前，要求办理两笔尚未到期的定期存款，共计8万多元。柜员委婉地向客户了解支取用途并告知客户定期未到期支取，其利息要按活期计算。客户表现得很不耐烦，执意催柜员赶紧办理，并要求支取后汇入另一个账户。柜员在审理汇款单要素时发现客户只提供收款人名称和账号，无法完整提供收款人的开户行名称，便善意提醒客户要防范诈骗。客户听后很紧张，在营业厅徘徊并不断自言自语。挂断电话后，客户神情紧张地低声询问保安："如果干了违法的事，法院查我账户后会不会冻结？"客户的言语和异常举动，使保安员意识到客户可能遇上骗子了。于是，保安员提醒客户："您所接到的电话，极大可能是诈骗电话，您可千万不要上当受骗了"，并将以上情况反馈给运营经理。在运营经理和保安员的教育提醒和耐心劝说下，客户才意识到是电话诈骗，避免了经济损失。

第二节　受教育权之保障

一　问题的提出

《消费者权益保护法》第十三条规定："消费者享有获得有关消费和消费者权益保护方面的知识的权利。消费者应当努力掌握所需商品或者服务的知识和使用技能，正确使用商品，提高自我保护意识。"这一条通常被认为规定的是消费者的受教育权，或者称之为"获取知识权"。

消费者受教育权，是指消费者享有的获得有关消费和消费者权益保护方面知识的权利。消费者受教育权既是从消费者信息获取权中引申出来的一种权利，也是接受教育之类的宪法性权利在消费者保护立法中的具体化。

由于信息的不对称，消费者缺乏相应消费知识和消费维权知识，又往往具有盲目、跟风消费的特点，因此，保护消费者权益必须解决信息不对称的问题，让消费者也具备一定的消费知识和维权知识，平衡消费者在经营者面前的弱势地位。这是受教育权的目的所在。

那么，消费者受教育权保障状况如何？

二 消费者受教育权保障状况

在中国消费者权益保护状况调查"您是否了解消法赋予消费者获得知识权"的选项中，有40.25%的消费者基本了解，33.37%的听说过但不清楚，有17.29%的消费者表示了解，9.09%的消费者完全不知道。[1] 可见，与消费者的其他权利相比，消费者受教育权的认知度并不高，而且往往被消费者忽视。究其原因，消费者受教育权的保障还存在着许多的问题。

1. 实现受教育权缺乏完善的法律机制。消费者受教育权主要是《宪法》和《消费者权益保护法》的原则规定，至于如何实现和保障，并未形成具体制度。

2. 受教育权的义务主体不明。权利对应着义务，消费者享有受教育权，但法律并未明确相应的义务主体。从消法视角，消费者权利通常对应着经营者的义务，但消法在经营者义务一章中并未作出相应规定。再者，消费者的受教育权具有权利义务相统一的属性，那么，消费者如何定位？

3. 经营者营销阻碍。经营者提供的消费知识难免具有营销的属性。

---

[1] 《中国消费者报》2013年3月15日，第20版《3·15年度报告》。

比如，经营者为了售卖胶原蛋白饮品，教育消费者说长期服用胶原蛋白可以延缓衰老，最终导致消费者购买。消费者受教育权在保障不够的情况下，极易受到资本的裹挟。普通消费者辨别新信息的能力有限，从而接受了错误的教育，这种异化的教育大大地阻碍了正向的消费者受教育权保障，也损害了消费者权益。

随着近年来消费水平的提高，各种商品和服务竞争非常激烈，一些消费领域的侵害消费者权益的现象和案例，让消费者逐渐认识到获取消费知识和维权知识的重要性。

那么，消费者的受教育权究竟应如何保障？

三 消费者受教育权之保障

1. 厘清消费者受教育权的直接义务主体

根据权利义务相对应的法律原则，消费者受教育权作为消费者的一项基本权利，必然有其相对应的义务主体并承担直接义务。根据我国相关法律规定和社会法制环境，消费者受教育权的直接义务主体主要有：

第一，消费者。我国宪法赋予公民受教育的权利，同时规定受教育也是公民的一项义务。具体到消费领域也是如此，所以消费者受教育权具有权利义务相统一的特征。消费者受教育权包括接受教育和自我教育，自我教育是基础。因此，消费者是消费者受教育权的首要直接义务主体。消费者有义务参与消费者教育，应努力创造接受消费者教育的条件，并把接受教育与消费行动结合起来，不断规范自己的消费行为、消费观念等。实践中由于消费者没有了解相关知识，给自己造成损害的案例普遍存在。所以，从受教育权的角度，首先是消费者自身要主动寻求并接受消费知识和消费维权知识等的教育。

第二，政府相关职能部门。消费者教育本质上属于一种公共服务产品，理应由政府来提供。同时，推行消费者教育是一项长期性和系统性的工程，需要借助强大的政府公权力，也依赖于政府的统筹规划和监督管理等职能。我国《消费者权益保护法》第二十七条和二十八条规定，各级人民政府应当加强监督，预防危害消费者人身、财产安全的行为发生，及时制止危害消费者人身、财产安全的行为。国家保护消费者权益是一项复杂而艰巨的任务，必须充分发挥国家的监督管理职能。国际消费者联盟提出的《保护消费者准则》也规定，"各国应考虑到有关人民的文化传统，制定或鼓励制定全面的消费者教育和宣传方案。"因而，保护消费者权利是政府的一项职责，政府相关职能部门应是消费者教育权的直接义务主体。政府不仅要提供全面的消费法制教育，进行产品质量和产品安全教育，还要加强国民消费教育，优化消费者行为，推广健康文明消费观念和消费行为。

第三，消费者协会。消费者协会是保障消费者权益最主要的社会中间主体。我国《消费者权益保护法》中也规定了消费者协会的公益性职责，根据我国《消费者权益保护法》的规定，"消费者协会和其他消费者组织是依法成立的对商品和服务进行社会监督的保护消费者合法权益的社会团体"（第三十一条），"消费者协会履行下列职能：（一）向消费者提供消费信息和咨询服务……"（第三十二条）。根据立法的内容可以看出，消费者协会要向消费者提供消费信息和咨询服务，这两项服务当然包括消费知识以及消费者权益保护方面的内容。所以，根据法律的基本规定，各级消费者协会是消费者教育权的直接义务主体。1998年中国消费者协会通过了开展国民消费教育的方案，并试行推广，各级消费者协会也履行了大部分消费者教育的职责。对于损害消费者权益的行为，消费者协会也经常利用媒体加以宣传，对消费者起到教育、引导的作用。

第四，经营者。在消费关系的建立过程中，离不开经营者，而且有关商品和服务的信息更多掌握在经营者手中，所以经营者也应该是保障消费者受教育权的直接义务主体。《消费者权益保护法》第二十条对此有明确规定："经营者应当向消费者提供有关商品或者服务的真实信息，不得作引人误解的虚假宣传。经营者对消费者就其提供的商品或者服务的质量和使用方法等问题提出的询问，应当作出真实、明确的答复。商店提供商品应当明码标价。"2020年11月1号开始实施的《中国人民银行金融消费者权益保护实施办法》第二十四条也明确规定，银行、支付机构应当切实承担金融知识普及和金融消费者教育的主体责任，提高金融消费者对金融产品和服务的认知能力，提升金融消费者的金融素养和诚实守信意识。

但经营者基于自身逐利性的特点，在介绍自己的商品或者服务时，很难自愿地如实讲述自己商品的优势或者劣势，不充分或者不真实的现象难以避免和消除。经营者也不可能主动为消费者提供消费维权、消费观念方面的知识。因此，经营者在消费者受教育权的直接义务主体中作用的发挥要和其他主体作用相结合。当然，法律可以鼓励和支持经营者更多参与到消费者教育中，以更全面保障消费者受教育权。

2. 完善消费者教育内容和载体

消费者教育需要以丰富的内容为基础，才能在落实消费者受教育权的过程中满足消费者的需求，帮助消费者掌握丰富的商品和服务知识，并促成消费者自主做出正确的消费决策。同时，作为一项系统性工程，消费者教育需要在提升消费者的维权意识和维权能力、转变消费者"弱者"的形象和处境、帮助消费者树立科学合理的消费观念、指导消费者的消费行为符合社会公共利益和社会经济的可持续发展等各个方面有专门的教育内容为支撑。所以消费者教育的基础内容必须包括：

（1）商品和服务知识，包括商品的用途、商品的性能、商品的质量、商品的维护，如何正确选购商品、合理使用商品、如何辨别商品真伪、使用商品发生突发事故如何处置等。通过消费知识的教育，使消费者掌握大部分日常生活中商品知识，力求使消费者以经济合理的花费，取得效益最大化，避免被经营者所欺骗。随着大量新商品和服务的产生，如纳米、网络消费、新的金融产品等，作为维护消费者权利的法定的组织或者机构，要采取有效的方式宣传新产品知识，特别是质量和使用安全方面的知识。

（2）权利知识。主要指有关消费者权益保护方面及权益受到损害时如何有效解决方面的法律知识，包括消费者的权利，经营者的义务，消费者在其权益受侵害时应如何维权和采取救济措施，消费者在行使权利过程中应该注意哪些问题等。许多消费者权利被侵害时往往不知如何取证，如何向销售商索赔，通过消费者教育，消费者购买商品或接受服务时，就可以保留必要的证据，一旦发现上当受骗，就可以通过合法渠道向销售商索赔。

（3）可持续消费观念和消费者社会责任方面的教育，如产品消费应该履行的环境保护责任等知识。

传统的消费者教育内容的载体为教材和各种宣传手册等，但随着网络的普及，消费者教育的途径和载体越来越多样化。《中国消费者报》的调查显示，72.54%的消费者通过网络查询获取相关知识，50.76%通过看相关的电视节目或者广播节目，34.52%通过工商机关、消费者组织的消费教育活动，32.88%通过学校教育，25.60%通过看专门的书籍资料，有22.65%选择朋友的介绍。因此，除了传统载体进一步优化提升外，还要充分利用信息社会的传播高效性、检索快捷性、涵盖广泛性的特点，借助新兴网络平台、自媒体平台（如政府部门的"三微一端"）等载体，对消费者教育内容进行广泛宣传。政府还可以建立商品知识查阅系统帮助消费者自主教育。

在消费维权过程中，单单规制经营者的不法行为难免治标不治本，相比之下，通过法律保障消费者受教育权，多角度拓宽消费者合法权益的维护途径，才能从根源上防止消费者权益受到侵犯，同时也促进法律制度对于新兴的消费者维权需求实现有效回应。

第八章　人格尊严、民族风俗习惯受尊重和个人信息受保护权

第一节　案例导读

案例1，汪某案（资料来源：最高人民法院公报 2014 年第 9 期）

导读： 经营者是否有权认定消费者盗窃？

2011 年 10 月 18 日下午，汪某在汉福公司开办的家乐福光谷店购物，见促销员推荐西麦麦片"买五赠一"活动，遂购 20 袋，并在促销员协助下，将 24 袋麦片装入购物袋。结账时，其与收银员为没有粘贴赠品标签的 4 袋麦片是否应付款而发生争执。汪某辩解，4 袋麦片系赠品，无需付款。店内保安对汪某及其选购的商品拍照，并要求其在一张表格上签名。因汪某患有眼疾，在未看清内容的情况下签了名。此后，促销员将"非卖品"标签贴在 4 袋麦片上，带汪某结了账。

翌日，汪某与丈夫一起到该店要求查看其签字的表格，看见该店风险预防办公室内《每日抓窃记录》的"窃嫌姓名"一栏有汪某的名字，汪某签字及所购物品的照片也被作为"窃嫌截图"附后。20 日上午，汪某和丈夫再次来到家乐福光谷店，才得知其于 18 日在《保安部报告暨收据》上签了名。该表格中将其选购的全部物品列为"遗失商品"，处理流程一栏注明"教育释放"。汪某要求汉福公司书面道歉被拒，遂下跪要求还其清白。事后，汪某以汉福公司严重侵犯其人格尊严并损害其名誉为由，向湖北省武汉东湖新技术开发区人民法院起诉，要求汉福公司书面赔礼道歉，并在其营业场所张贴道歉函，消除影响，恢复名

誉；由汉福公司赔偿其精神损害抚慰金 5 万元。

法院认为：商场最终认可了 4 袋麦片为赠品，却又在原告并不知情的情况下，在其签名的表格中认定其为秘密实施偷窃行为，将其列入"窃嫌姓名"名单，注明"教育释放"，并将表格置于办公地点任何人可随手翻看的地方。汉福公司的上述行为侵犯了汪某的人格尊严，客观上在一定范围内对汪某造成社会评价的降低，损害了汪某的名誉。法院依照《消费者权益保护法》、最高人民法院《关于确定民事侵权精神损害赔偿责任若干问题的解释》等有关规定，判决汉福公司向汪某书面赔礼道歉，在"家乐福光谷店"内张贴道歉信，并向汪某赔付精神损害抚慰金 5000 元。

案例 2，人脸识别第一案（资料来源：新浪财经）

导读：消费者人脸信息等敏感信息应如何保护？

2019 年 4 月，郭某支付 1360 元购买野生动物世界"畅游 365 天"双人年卡，确定指纹识别入园方式。郭某与其妻子留存了姓名、身份证号码、电话号码等，并录入指纹、拍照。后野生动物世界将年卡客户入园方式从指纹识别调整为人脸识别，并更换了店堂告示。2019 年 7 月、10 月，野生动物世界两次向郭某发送短信，通知年卡入园识别系统更换事宜，要求激活人脸识别系统，否则将无法正常入园。此后，双方就入园方式、退卡等相关事宜协商未果，郭某表示动物园是一个商业组织，没有必要强行使用人脸识别技术，虽然可以提供便利，但可能造成消费者个人信息泄露，遂提起诉讼，要求确认野生动物世界店堂告示、短信通知中相关内容无效，并以野生动物世界违约且存在欺诈行为为由要求赔偿年卡卡费、交通费，删除个人信息等。

富阳区人民法院经审理认为，本案双方因购买游园年卡而形成服务合同关系，后因入园方式变更引发纠纷，其争议焦点实为对经营者处理消费者个人信息，尤其是指纹和人脸等个人生物识别信息行为的评价和规范问题。我国法律对于个人信息在消费领域的收集、使用虽未予禁止，但强调对个人信息处理过程中的监督和管理，即个人信息的收集要遵循"合法、正当、必要"的原则和征得当事人同意；个人信息的利用要遵循确保安全原则，不得泄露、出售或者非法向他人提供；个人信息被侵害时，经营者需承担相应的侵权责任。本案中，客户在办理年卡时，野生动物世界以店堂告示的形式告知购卡人需提供部分个人信息，未对消费者作出不公平、不合理的其他规定，客户的消费知情权和对个人信息的自主决定权未受到侵害。郭某系自行决定提供指纹等个人信息而成为年卡客户。野生动物世界在经营活动中使用指纹识别、人脸识别等生物识别技术，其行为本身并未违反前述法律规定的原则要求。但是，野生动物世界在合同履行期间将原指纹识别入园方式变更为人脸识别方式，属于单方变更合同的违约行为，郭某对此明确表示不同意，故店堂告示和短信通知的相关内容不构成双方之间的合同内容，对郭某也不具有法律效力，郭某作为守约方有权要求野生动物世界承担相应法律责任。双方在办理年卡时，约定采用的是以指纹识别方式入园，野生动物世界采集郭某及其妻子的照片信息，超出了法律意义上的必要原则要求，故不具有正当性。

2020 年 11 月 20 日下午，杭州市富阳区人民法院公开开庭宣判原告郭某与被告杭州野生动物世界有限公司（以下简称野生动物世界）服务合同纠纷一案，判决野生动物世界赔偿郭某合同利益损失及交通费共计 1038 元，删除郭某办理指纹年卡时提交的包括照片在内的面部特征信息；驳回郭某提出的确认野生动物世界店堂告示、短信通知中相关内容无效等其他诉讼请求。

郭某与野生动物世界均表示不服，分别向杭州中院提起上诉。郭某上诉认为，野生动物世界涉及个人生物识别信息的店堂告示、短信通知中部分内容系对消费者不公平不合理的规定，应属无效，且野生动物世界在收集使用郭某个人生物识别信息的过程中存在欺诈行为，应当删除郭某办理及使用年卡时所涉全部个人信息。野生动物世界上诉认为，郭某主张的交通费损失不合理，野生动物世界收集郭某个人生物识别信息并无不当，无需对相关信息进行删除。2020 年 12 月 11 日，杭州中院立案受理。据杭州中院微信公众号消息，2020 年 12 月 29 日下午，杭州中院公开开庭审理了郭某与杭州野生动物世界有限公司（下称野生动物世界）服务合同纠纷二审案件。该案在中国庭审公开网进行全程视频直播。

在该案中，从合同条款规定和野生动物世界短信通知可知，被告杭州野生动物世界在入园身份验证方面要求取消指纹识别改由人脸识别，是对合同条款的单方变更，构成违约。如果郭某不同意，可以提起合同之诉，要求解除合同、赔偿损失或者继续履行。但是，郭某却以侵权为由提起诉讼，希望由法院来认定被告杭州野生动物世界单方要求消费者进行"人脸识别"的行为构成侵权行为，其本质是借用法律力量制止人脸识别的滥用，保护消费者个人信息安全，使本案超越个案意义而具有普遍意义。本案反映了消费者对人脸等敏感信息保护的重视，应被称为我国人脸识别第一案。

案例3，彝族吃请敬车风俗习惯案（资料来源：雅安市消委会发布2019年消费维权八大典型案例）

导读： 应根据什么规则确认哪些属于少数民族风俗习惯，哪些不属于？

2019年5月28日，石棉县消委会接到消费者何女士投诉，称其2019年5月21日在石棉县大雅车城按揭一辆长安牌多用途乘用车，并支付首付款23946元整。5月25日交车，5月27日何女士发现汽车变速箱漏油，当天电话联系经营者说明汽车情况，经营者告知这是正常的。5月28日车辆异常声响越来越大，消费者直接开车去店里协商退车，经营者说与厂家协商后答复。

经调解，经营者同意更换一辆同型号新车。消费者又提出按彝族风俗，车辆接回家后要买羊，请亲朋好友一起吃个饭敬车保平安。现在换了新车，还得再请吃一次，增加了自己的额外开支。另外因车辆质量问题，去西昌市没能上户产生的吃住费用，要求经营者补偿两项费用合计5000元。

石棉县消委会针对新出现的情况，立即对彝族地区同胞购买新车后吃请敬车的习俗进行了解，确认消费者反映的情况属实。遂再次组织双方协商。经过协商，经营者同意承担消费者来往差旅费、请客吃饭费用共计3500元，另外赠送脚垫、座套、车窗膜、方向盘套、雨挡及免费保养一次，消费者表示满意。

此案例的亮点在于消费者民族风俗习惯受尊重权的落实，在凉山州、石棉县等彝族同胞聚集地，彝族同胞购买新车，有杀羊请客敬车的习俗，这些民族风俗习惯都应该得到尊重。因此，此案中消费者因汽车质量问题按民族风俗习惯而增加的支出，理应由经营者承担。

第二节　人格尊严权之保障

一　问题的提出

作为公民人格权内容之一的人格尊严，是指民事主体作为一个人所应有的最起码的社会地位并且受到社会和他人最起码的尊重。人格尊严受尊重权是消费者诸多权利中一项重要的基础性权利，消费者在购买商品和接受服务时人格尊严应受到尊重。

消费者权益视角下的人格尊严是一般人格尊严和消费行为的结合。作为消费者的人格尊严权，既有一般人格尊严权的共性，也有对于消费者来说的个性，有以下几个特征。第一，消费者的人格尊严权受到侵害，一般在消费行为的发生到终了之间，也就是说消费者的人格尊严权受到侵害一般是当面的，即当面感受到经营者或者其他消费者对人格尊严的不尊重，但是这个侵权行为并不能排除侵权后果延续所造成的侵犯人格权现象。第二，消费者的目的是消费，消费者支付对价，商家提供服务，这是消费者和经营者之间最直接的目的，形成的主法律关系是合同法律关系，人格权只是贯穿在消费行为之中的一种附属权利，或者是一种延伸的权利，消费者在维权的时候往往把注意力集中在商品或者服务本身而忽略了包含在消费行为中的其他权利。第三，尊重消费者的人格尊严权的表现为经营者对消费者的尊重，消费者对其他消费者的尊重，以及消费者的自我尊重。第四，目前不尊重消费者人格权的表现形式虽然较为固定，例如侮辱消费者（四川女子偷盗被挂牌）① 和侵犯消费者的人身自由（超市搜身）等，但是随着社会经济的发展，消费者人格尊严权的内涵一定会更加丰富。用一句话来说，消费者的人格尊严权是指消费者在消费过程中，不分性别、年龄、职业、民族、宗教信仰、财产状况、

---

① http://sc.people.com.cn/n2/2017/0219/c345458 - 29735241.html。

文化程度等，受到经营者和其他消费者尊重的权利。

切实有效地保护消费者的人格尊严受尊重权，对于保持经济社会的稳定健康发展具有不可忽视的意义。那么，消费者人格尊严权保护状况如何？

二　消费者人格尊严权保护状况

随着民法典的出台，消费者维权意识进一步增强，但消费者人格权保障依然艰难。具体表现在如下方面：

第一，消费歧视不能避免。在现实消费关系中，以财富多寡、相貌美丑、年龄差别、国籍差别为标准而对消费者采取不同态度。因为经营者以营利为目的，会自觉不自觉地筛选顾客的购买意愿，而判断消费者有没有购买的意愿往往从衣着、相貌等方面先入为主。这很容易产生纠纷，消费者感觉受到歧视，而经营者会有各种堂皇的理由。

第二，维权道路不够顺畅。维权的途径是消费者保护人格尊严权的关键环节。从实践来看，消费者维权成功率并不高，协商不欢而散，调解难见分晓，申诉难有成效，最后只能选择忍气吞声，自认倒霉。中国新闻网曾针对消费者维权意识做过一项调查，结果显示，在消费者合法权益受到侵害时"会选择何种方式维权"问题上，有63.817%的受调者选择"默默忍受"，而近七成消费者认为维权成本太高。究其原因可能是维权之路不顺畅、维权的成本高、举证难、相应的配套措施不完善。

第三，法律责任的规定不具体。我国《消费者权益保护法》虽然规定了"经营者违反第二十五条规定，侵害消费者的人格尊严或者侵犯消费者人身自由的，应当停止侵害、恢复名誉、消除影响、赔礼道歉，并赔偿损失"，但此规定显得比较含糊笼统，在具体实施中几乎完全依赖执行者的自由裁量权。法条的模糊不能给消费者正确的维权指导，反而让侵权者大钻法律的空子，当消费者的诉求得不到满足时，他们往往会选择不再维权。

在消费领域所存在的以上问题都必将随着社会经济的发展而日益突出，如何解决这些问题，如何使经营者和消费者之间的矛盾最小化，如何使消费者在消费活动中与经营者和谐相处已经成为突出的社会问题。在人们法律意识不强，寻求救济不畅，法律规定不完善以及侵犯消费者人格尊严权的现象普遍存在的情况下，进一步分析我国消费者人格尊严权的保护就显得非常重要。

三　完善消费者人格尊严权保护的措施

1. 理顺消费者的维权路径

在消费者维权特别困难的情况下，首先应降低消费者的维权成本。消费者维权在目前普遍存在程序过于繁杂、时间消耗较长等情况，使得消费者精力疲惫，维权欲望也随之降低，甚至是望而却步。尤其是在消费者人格尊严权侵犯的案件中，由于人格尊严权不像其他具体的人格权如人身权等易于控制和追究，在维权时往往因为举证问题等久拖不决。建议可以设立专门的消费者权益纠纷法庭，通过简易程序解决消费者人格权争议。

2. 树立以人为中心的经营者服务理念

服务消费从本质上看是对服务行为的消费，消费者权益满足程度与服务经营者及其服务人员的行为存在密切的联系。要使服务消费者利益得到充分的法律保护，必须建立以人为中心的服务市场管理制度。服务市场管理制度要从服务消费的特点出发，强化对经营者及其服务人员行为的约束。通过法律、标准和行业管理规范，选择合格的服务经营者及其服务人员，使服务经营者及其服务人员具备与其所提供服务相适应的必要的经营能力和技术、技能；通过法律、标准、行业管理和内部规章制度建设，确保服务经营者及其服务人员严格遵守职业道德规范，诚信、尽职地利用其服务设施和技术、技能提供优质服务。

3. 重视非法律途径对消费者人格尊严权的保护

用法律途径解决消费者人格尊严权侵权案件并不是唯一并有效的手段，因此，重视非法律途径对消费者人格尊严权的保护就显得尤为重要，甚至在一定程度上可以阻止消费者人格侵权案件诉讼的发生。要充分重视消费者协会的调解作用，要注重发挥行业组织的自律作用。

此外，我们要进一步普及法律知识，增强法律意识，倡导和谐消费，健全人格权保护制度，这都将对我国消费者人格尊严权的保护起到推动的作用，促进我国和谐消费关系的建构。

第三节　个人信息之保护

一　问题的提出

消费者的个人信息应包括消费者的姓名、生日、性别、学历、联系方式、家庭住址、收入状况、血型、病史、面部特征、指纹、消费记录、浏览痕迹、消费习惯、偏好等可以区分、识别消费者个体的全部信息。随着经济的快速发展，人类社会迅速迈入了信息化时代，个人信息的处理和流动已经成为普遍的现象。现代社会，一方面，在消费领域不可避免需提供个人信息，另一方面，消费者享有个人生活安宁权。"生活安宁"系私人生活不被窥探、侵扰的一种内心的宁静，强调对私人生活环境或者领域正常生活受到他人干扰或骚扰行为的排斥。

在生活安宁权视角下，我国个人信息保护制度如何？消费者和经营者在保护个人信息方面应怎么做？

二　我国个人信息保护制度的具体内容

我国个人信息保护制度具体体现在《消费者权益保护法》《民法典》《网络安全法》《个人信息保护法》等法律中。

1. 《消费者权益保护法》

《消费者权益保护法》涉及个人信息保护的有三条：

第十四条宣誓权利，消费者在购买、使用商品和接受服务时，享有人格尊严、民族风俗习惯得到尊重的权利，享有个人信息依法得到保护的权利。

第二十九条明确经营者义务，经营者收集、使用消费者个人信息，应当遵循合法、正当、必要的原则，明示收集、使用信息的目的、方式和范围，并经消费者同意。经营者收集、使用消费者个人信息，应当公开其收集、使用规则，不得违反法律、法规的规定和双方的约定收集使用信息。经营者及其工作人员对收集的消费者个人信息必须严格保密，不得泄露、出售或者非法向他人提供。经营者应当采取技术措施和其他必要措施，确保信息安全，防止消费者个人信息泄露、丢失。在发生或者可能发生信息泄露、丢失的情况时，应当立即采取补救措施。经营者未经消费者同意或者请求，或者消费者明确表示拒绝的，不得向其发送商业性信息。

第五十六条明确经营者侵权责任，经营者侵犯消费者个人信息受保护权利的，应承担相应的法律责任。

2.《民法典》

2021年1月1日正式实施的《民法典》中人格权篇单独成章，规定隐私权和个人信息保护，在民事私法领域为隐私权和个人信息保护提供救济基础。

《民法典》第一千零三十四条，将个人信息定义为"以电子或者其他方式记录的能够单独或者与其他信息结合识别特定自然人的各种信息"，明确个人信息包含个人私密信息，对于个人信息中的私密信息，适用有关隐私权的规定，隐私权保护没有规定的，适用有关个人信息保护的规定。

《民法典》第一千零三十五条规定，处理个人信息应当遵循合法、正当、必要原则，不得过度处理，除法律或行政法律另有规定外，需征得该自然人或者其监护人同意。第一千零三十七条规定，民事主体享有知情同意权、查阅权（访问）、复制权（获取副本）、更正权、删除权。"自然人可以依法向信息处理者查阅或者复制其个人信息，发现信息有错误的，有权提出异议并请求及时采取更正等必要措施。发现信息处理者违反法律、行政法规的规定或者双方的约定处理其个人信息的，有权请求信息处理者及时删除。"这些规定已基本涵盖民事主体在个人信息全生命周期过程中所享有的权利，确立了民事主体对其个人信息使用和流转中的控制权，而不仅仅停留在宣示规则层面。

《民法典》同时兼顾个人信息保护和合理使用、自由流动关系，第一千零三十三条规定，经权利人同意或法律另有规定的可以处理他人个人私密信息。第一千零三十六条规定，权利人同意，自行或已公开信息和为维护公共利益或该自然人的合法权益可免责，无需担心正常社会交往必须开展处理个人信息的行为。

《民法典》为个人信息处理者设定了四项强制性规范，一是信息处理者不得泄露或者篡改其收集、存储的个人信息；二是未经自然人同意，不得向他人非法提供其个人信息，但是经过加工无法识别特定个人且不能复原的除外；三是信息处理者应当采取技术措施和其他必要措施，确保其收集、存储的个人信息安全，防止信息泄露、篡改、丢失；四是发生或者可能发生个人信息泄露、篡改、丢失的，应当及时采取补救措施，按照规定告知自然人并向有关主管部门报告。

《民法典》还明确要求，国家机关、承担行政职能的法定机构及其工作人员对于履行职责过程中知悉的自然人的隐私和个人信息，应当予以保密，不得泄露或者向他人非法提供。实践中，国家机关及其工作人员，以及承担行政职能的法定机构及其工作人员在履行职务过程中会接触和知晓大量的个人信息，特别是个人隐私信息，法律要求其必须予以严格保密，严禁泄露或者向他人非法提供。

3. 《网络安全法》和《个人信息保护法》

《网络安全法》第四章以"网络信息安全"为题，要求"网络运营者应当对其收集的用户信息严格保密，并建立健全用户信息保护制度"，明确了网络运营商等主体在保护网络信息安全方面应承担的责任和义务。

《个人信息保护法》于 2021 年 8 月 20 日通过，2021 年 11 月 1 日起实施。《个人信息保护法》的立法宗旨是保护个人信息权益，规范个人信息处理活动，促进个人信息合理利用。本法共八章 74 条，确立了个人信息保护应遵循的原则和个人信息处理的规则，明确了个人信息处理活动中个人的权利和个人信息处理者的义务，对大型互联网平台设定了特别的个人信息保护义务，并健全了个人信息保护工作体制机制。可以说，《个人信息保护法》以严密的制度、严格的标准、严厉的责任，构建了权责明确、保护有效、利用规范的个人信息处理和保护制度规则。

三　消费者的自我保护和经营者的自律

法律并不是万能的，保护个人信息还需从消费者自我保护和经营者自律两方面来加强。

1. 消费者应加强个人信息自我保护

在与个人信息相关的司法案例中，不乏部分消费者缺乏自我保护意识，或让个人信息暴露在大众视野中，或有信息被滥用后的隐忍、纵容。由于多方面的原因，消费者个人防线早已崩溃，甚至从未建立起来。从消费者自身来说，出于好奇，大多数消费者往往愿意体验人脸识别等新技术，仅仅从表面上将其作为新鲜事物看待，而看不到其潜在的法律风险。比如 AI 换脸应用"ZAO"，在极短时间大量用户注册使用以致服务器崩溃，最后因用户隐私安全问题被工信部约谈下架整改。[①] 从经营者自身来说，为了尽可能多地获取数据，经营者一方面以生活便利为名诱导消费者体验新技术；另一方面通过设置准入门槛迫使消费者不得不同意将个人信息交给经营者。比如在 App 使用中，如果不授予 App 应用权限和同意用户协议等就无法使用。在人脸识别方面，支付宝微信的人脸识别支付早已推出，机场人脸识别闸机大量引入，小区门口都架起人脸识别门禁，教室内都安装了人脸识别系统。可以说，人脸识别的大规模应用已经势不可挡，很难阻止。但我们可以做到的是提高大多数民众对个人信息的保护意识。

消费者是个人信息的源头，也是个人信息泄露的最大受害者，因此，消费者自身一定要提高个人信息保护意识，对新技术、新应用保持足够的警惕性。在购买产品或者接受服务的过程中，要注重个人信息的保护，做到不轻易透漏个人信息，从源头上切断个人信息被滥用、不当使用的可能性，并采用必要的技术防范手段。当消费者个人信息被不当收集、使用、披露后，要有权利本位意识，勇于维护自身合法权益。

我国《消费者权益保护法》第二十九条规定了经营者向消费者发送商业性信息需征求消费者同意或者请求，对明确表示拒绝的，要尊重消费者的个人意见。立法导向实质上是肯定了消费者按照自由意志决定、支配个人信息的权利。自由、尊严、安全是人格权的要素特征，消费者及时制止侵权行为，不仅能实现对自我人格尊严的保护，也能保障消费者对私人自由、宁静空间的精神追求。此外，消费者可以通过网络维权服务平台、投诉热线等方式对不良经营者恶意利用，不当收集、使

---

① 王俊秀：《数字社会中的隐私重塑——以"人脸识别"为例》，《探索与争鸣》2020年第 2 期。

用、披露个人信息的行为进行举报。

除此之外，国家网络监管部门、消费者协会、电商协会等组织要积极采取措施，通过宣传、教育和引导等方式，帮助消费者提高个人信息保护意识，建立个人信息保护第一道防线。

2. 经营者要加强自律

消费者是个人信息权的权利主体，经营者相对应地要部分承担消费者的个人信息保护义务。从实践来看，消费者个人信息收集处理环节存在很大风险。因此我们要通过细化法律强化经营者的安全保障义务。在收集使用原则方面，坚持合法、正当、必要原则，对于经营者在何种情况、多大程度、多长期限以及如何收集、使用消费者个人信息，立法应作出详细规定，确保消费者个人信息保护的可操作性。在经营者保密义务方面，强化经营者侵权责任，加大经营者的举证责任。最后，为应对外部黑客等入侵窃取数据，经营者应加大技术研发投入，充分利用技术手段维护消费者个人信息安全。

同时，法律是最低限度的道德。消费者的个人信息保护除了立法保护机制确立以外，还需要经营主体承担更多的社会责任。如网络运营者除了应该履行网络安全法规定的义务外，还应该加强行业自律，对内制定合理利用个人信息的行业准则，为开展具体业务提供操作规范。此外，要以突出、醒目的方式尽到明确提示、说明义务，尊重并保障消费者的知情权。涉及个人敏感信息时，如诊疗记录、人脸信息等，必须明确征求消费者的同意和许可。在消费者明确表示异议或者反对时，应该立即停止侵害、赔礼道歉。行业协会要建立奖惩机制，对于经营者长期实施侵害消费者个人信息的行为，可建立台账记录、定期曝光、反向投票制度，通过这种方式倒逼经营者规范自身行为。

第四节　民族风俗习惯之确认

一　问题的提出

《消费者权益保护法》第十四条规定，消费者在购买、使用商品和接受服务时，享有人格尊严、民族风俗习惯得到尊重的权利，享有个人信息依法得到保护的权利。

民族风俗习惯反映着一个民族的生产、生活方式、文化传统和心理倾向，具有深厚的民族性、群众性以及相对稳定性，是增强民族凝聚力的源泉，是调整民族内部事务的重要规范。我国是一个由人口超过10亿的汉族和少数民族共56个民族长期和谐共处的大家庭，不同的少数民族有其独特的文化传统和风俗习惯。在各民族经济社会交往日益频繁的今天，识别并尊重不同民族的风俗习惯十分重要，在消费领域尊重不同民族消费者民族风俗习惯尤为重要。

那么，究竟哪些属于民族风俗习惯？应如何确认民族风俗习惯？

二　民族风俗习惯的界定

民族风俗习惯，是一个民族在长期生活实践中保存下来的物质生活、精神生活等风尚和习俗。主要包括民族的衣、食、住、行、婚姻、丧葬、节庆等方方面面。它反映了一个民族的核心价值观念，受一个民族长期生活的自然环境、经济政治条件、历史传统等制约，是一个民族的显著特征。

民族风俗习惯是一个不断发展演变的历史过程，其与该民族赖以生存的自然环境、社会环境息息相关，在长期交互作用中不断发展演变。

人类就是在利用、改造自然环境的过程中不断发展进步的。自然环境因素是影响民族风俗习惯形成的首要因素。人们时时刻刻离不开大自然，从大自然摄取食物以谋生。因所处环境不同，谋生手段也不同，如生活在草原的人们依靠畜牧业谋生，生活在海边的人们靠渔业谋生，生活在平原的人们靠种植农作物谋生。不同谋生手段酝酿着不同的谋生文化，人们因而产生了不同的生存理念、宗教信仰和风俗习惯。尤其显著地体现在衣、食、住、行、婚、丧等重要方面。

社会因素一般包括生产力发展水平以及与之相适应的生产方式，是制约社会制度的根本因素，也是影响风俗习惯形成、演变的重要因素。政治制度、文化、历史事件、宗教制度等社会制度都深深地影响着民族风俗习惯的形成、发展和变迁。有时候，个人因素尤其是在历史上有重要影响力的人物对民族风俗习惯的传承、演变也起到重要作用。总之，民族风俗习惯的诞生、发展和演变是多种因素综合作用的结果。

我国法律体系体现了尊重民族风俗习惯的精神，法律为民族风俗习惯发展保驾护航，民族风俗习惯获得广泛发展空间。但是，有些地方落后的民族风俗习惯与国家制定法不一致，与社会发展趋势不协调，与人类进步趋势不同步，并成为国家法律实施的阻力。所以，从法律与风俗习惯的关系来看，在立法上准确界定风俗习惯并加以规定，在司法层面准确认定风俗习惯以定纷止争，具有重大理论和现实意义。为弘扬优秀传统文化、尊重民族风俗习惯，应将优良风俗习惯制定成习惯法，赋予其强大的生命力。同时应在法治的框架下不断废除、改革和完善落后、粗陋的风俗习惯。

三 民族风俗习惯的确认规则

1. 关于举证责任的分配

根据《民事诉讼法》基本原则，在诉讼中，当事人对自己提出的主张，有责任提供证据。在消费者权益保护诉讼领域，当消费者提出经营者未尊重其民族风俗习惯主张时，如何确定民族风俗习惯十分重要，是判断经营者是否构成未尊重消费者风俗习惯的前提。在此，消费者应对其主张的民族风俗习惯之存在承担举证责任，对众所周知、全国甚至全世界皆知的某民族的风俗习惯，应该相应减轻消费者的举证责任。对极其特别的民族风俗习惯，消费者应进行充分举证。

2. 民族风俗习惯应当具有正当性、合理性

法律的价值在其具备正当理性，要以风俗习惯定纷止争，该风俗习惯必须具备正当性，至少应该在特定地域具备合理性、正当性。只有正当的、合理的、符合社会主流价值观、符合普遍认可的善良标准的民族风俗习惯才可以作为断案标准。在判断是否具有正当性、合理性时应用历史的观点、辩证的观点来分析，某些过去不合理的风俗习惯现在被认可，某些在此地被非议的风俗习惯在某民族地域却被广泛尊崇。民族风俗习惯的正当性、合理性是具有地域性的，并非具有普遍性。

3. 民族风俗习惯应具备一定范围的普遍性

民族风俗习惯是在一定民族居住区域被广泛知晓并普遍遵循的行为

规范，所以在司法裁判时，应充分考虑纠纷发生地该民族风俗习惯的公众知悉度。比如，回族的饮食习惯，既被有关宗教教义所记载，也被全国各地多数人所知晓，在民族自治地方有法律对清真食品做出了专门规定。这一全国知晓的饮食习惯应该被尊重，提供餐饮服务的经营者知晓该饮食习惯是不言自明的。尤其是回民居住地，或者专营回民食品的经营者，理应知晓该民族风俗习惯。

对于特定少数民族的风俗习惯，有时候并不为其他民族或者民众所知晓，如果要求经营者知晓并不合理，也不现实。关于风俗习惯是否具有普遍性应由主张适用民族风俗习惯的消费者承担举证责任。对消费者举证困难经申请需要由人民法院调查取证的，法院应该进行广泛调查，确认风俗习惯的存在并判断是否适用风俗习惯。

4. 消费者有义务向经营者告知其特定民族风俗习惯

在当今世界，消费者来自四面八方，不同消费者具有不同宗教信仰、民族风俗习惯成为常态。如果一律要求经营者知悉并尊重所有消费者不同的民族风俗习惯明显不合情理，也不公平、不现实，不利于促进经济社会健康发展。但是不同消费者在进行消费或者接受服务的时候向经营者说明自己特定的民族风俗习惯却简单易行。因此，对消费者主张经营者未尊重其民族风俗习惯的，消费者有义务举证证明其已向经营者说明自己特定的风俗习惯，并提醒经营者予以尊重。当然，在少数民族聚居的地区，从事少数民族特有的产品销售和提供服务的，应认定该经营者已知悉该特定区域内民族风俗习惯，也知悉该特定行业和服务符合该特定民族的风俗习惯。如果发生违背该民族风俗习惯或者违背该特定行业和产品经营惯例的，应认定为该经营者未尊重消费者的民族风俗习惯，应承担法律责任。

在中国各民族普遍遵守的风俗习惯中，特定行业经营者应推定为知悉。如，中华民族数千年来重视丧葬礼节，提供丧葬服务的经营者理应遵守，如其提供服务和销售产品明显违背了中国人关于殡葬的基本礼仪，应认定为经营者未尊重消费者风俗习惯并承担法律责任。

5. 考虑经营者的主客观过错

在判断经营者是否构成不尊重消费者民族风俗习惯并承担相应法律

责任时，应充分考虑经营者的主观情况，综合判断其主观过错程度。应根据经营者的民族属性、对民族风俗习惯的知悉程度、能否尊重消费者民族风俗习惯的主客观条件，以及为尊重消费者民族风俗习惯所积极履行的经营者义务，综合考量经营者主观过错程度。经营者有过错的理应承担法律责任，经营者无明显过错的则应该综合考量各种因素，公平判断其是否应承担一定的法律责任。

第九章　批评监督权

第一节　案例导读

案例 1，鸿茅药酒事件（资料来源于 360 百科）

导读：消费者行使批评监督权和损害商誉罪的界限在哪里？

2017 年 12 月 19 日，谭某在"美篇"上发布一篇名为《中国神酒"鸿毛药酒"，来自天堂的毒药》的帖子，并将该文分享到微信群。谭某在文章中指出，人在步入老年后，心肌、心脏传导系统、心瓣膜、血管、动脉等发生变化，而有高血压、糖尿病的老年人尤其注意不能饮酒。"鸿茅药酒"的消费者基本是老年人，该酒的宣传具有夸大疗效的作用。2018 年 1 月 10 日，谭某被内蒙古凉城警方跨省抓捕，涉嫌的罪名为损害商品声誉罪。支持这项罪名的主要理由是，鸿茅药酒公司报警称，谭某发布那篇帖子后，有 2 家公司、7 名个人退货，给鸿茅药酒公司造成损失共计 140 余万元，严重损害鸿茅药酒的商品声誉。该案在网络上引起轩然大波。

2018 年 3 月 6 日，上海律师程某在自己运营的微信公众号"法律 101"及他人运营的"红盾论坛"上发表一篇名为《广告史劣迹斑斑的鸿茅药酒获"CCTV 国家品牌计划"，打了谁的脸？》一文。作为鸿茅药酒经营者的内蒙古鸿茅国药股份有限公司以侵犯名誉权为由将程某诉至法院，要求程某删除微信公众号"法律 101"上的内容并发布道歉信，在中央电视台 1 台和《人民日报》之一发布道歉信，并赔偿商誉损失 1元。6 月 10 日，上海市闵行区人民法院作出（2018）沪 0112 民初 9577

号民事判决书，认为该文是对食药品安全之公共利益的关注，应属受保护的言论自由之范畴，不具有贬损原告企业商业信誉和商品声誉的违法性，驳回原告的诉讼请求。

案例2，王某侵害大亚公司名誉权案（资料来源：中国裁判文书网（2009）郑民一终字第1649号）

导读： 消费者行使批评监督权如何避免侵犯对方名誉权？

消费者王某在郑州大亚实业发展有限公司处购买利亚纳汽车一辆，汽车行驶一段时间之后王某发现汽车水箱漏水，因此要求大亚公司免费更换水箱，双方就水箱维修是否在质量保修期内发生纠纷，并发生争吵。由于商讨无果，王某在大亚公司门口拉横幅以此要求大亚公司解决汽车水箱问题，郑州电视台也对此进行了报道。大亚公司认为王某的行为侵犯其商誉权并造成经济损失因此引起诉讼。法院在审理后最终认为王某的行为使大亚公司名誉受损，客观造成对大亚公司经营的不利影响。双方不服提起上诉，但最终二审维持原审判决。

第二节　消费者批评监督权与经营者名誉权

一　消费者批评监督权的法律依据

《消费者权益保护法》第六条规定：保护消费者的合法权益是全社会的共同责任。国家鼓励、支持一切组织和个人对损害消费者合法权益的行为进行社会监督。大众传播媒介应当做好维护消费者合法权益的宣传，对损害消费者合法权益的行为进行舆论监督。第十五条规定：消费者享有对商品和服务以及保护消费者权益工作进行监督的权利。消费者有权检举、控告侵害消费者权益的行为和国家机关及其工作人员在保护消费者权益工作中的违法失职行为，有权对保护消费者权益工作提出批评、建议。这一权利被称为批评监督权，是消法赋予的消费者基本权利之一。

消费者批评监督权的法律基础仍是我国《宪法》第三十五条所涉的言论自由。

而实践中，经营者面对消费者的批评监督行为，轻则有通过封号等方式阻挠的，重则有以损害名誉权提起侵权民事之诉的，更有试图以损害商誉罪追究刑事责任的。可见，消费者的批评监督权与经营者的商誉、名誉权之间产生了冲突。

那么，消费者的批评监督权应如何行使？消费者的批评监督与损害名誉权、商誉权的行为应如何区分？

二　批评监督权行使的边界

消费者正当行使批评监督权可以促进经营者诚信经营，保障消费者的人身、财产安全，也是消费者个人自治的需要。宪法规定，公民在行使自己的包括言论在内的各项自由和权利时，"不得损害国家的、社会的、集体的利益和其他公民的合法的自由和权利"。因此，对公共利益和他人利益的尊重，一直被认为是言论自由的边界。言论自由从来不是绝对自由的。

批评监督权一旦建立在损害他人的权益及自由的基础上，就不再是权利而是一种侵权行为。因此，消费者的批评监督权也是有边界的。

1. 消费者行使批评监督权不应违反法律禁止性规定

《民法典》第一千零二十五条规定，行为人为公共利益实施新闻报道、舆论监督等行为，影响他人名誉的，不承担民事责任，但是有下列情形之一的除外：（1）捏造、歪曲事实；（2）对他人提供的严重失实内容未尽到合理核实义务；（3）使用侮辱性言辞等贬损他人名誉。这可认为是对批评监督权行使边界的明确规定。

首先，不得捏造歪曲事实。其次，对他人提供的内容应尽合理核实义务。根据《民法典》第一千零二十六条规定，认定行为人是否尽到前条第二项规定的合理核实义务，应当考虑下列因素：（1）内容来源的可信度；（2）对明显可能引发争议的内容是否进行了必要的调查；（3）内容的时限性；（4）内容与公序良俗的关联性；（5）受害人名誉受贬损的可能性；（6）核实能力和核实成本。第三，不得使用侮辱性言辞等贬损他人名誉。

2. 企业应有容忍的义务

《消费者权益保护法》第十七条规定，经营者应当听取消费者对其提供的商品或者服务的意见，接受消费者的监督。可见，接受消费者的批评监督是经营者的义务。在企业经营活动中，经营者对待消费者的批评监督应有一定程度的容忍义务，即便消费者发表较为尖锐的言论，只要消费者在行使其批评监督权时没有越界，比如采取诽谤、诋毁等手段，或者捏造歪曲事实，都不应认定侵犯了经营者的名誉权。

三 消费者批评监督权与经营者名誉权的平衡

《民法典》第一千零二十四条规定，民事主体享有名誉权。任何组织或者个人不得以侮辱、诽谤等方式侵害他人的名誉权。名誉是对民事主体的品德、声望、才能、信用等的社会评价。

所谓名誉权，是主体依法享有的对自己所获得的客观社会评价排除他人侵害的权利，属于人格权的范畴。

经营者的名誉权不仅关系到其社会评价问题，还与其经济利益密切相关，企业名誉权受损，轻则经济受损，重则难以在市场立足。因此，面对消费者的批评监督权，经营者会比较敏感，有自行通过封号等方式阻挠的，也有以损害名誉权提起侵权民事之诉的，更有试图以损害商誉罪追究刑事责任的。

实现消费批评监督权和经营者名誉权之间的平衡，首先必须准确认定侵犯名誉权的行为。

侵害名誉权的行为适用一般侵权行为的构成要件，包括：

（1）必须有损害事实的存在，经营者名誉权损失可以从两个方面来考量。一是信用损失，即公众对企业的信赖受损，对其评价降低。外在表现为影响到第三人与企业间的关系。二是经济损失，是指与侵权行为具备因果联系的经济损失。

（2）行为具有违法性。在客观上行为人实施损害他人名誉的行为，根据《民法典》一千零二十五条规定，主要表现为捏造、歪曲事实；对他人提供的严重失实内容未尽到合理核实义务；使用侮辱性言辞等贬损他人名誉。

（3）违法行为与损害事实之间有因果关系，即违法行为与损害事实之间存在着客观的内在必然联系。

— 183 —

（4）行为人有过错。包括故意和过失，要求消费者行使批评监督权必须基于公正与善意。

基于消费者的弱势地位，实现两权平衡必须给予消费者以适当倾斜。消费者行使批评建议权，一种是合理范围内的批评建议，这种批评监督可能是一种正确的批评，也可能是基于错误认识或理解而进行的不正确批评，但都是言论自由的具体体现。另一种是恶意批评，比如诽谤侮辱、诋毁谩骂等。合理的批评建议，哪怕是不正确的批评也不应认定为侵权。最高人民法院《关于审理名誉权案件若干问题的解释》规定："消费者对生产者、经营者、销售者的产品质量或者服务质量进行批评、评论，不应当认定为侵害他人名誉权，但借机诽谤、诋毁、损害其名誉的，应当认定为侵害名誉权。"

总之，消费者需要认识到，任何权利都是有边界的，应当采取适当的方式行使自己的权利，不可滥用权利，超出一定限度的维权之举，也许就会触犯法律。消费者享受权利的同时，也承担着义务：遵守社会公德，投诉商品和服务的质量、价格问题时如实反映情况，并提供相关证据的义务。当然，企业应当切实履行《消费者权益保护法》规定的接受消费者监督的义务，充分尊重消费者的监督权，虚心听取消费者的批评建议并切实加以改进，努力保证所销售商品的质量合格，提高服务管理水平，以赢得消费者的信赖。

第三节　消费者批评监督权与损害商誉罪

《反不正当竞争法》第十一条①和《刑法》第二百二十一条②中规定了商誉，即"商业信誉、商品声誉"。商业信誉，是指经营者在商业活动中的信用程度和名誉，包括社会公众对该经营者的资信状况、商业

---

① 第十一条　经营者不得编造、传播虚假信息或者误导性信息，损害竞争对手的商业信誉、商品声誉
② 第二百二十一条【损害商业信誉、商品声誉罪】捏造并散布虚伪事实，损害他人的商业信誉、商品声誉，给他人造成重大损失或者有其他严重情节的，处二年以下有期徒刑或者拘役，并处或者单处罚金。

道德、技术水平、经济实力等方面的积极评价。商品声誉，是指企业投放市场的商品在质量、品牌、风格等方面的可信赖程度和知名度。

商誉权是指经营者对其所创造的商誉享有其利益并排除他人非法侵害的权利。商誉权属于知识产权的范畴。

一　损害商誉罪的犯罪构成

根据《刑法》第二百二十一条的规定，所谓损害商品声誉罪，是指捏造并散布虚伪事实，损害他人的商品声誉，给他人造成重大损失或者有其他严重情节的行为。该罪是 1997 年《刑法》修订增加的新罪名。

1. 主体要件

损害商品声誉罪主要有以下两类主体：一是商誉主体的竞争对手、处于不利地位的同行以及其他生产者和经营者；二是与商誉主体没有竞争关系的其他主体，包括消费者、新闻、报刊、电视台等媒体及其从业人员等。这两类主体均可独立构成损害商品声誉罪。如果其他主体受经营者收买或唆使，故意在社会公众中散布捏造虚伪事实，诋毁和损害他人的商品声誉，且达到"给他人造成重大损失"或"有其他严重情节"程度的，则应认定其与经营者构成本罪的共同犯罪。

2. 客观方面

行为人在客观方面"捏造并散布虚伪事实"。所谓"捏造并散布虚伪事实"，是指虚构不符合真相或者并不存在的事实，并进行传播，从而损害他人商品声誉。这里的"虚构事实"既包括全部虚构事实，也包括部分歪曲事实。"散布虚伪事实"既可以是口头的，也可以是书面的；既可以是公开的，也可以是通过小道消息秘密地散布的；既可以是利用大字报、小字报，以及出版物、广播电台、电视台等传统媒介传播的，也可以是利用互联网等新型媒介散布；既可以向不特定的对象散布，也可以向特定的多数人散布等。总之，是"使不特定人或者多数人知悉或可能知悉行为人所捏造的虚伪事实"。

损害商业信誉、商品声誉罪的罪量要素是给他人造成重大损失或者有其他严重情节。参照《追诉标准》的规定，是指具有下列情形之一的：给他人造成的直接经济损失数额在五十万元以上的；虽未达到上述数额标准，但是具有下列情形之一的：（1）严重妨害他人正常生产经营活动或者导致停产、破产的；（2）造成恶劣影响的。根据《刑法》第二百二十一条之规定，犯本罪的，处二年以下有期徒刑或者拘役，并处或者单处罚金。刑法第二百三十一条规定，单位犯本罪的，对单位判处罚金，并对其直接负责的主管人员和其他直接责任人员，依照个人犯罪的规定处罚。

3. 主观方面

损害商品声誉罪，主观方面的构成要件是故意而不是过失，一般不论行为人目的、动机如何。

4. 犯罪客体

本罪侵犯的客体是经营者的商业信誉、商品声誉。

行为人针对个人捏造并散布虚伪事实，影响他人商誉，应如何认定？如果行为人针对经营者个人，如厂长、经理、职工、个体工商户等，捏造并散布有关商誉的虚伪事实，应认定损害他人的商誉，情节严重者构成损害商业信誉、商品声誉罪。如果捏造并散布的是有关厂长等个人名誉的虚伪事实，间接影响他人的商誉，并具有重大损失和其他严重情节，构成想象竞合犯，依"从一重罪处理"原则予以处理。

损害商业信誉、商品声誉罪犯罪对象既可特指某一个企业、商品，也可以是一类企业、商品。行为人损害商业信誉、商品声誉不必非指明某企业、某商品，如果行为人没有提及某个经营者的名称或其商品的名称，但从其捏造并散布的事实的内容上完全能推测出明确指向的，应认定为损害了他人的商誉权。

二 合法的批评监督行为与损害商誉罪的界限

首先，消费者的批评监督权是法律赋予的合法权益，这种批评监督权既包括对事实的陈述，也包括基于事实进行的批评，这类负面评价是法律所赋予消费者的权利。消费者、举报人、监督者基于真实的事实资料，经过一定的评判，有权发表相关的负面意见。

因此，消费者通过正常渠道（包括在报纸上刊登文章）反映经营者产品有掺假、低劣现象的行为是合法行为，应给予法律保护和支持。《最高人民法院关于审理名誉案件若干问题的解释》对此有明确规定：消费者对经营者产品质量进行批评、评论，不应当认定为侵害他人的名誉权。但借机诽谤、诋毁、损害其名誉的，应当认定为侵害名誉权。新闻单位对经营者、销售者的产品质量或者服务质量进行批评、评论，内容基本属实，没有侮辱内容的，不应当认定为侵害其名誉权；主要内容失实，损害其名誉的，应当认定为损害名誉权。

其次，损害商业信誉、商品声誉罪的核心是捏造事实，即事实必须是捏造的。"捏造"即"无中生有、凭空编造"，"虚伪事实"即不存在的事实、假事实，且是负面的、有损商誉的事实。

还要注意，捏造的是事实而非观点。损害商业信誉、商品声誉罪要求确认是否为捏造事实，而非捏造意见或者观点。基于一定的基础事实发布评论，只要事实不是虚构的，即便批评的意见或观点存在负面评价，甚至有一定程度的言辞激烈也只是一种观点表达，而不是事实陈述，不能成为损害商业信誉、商品声誉罪规制的对象。消费者行使监督权，从正当行为到损坏商誉罪，其产生质变的根源不在于是批评还是表扬、是正面还是负面评价，而在于是否捏造并散布虚伪事实。

最后，损害商业信誉、商品声誉罪要求行为人主观上必须出于故意，即明知事实是虚伪的、捏造的。"自由地发表任何观点，不应该受到追诉，只有在发表某一言论时明知有事实性错误，才有可能受到起诉。"对行为人主观故意必须有确实充分的证据证明，且排除合理怀疑。

三　损害商业信誉、商品声誉罪与诋毁商誉行为的界限

损害商业信誉、商品声誉罪与不正当竞争中的诋毁他人商誉行为都是对从事市场交易的经营者的商业信誉、商品声誉的侵害，具体表现形式相似，但二者存在本质区别。

其一，行为主体。

损害商业信誉、商品声誉罪的行为主体是一般主体，既可以是从事市场交易的商品生产者、经营者，也可以是普通的消费者；而不正当竞

争中的诋毁商誉的行为主体限于参与市场竞争的商品生产者、经营者。诋毁商誉行为的主体较为确定,《中华人民共和国反不正当竞争法》第二条第二款规定,不正当竞争是指经营者违反本法规定,损害其他经营者的合法权益,扰乱社会经济秩序的行为。第三款对经营者解释为从事商品经营或者营利性服务(以下所称商品包括服务)的法人、其他经济组织和个人。因此,诋毁商誉行为的主体是参与市场竞争、从事相关市场交易活动的行为人,包括法人、其他经济组织和个人。

损害商业信誉、商品声誉罪主体相比较而言更为宽泛,不仅包括经营者,还包括出于其他目的的非市场竞争的行为主体。因此,消费者可以成为损害商誉罪的犯罪主体,却不能成为《反不正当竞争法》所规制的诋毁商誉行为的主体。

其二,主观方面。

损害商业信誉、商品声誉罪主观方面行为人是出于故意,其目的是损害商业信誉、商品声誉。动机多样,既可以是打击竞争对手实力,也可以是报复泄愤、贪图利益等。诋毁商誉行为的主观方面既可以是故意,也可以是过失,行为人一般是出于竞争的动机。

其三,行为性质与法律后果。

损害商业信誉、商品声誉罪是对商品生产者、经营者商业信誉、商品声誉造成侵害的犯罪行为,要求行为必须给他人带来重大损害或者造成严重后果,行为人应承担相应的刑事责任;诋毁商誉行为属于一般违法行为,只要一经实施,即构成违法,行为人应承担相应的民事和行政责任。

第十章　无理由退货权

第一节　案例导读

案例1，网购酒退货案（资料来源：网易）

导读：无理由退货制度的适用范围有何限制？消费者应如何行使无理由退货权？

消费者黄先生在某网站上看到一则广告："原价1008元的六瓶茅台镇荷花酒，只要199元"，黄先生随即拨通了抢购热线，销售人员宣称此酒"原厂原装、口感醇正，仅限1000箱，欲购从速"。于是，爱喝酒的黄先生花398元订购了2箱共12瓶。黄先生收到酒品尝后，发现酒并不适合自己的口味，于是便向客服提出退货要求。然而在与客服人员多次沟通中，对方始终不给明确答复，不是让黄先生送人，就是要向负责人请示，总之，就是不答应退货。无奈之下，黄先生向北京市通州区消协投诉，请求消协调解。

接到投诉后，通州区消协工作人员就黄先生反映的问题对购货票据、宣传广告等信息认真调查核实后，立即与经营者取得联系，并找到了负责销售的人员，对黄先生的退货诉求以及相关法律予以明确告知。最终，双方达成一致，除打开的一瓶酒以外，商家对未开封的11瓶酒给予了退货处理，总计退还消费者364.8元。

案例2，健身卡退卡案（资料来源：南京市2019年消费维权十大案例）

导读：应否扩大无理由退货制度的适用范围？预付卡消费能否引入

无理由退货制度？

2018 年 11 月 10 日，六合区苗女士在威康健身管理咨询（上海）有限公司南京第五分公司（以下简称"威康南京第五分公司"）办理健身卡，在该公司前台处签订了定金合同并缴纳 5288 元。第二天，苗女士决定退掉冲动消费购买的健身卡，但商家告知要支付 20% 的违约金。健身中心尚未开业，苗女士也未接受过任何服务，双方亦未签订正式合同，却被要求支付一千多元的违约金，苗女士不认可，无奈之下，于 2018 年 11 月 13 日向六合区消协寻求帮助。2018 年 11 月 26 日，六合区消协依法组织双方调解，威康南京第五分公司同意苗女士退卡，但双方对违约金数额仍未达成一致意见，调解终止。依据《中华人民共和国消费者权益保护法》《江苏省消费者权益保护条例》《中华人民共和国合同法》等相关法律规定，六合区消协支持消费者苗女士对此事提起诉讼，出南京市消协消费维权公益律师团律师为苗女士提供法律服务。2019 年 1 月 28 日，六合区人民法院公开审理了这起预付卡定金合约纠纷案，这是在南京市消协指导下，由六合区消协支持消费者诉讼，向预付式消费退卡顽疾开出的"第一枪"，同时也是自《江苏省消费者权益保护条例》实施以来，由消费者协会支持诉讼，针对预付式消费退费纠纷的"第一案"。2019 年 2 月 28 日，六合区人民法院再次开庭，被告威康南京第五分公司代理人当庭表示愿意解除与原告苗女士的定金合约，全额退还原告苗女士 5288 元，并当场履行。

案例 3，试穿族案（资料来源：2019 年 5 月 12 日《新京报》）

导读：黄小姐行为是否为无理由退货权的滥用？此类事件需要公权力介入吗？

2019 年 4 月 25 日，买家黄小姐在浙江李先生的淘宝店购入 18 件衣服，总价 4600 多元。5 月 5 日下午，这位顾客突然以"不喜欢"为由，发起退货请求，要求 18 件衣服全部退货。李先生随后加了黄女士微信，想问问对方为什么要求全部退货，没想到在黄女士的朋友圈中，却看到对方穿着自家店铺的服装和朋友去了西藏旅游。黄女士朋友圈中的照片显示，她一共穿了 5 件这次购买的衣服。而黄女士则表示，自己符合淘宝 7 天无理由退货的要求，而且衣服吊牌都在，不影响二次销售。此事经网络曝光引发对无理由退货权滥用的热议。后阿里巴巴集团公关部回应称，经双方协商，买家所购衣物 9 件不可退，个案并未影响无理由退货规则。

第二节　无理由退货权解析

一　无理由退货权的法律依据

《消费者权益保护法》第二十五条规定：经营者采用网络、电视、电话、邮购等方式销售商品，消费者有权自收到商品之日起七日内退货，且无需说明理由，但下列商品除外：（一）消费者定作的；（二）鲜活易腐的；（三）在线下载或者消费者拆封的音像制品、计算机软件等数字化商品；（四）交付的报纸、期刊。除前款所列商品外，其他根据商品性质并经消费者在购买时确认不宜退货的商品，不适用无理由退货。消费者退货的商品应当完好。经营者应当自收到退回商品之日起七日内返还消费者支付的商品价款。退回商品的运费由消费者承担；经营者和消费者另有约定的，按照约定。

虽然从体例上看，这一条被规定在"经营者义务"一章里，也即符合第二十五条情形的，经营者承担给消费者无理由退货的义务。但理论上一般认为，消费者因此获得一项新的权利：无理由退货权，或称后悔权。2017 年 1 月 6 日，国家工商行政管理总局出台第 90 号令《网络购买商品七日无理由退货暂行办法》（以下简称《暂行办法》），进一步对该制度进行了细化规定。在学术界，七日无理由退货制度亦称为冷静期制度。该制度主要是借鉴国外先进经验和我国实践总结的结果。

无理由退货权是对消费者知情权和选择权的延伸。消费者的知情权是指消费者在购买商品之前对商品的价格、服务、产地等有知悉的权利。消费者的选择权是指消费者对于商品或者服务的经营者、消费方式等，有自主选择的权利。由于网上购物的特殊性，消费者对商品或服务所获得的信息有限，限制了消费者对于商品信息的知悉和商品的选择，所以应当赋予消费者后悔的权利，以弥补消费者对于商品或服务知情权和选择权的缺失。

二 无理由退货权的特征

一方面，消费者符合法定条件可以无理由退货而无需承担责任，另一方面，消费者无理由退货权具有一定的限制。

首先，适用范围的限制包括：法律规定消费者的无理由退货权仅适用采用网络、电视、电话、邮购等方式销售的商品，同时有法定除外适用的四类商品即（一）消费者定作的；（二）鲜活易腐的；（三）在线下载或者消费者拆封的音像制品、计算机软件等数字化商品；（四）交付的报纸、期刊，以及约定除外的情形：根据商品性质并经消费者在购买时确认不宜退货的商品，不适用无理由退货。2017年《暂行办法》进一步完善，补充规定了三种经消费者在购买时确认不适用七日无理由退货规定的商品：拆封后易影响人身安全或者生命健康的商品，或者拆封后易导致商品品质发生改变的商品；一经激活或者试用后价值贬损较大的商品；销售时已明示的临近保质期的商品、有瑕疵的商品。

其次，从时间上，依据《消费者权益保护法》的规定，消费者若要行使其无理由退货权，须在签收商品后七日内行使，超过法定期限，则不能行使，如果消费者仍要退货，可以和经营者协商处理。这样的制度设计能够平衡消费者和经营者的利益关系。

最后，《消费者权益保护法》第二十五条第三款中规定了"商品完好"这一退货条件。而《暂行办法》第八条、第九条则解释了关于"商品完好"的标准。按通常理解一般是指商品的性能未受到毁损，不影响经营者的二次销售。

因此，消费者无理由退货权具有以下特征：

（1）法定性。消费者的无理由退货权并不是由消费者和经营者约定产生，也不是事后消费者经由经营者的同意而产生，而是由法律明文规定的，由消费者享有的一项法定权利。

（2）单方性。无理由退货权只为消费者所享有，经营者不享有此项权利。立法之所以这样规定是因为消费者和经营者在信息获取、经济实力等方面存在差距，所以为了实现实质正义，有必要对消费者进行倾斜保护。

（3）有限性。主要体现在权利范围的有限性以及适用时间的有限性两方面。首先，消费者的无理由退货权适用于网络购物、电话购物等非现场交易，不能随意扩大适用。其次，依据消法的规定，消费者若要行使其无理由退货权，须在签收商品后七日内行使，超过法定期限，则权利归于消灭。

（4）无因性。是指消费者在法定期间内可无理由向经营者请求退换货物。此项规定的立法理由为：第一，如果消费者行使退货权需要前提条件，则经营者可能百般刁难，导致消费者无法合理行使权利；第二，如上所述，消费者的无理由退货权主要适用于网络购物、电话电视购物等非现实交易，因消费者不易得知经营者的地址，难以维护自己的权利，势将处于不利地位。

（5）免责性。在一般交易中，交易一方在契约成立以后反悔，需要承担违约责任，但是在此情况下，消费者不承担责任。其中缘由，旨在免除消费者购物时的后顾之忧，实现交易的实质正义，同时也能促进市场交易的繁荣，稳定法律秩序。

三　无理由退货权和三包中的退货

《产品质量法》第四十条规定：售出的产品有下列情形之一的，销售者应当负责修理、更换、退货；给购买产品的消费者造成损失的，销售者应当赔偿损失：（1）不具备产品应当具备的使用性能而事先未作说明的；（2）不符合在产品或者其包装上注明采用的产品标准的；（3）不符合以产品说明、实物样品等方式表明的质量状况的。

《消费者权益保护法》第二十四条规定：经营者提供的商品或者服务不符合质量要求的，消费者可以依照国家规定、当事人约定退货，或者要求经营者履行更换、修理等义务。没有国家规定和当事人约定的，消费者可以自收到商品之日起七日内退货；七日后符合法定解除合同条件的，消费者可以及时退货，不符合法定解除合同条件的，可以要求经营者履行更换、修理等义务。依照前款规定进行退货、更换、修理的，经营者应当承担运输等必要费用。此即我们通常所说的经营者三包义务。

所谓"三包",即产品的生产者、经销者售出的产品不符合规定要求时,应当负责"修理、更换、退货",即所谓包修包退包换。其中包退和无理由退货权都是在一定期限内要求经营者退货,因此有相近之处。但三包中的退货和无理由退货权的退货有本质区别。

1. 三包中退货的前提是经营者提供的商品或服务不符合质量要求,无理由退货权则强调无理由,不管商品或服务有无质量问题,消费者都可以退货。

2. 三包中的退货有法定和约定两种形式,几乎涵盖所有类别的商品和服务。而无理由退货权是法定的,涉及的是采用网络、电视、电话、邮购等方式销售的商品。但如果经营者自愿承诺扩大无理由退货权适用的范围,法律也并未禁止。

随着交易形式的不断发展,诸如预付卡消费等线下消费领域损害消费者权益的现象日趋严重,越来越多消费者提出了线下消费无理由退货的要求。2017年7月召开的全国市场监管工作座谈会要求"推进线下无理由退货工作",一些地方也开始通过经营者承诺等方式推进线下无理由退货。扩大无理由退货权的适用范围几乎呼之欲出。

四 无理由退货权适用中的争议

1. 退货商品完好的界定

消费者在撤回期间内能在何种程度上使用商品并不明确。因为无理由退货权旨在保障消费者的体验感,因此商品在试用后基本上都无法恢复"原状"。而商家因为无法判断消费者是否出于恶意,为了减少成本损失,希望将商品使用最小化,对"商品完好"做苛刻限制,并且采取一些减损措施例如降低包装成本,取消包邮政策,增加商品价格(这又把成本转移到消费者身上了),这很可能会变相限制消费者的权利,使无理由退货权无法发挥其真正作用。

2. 无理由退货权引发的道德风险

一是有消费者"买真退假"获取不当得利。二是消费者的预期退货行为增加,如短期使用后就退回商品。三是冲动购买的代价成本因为无理由退货权而极大地降低了,这激励了消费者的购买欲,但同时退货率升高因而造成一种不必要的社会低效。四是出现了假借消费者名义，利用无理由退货权对同行业的经营者造成攻击损失而从中获利的情况。①

有学者指出，上述种种情况造成了资源配置的不合理与浪费，使经济社会的总成本大于总收益，不利于市场经济的发展，也与《消费者权益保护法》的立法目的"维护社会经济秩序，促进社会主义市场经济健康发展"相悖。

所以，无理由退货权应如何完善是一个值得进一步思考的问题。

第三节　预付卡消费中无理由退货权之引入

一　预付卡消费的现状

预付式消费，是指消费者向经营者预先支付一定款项，在按照合同约定获得产品或者服务后，由经营者直接从预先支付款项中扣除相应金额的消费模式，通常以预付式消费卡作为凭证。预付式消费发展得如火如荼的同时，也存在大量侵害消费者权益的情况，特别是经营者一旦卷款跑路，消费者的损失通常很难挽回。

从近年全国部分省市公布的数据看，预付式消费投诉呈上升态势，而且"预付式消费"投诉已经从健身、美发美容、洗车、餐饮进入教育培训等领域。

预付式消费卡受到追捧的原因可以归为以下两点：从消费者角度，预付卡办理手续简单，使用方便快捷，且能享受商家的优惠政策；从经营者角度，通过预先支付费用的方式，商家能够提前获利，并有足够的资金进行产品或服务的定制，具有稳定客源和及时回笼资金的优点。但由于经营者和消费者之间严重的信息不对称和我国信用制度的不健全、监管不力等因素，预付卡消费中消费者必将承担更大的风险。频发的预付卡商家跑路案例也恰恰印证了这一点。

---

① 徐伟：《重估网络购物中的消费者撤回权》，《法学》2016 年第 3 期。

二　预付卡消费中引入无理由退货权的理由

1. 预付卡消费具有和线上购物相似的特点

目前我国无理由退货权主要适用于线上购物，这类消费的消费者往往缺乏商品的足够信息，且容易在网络促销攻势下冲动购物。而预付卡消费具有相似的特征。消费者购买预付卡或者说选择预付式消费的冲动多是源于经营者的失实宣传与利益诱导，致使消费者在初期难以辨识消费活动的核心内容，往往在优惠的刺激下忽视了商品或服务本身的问题。消费者被预付卡的优惠力度所吸引冲动办卡，办卡之后，即我为鱼肉，他为刀俎。引入消费者无理由退货权也不失为一种从源头上控制消费冲动与预防消费者权益损害的有效路径。它延长了消费者可以获取消费信息的时间，弥补了交易双方信息的不对称性，确保消费者在作出相对充分的理性思考后拥有第二次的选择机会。

2. 预付卡消费中引入无理由退货权符合公平原则

预付式消费合同是一个长期履行的继续性合同，在这期间，任何一方当事人的客观情况都可能发生变化，此时经营者常常以格式条款"一经办理，概不退卡"或者消费者违约在先为由拒绝退卡。消费者预付了资金，后因客观原因无法消费，但却不能退还余额，而经营者先行接受了价款却不用履行义务，当事人双方的权利义务关系不一致，这明显违反公平原则。因此，引入无理由退货权可以弥补这种失衡情形，实现交易的实质正义。

目前，一些地方性法规已有相关规定。如 2011 年 8 月 25 日，北京市发布了《消费类预付费服务交易合同行为指引》，其中第十条规定了消费者办理完成预付卡之后，在未使用的情况下或者仅接受免费、试用体验的可以七日内无理由单方面解除合同，经营者应当一次性无理由返还全部费用。2017 年 3 月 30 日，江苏省发布的《江苏省消费者权益保护条例》第二十八条规定了消费者办理预付卡之后的"冷静期"为十五天，经营者扣除合理费用后无条件退费。

2021 年中央电视台"3·15"晚会上，国家市场监督管理总局与中央广播电视总台联合发出倡议，倡议广大实体店经营者自愿参与"七日线下购物无理由退货承诺"活动，积极完善售后服务体系。扩大无理由退货权适用范围似乎已成大势。

三 预付卡消费引入无理由退货权的具体问题

1. 关于预付卡无理由退货的时间范围

地方立法均规定了付费后未经使用的预付卡，在七日或者十五日内无理由退卡，也有地方实行经营者承诺 30 天内无理由退卡。7 天或 15 天的规定是消费者和经营者都可以接受的，同时，如果经营者承诺更长的退卡时限可以不受法律规定时间的限制。

2. 关于退卡范围

预付卡无理由退货涉及已使用过和未经使用过两种情形下的退卡问题。未经使用的预付卡退卡符合"商品完好"的特点，在理论和实务上都没有障碍。

但大多数预付卡消费，消费者在办卡后第一次消费已经享受到优惠，能否适用无理由退卡？应如何退费？大多数经营者单方面规定：该卡一经使用，概不退换。于消费者而言，未购买商品或者享受服务时，就要求消费者短期内作出"后悔"的决定，难以全面保障消费者在预付式消费中的合法权益。如果第一次使用预付卡不满意却不能退款，消费者只能继续在购买不满意的商品或接受不满意的服务中用完此卡或者只好放弃充值金额，那么，这与强迫交易有何区别？另外，预付卡使用后不能退费，在未来的消费中，如何保障商品或者服务质量？这对消费者显然是不公平的。所以，不仅未使用的预付卡适用无理由退货权规则，使用之后的预付卡也应当适用。

第四节 无理由退货权滥用之防范

无理由退货，顾名思义就是退货与否主动权全在消费者一边，全在消费者一念之间，不需要任何理由，商家只能接受，不得拒绝。现实中，少数消费者将这一规则发挥到极致，频繁在网上购物，商品到手后按需使用，之后在七日内退货。在此期间，其新购的商品又已到货，依旧采取这种方式，还有人因此炫耀每天都在穿新衣服。更有甚者，还有人利用无理由退货制度，买新退旧、买真退假，借此谋利，形成新的职业群体。

有人将此类人群称为"白嫖党""试穿族"，寓意只愿享受而不愿承担应有的责任，有学者指出此类行为构成无理由退货权的滥用，法律应予以规制。那么，从消费者权益保护视角应如何看待此类行为？

一 无理由退货权滥用的界定

孟德斯鸠曾说："一切有权力的人都容易滥用权力，这是万古不易的一条经验。"因此，各国法律纷纷做出禁止权利滥用的规定。《中华人民共和国宪法》第五十一条明确规定："中华人民共和国公民在行使自由和权利的时候，不得损害国家的、社会的、集体的利益和其他公民的合法的自由和权利。"《民法典》第一百三十二条规定：禁止权力滥用。民事主体不得滥用民事权利损害国家利益、社会公共利益或者他人合法权益。

但究竟如何界定权利滥用，理论上仍存在很多争议。概括起来大致有恶意说（将权利的滥用归结于以行使权利的方式损害他人利益之恶意），本旨说（将权利滥用归结于对法律设立权利主旨的违反），界限说（将权利的滥用归结为对权利行使正当界限的超越），目的与界限混合说（采本旨说与界限说之融合）。

一般认为，构成权利滥用，一是必须有正当权利的存在，且属于权利行使或与权利行使有关的行为；二是要有主观故意，过失不能构成滥用；三是权利行使超过了一定的界限；四是造成了国家、社会公共利益或者他人利益的损失。因此，无理由退货权的滥用，是指消费者以损害国家、社会公共利益或他人利益的故意，超过权利行使的边界而实施无理由退货，给国家、社会公共利益、他人利益造成损失的行为。

滥用无理由退货权行为有违市场交易的诚实信用原则。在理想的状态下，每个参与市场经济活动的人都是理性经济人，根据自己的实际情况和实际需求进行各种交易活动。在交易过程中，买卖双方本着诚实守信的原则，卖方提供质量合格的产品，提供产品的真实信息，买方本着真实的购买意图与卖方达成一致，双方各取所需，互相诚实守信，扩大到整个社会，便会呈现良性发展的局面。

而"白嫖党""试穿族"之流从一开始就不是真心实意要购买商品，其出发点是不付代价或付远远低于正常市场价的代价，享受卖方的商品。在单次的交易中，买方无疑是享受权利而未承担义务。而消费者的不诚信，也会催生出更多的不诚信。卖方并不是慈善家，其收到无理由退货后的商品，多数不会按照二手商品进行处理，而是在重新包装后仍按照新商品卖给其他消费者。其他遵规守纪的消费者，花费同样的代价，买到的可能是别人已经使用过的商品，无疑会损伤他们的消费体验，损害他们的正当权益。如果放任无理由退货权被滥用，整个经济活动中，买卖双方就处于一种互相伤害的状态，其他消费者也会被迫卷入到这场互不信任、"相爱相杀"的游戏中，不利于构建真正健康良性发展的经济体系，不利于社会文化的培养与发展。

二 无理由退货权滥用之防范

在新《消费者权益保护法》出台之际，就有学者对七日无理由退货制度表示忧虑，担心消费者会滥用该权利。虽然实践证明，大多数消费者遵规守纪，仅有少数消费者滥用该权利，但这少数的不和谐现象起到的不良示范效应不容忽视，劣币驱逐良币的隐忧存在，不能对此置之不理，任由其发展。

市场交易遵循公平原则，没有无权利的义务，也没有无义务的权利。公平的前提是交易双方地位平等，如果一方始终处于弱势地位，另一方始终居于优势地位，市场活动势必难以保持公平。无理由退货制度正是为了平衡经营者和消费者地位失衡而做的制度设计，使原本处于劣势的消费者与经营者基本处于权责对等状态。与多数制度一样，无理由退货制度也只能保护君子，而不能防范小人。

滥用无理由退货权的消费者，在一次次远程购物中，其享受的权利可能要高于义务，相对经营者暂时变成了具有优势地位一方。但是，现代市场经济的总体态势是相对于消费者，经营者仍然处于明显优势地位。因此，经营者不会被动挨打，他们也会采取一系列措施反制。比如内部建立"黑名单"制度，将"白嫖党""试穿族"视为恶意消费者列入名单，限制与其交易；或者扩大不适用无理由退货的商品范围，缩小对"商品完好"的解释；或者将被退回的二手货当作新商品转卖给其他消费者以转嫁损失；等等。① 实践表明，经营者通过自我防范，可以在一定程度上制约消费者对无理由退货权的滥用。但对无理由退货权滥用的防范不可避免存在一些难点问题。

三　滥用无理由退货权防范的难点

难点1，是否构成滥用往往难以鉴别。

是否构成权利滥用主要需判断消费者是否有故意。而消费者一方的主观心态和实际情况难以确定，消费者到底是恶意利用制度而追求自身利益最大化，还是确实因特殊情况而连续退货难以确定；消费者自身的消费习惯、兴趣爱好、个性品德等卖方也难以有效评价，毕竟无理由退货制度下消费者主张退货是不与其个人因素相关联的，导致卖方即使怀疑消费者有可能滥用权利，也无法真正确定。

难点2，如何既防范权利被滥用，又保障消费者的合法权益。

无理由退货权属于消费者单方的解除合同权，在网购、电话、邮购等远程交易领域，消费者无法通过触觉、嗅觉等感官方式体验商品，只能通过视觉、听觉获得有限的信息，消费者能看到的、听到的大多是商家想让消费者看到的、听到的。信息的不对称容易让消费者达不到自己想要的消费体验，因此赋予消费者无理由退货权以保障其在消费中的合法权益。经营者对滥用这项权利的行为进行防范，可能会陷入两难困境。比如"黑名单"制度是否涉嫌消费歧视，对"商品完好"的严格限定也很容易误伤其他诚信消费者的正当权益。

难点3，如何把握防范行为的度。

大多数权利滥用行为，行为人仍属行使权利者，仍是在现有法律设计的制度框架内活动，而且由于其损害较小、危害程度轻微，很难进入

---

① 易楚：《对当前网络购物领域无理由退货制度之思考》，《广东外语外贸大学学报》2018 年第 9 期。

司法层面，因此只能借助舆论道德谴责一番。但舆论往往缺乏理性引导，很容易引发新的滥用行为。如黄女士案在网上曝光后，其身份信息、手机号、暂住点等一系列信息被"人肉"后泄露，其遭遇了被辱骂、骚扰等网络暴力。其涉嫌滥用无理由退货权固然值得谴责，但以网络暴力惩罚而影响其正常生活则有失公允，甚至已经触犯法律。

　　但是，面对无理由退货权的滥用现象，公权力仍应谨慎介入。首先，相较于发达国家，我国的无理由退货权适用范围本身较窄，只限于网购、电话、邮购等远程交易领域，且只有七天有效期和商品完好等限制。而以美国为例，大多数美国商家都提供近乎零门槛的退货服务，各州设置的无理由退货期限不一，从 10 天、20 天、30 天、60 天到 90 天都有。鉴于我国尚处于市场经济初级阶段，《消费者权益保护法》在设计无理由退货制度时已对经营者与消费者的利益进行了平衡。其次，虽然我国消费者权益保护工作已取得一定成效，但消费者的弱势地位没有根本改变，相较于消费者滥用权利的现象，消费者权益受损且维权难的现象更是常态。正如各界对职业打假人的争论，舆论的结果是消费者自己都莫衷一是。而经营者却可以借助人脸识别技术轻易识别出进店顾客中的职业打假人加以防范，反之，职业打假人则很难运用同样的技术识别出售假者。在此背景下以公权力介入去防范所谓无理由退货权的滥用，无益于保护消费者合法权益，最终损害的仍然是市场经济的正常秩序。

第三编　特别消费篇

第一章　网上消费

第一节　案例导读

案例1，王某诉小米科技有限责任公司网络购物合同纠纷案（资料来源：中国法院网）

导读：销售者网上销售商品有价格欺诈行为，诱使消费者购买该商品的，即使该商品质量合格，消费者有权请求销售者"退一赔三"和保底赔偿。

2014年4月8日，小米科技有限责任公司（以下简称小米公司）在其官方网站上发布的广告显示：10400mAh移动电源，"米粉节"特价49元。当日，王某在该网站上订购了以下两款移动电源：小米金属移动电源10400mAh银色69元，小米移动电源5200mAh银色39元。王某提交订单后，于当日通过支付宝向小米公司付款108元。同月12日，王某收到上述两个移动电源及配套的数据线。同月17日，王某发现使用5200mAh移动电源的原配数据线不能给手机充满电，故与小米公司的客服联系，要求调换数据线。小米公司同意调换并已收到该数据线。此后，王某以小米公司对其实施价格欺诈为由向北京市海淀区人民法院起诉，请求撤销网络购物合同，王某退还小米公司两套涉案移动电源，并请求小米公司：1. 赔偿王某500元；2. 退还王某购货价款108元；3. 支付王某快递费15元；4. 赔偿王某交通费、打印费、复印费100元。

本案进入二审后，二审法院认为，涉案网购合同有效，消费者拥有公平交易权和商品知情权。由于小米公司网络抢购此种销售方式的特殊性，该广告与商品的抢购界面直接链接且消费者需在短时间内作出购买的意思表示。王某由于认同小米公司广告价格49元，故在"米粉节"当日作出抢购的意思表示，其真实意思表示的价格应为49元，但从小米网站订单详情可以看出，王某于2014年4月8日14时30分下单，订单中10400mAh移动电源的价格却为69元而非49元。小米公司现认可小米商城活动界面显示错误，存在广告价格与实际结算价格不一致之情形，但其解释为电脑后台系统出现错误。由于小米公司事后就其后台出现错误问题并未在网络上向消费者作出声明，且其无证据证明"米粉节"当天其电脑后台出现故障，故二审法院认定小米公司对此存在欺诈消费者的故意，王某关于10400mAh移动电源存在欺诈请求撤销合同的请求合理，对另一电源双方当事人均同意解除合同，二审法院准许。据此，该院依法判决王某退还小米公司上述两个移动电源，小米公司保底赔偿王某500元，退还王某货款108元，驳回王某其他诉讼请求。

案例2，辛巴假燕窝案（资料来源：凤凰网财经）

导读： 直播带货营销模式中应如何保护消费者合法权益？

2020年10月25日，辛巴的徒弟"时大漂亮"在直播间推广一款茗挚品牌旗下的"小金碗碗装燕窝冰糖即食燕窝"商品，直播间价格为258元15碗，每碗17.2元，相比天猫旗舰店正常价格便宜56%左右。知名打假人王海指出，一是辛巴直播间售卖的燕窝不含蛋白质，本质上是糖水，因此造成虚假宣传；另一方面，这款即食燕窝不符合燕窝的生产标准，商家却按照燕窝来卖，完全是欺骗消费者。11月27日，辛有志通过社交平台发布一篇声明，表示经检测直播间销售的燕窝确实存在夸大宣传——燕窝成分不足每碗2克，对此其表示道歉，并向购买燕窝的消费者承诺"退一赔三"，共赔付6198万元。

有的网友觉得辛巴方出售假燕窝坑消费者实在不该，也有人为辛巴方开托，觉得他们只是受委托带货，不该对产品质量负责。截止到12月6号中午，辛巴公司向2.7万多位消费者完成近2400万元的赔付。2020年12月23日，广州市市场监督管理局通报"辛巴直播带货即食燕窝"事件调查处理情况，对辛巴旗下公司作出责令停止违法行为、罚款 90 万元的行政处罚。快手电商也迅速回应，封停辛巴及另一名涉事主播个人账号 60 天。

案例 3，亚马逊差别定价实验（资料来源：搜狐科技．尹莉娜．美团涉"大数据杀熟"被质疑：你以为你在薅羊毛，但你才是被薅的羊）

导读： 大数据杀熟侵犯消费者哪些合法权益？

亚马逊于 1995 年成立，最初计划是 4—5 年实现盈利。此时的亚马逊为提高在主营产品上的赢利，在 2000 年 9 月中旬开始了著名的差别定价实验。他们选择了 68 种 DVD 碟片进行动态定价实验。实验当中，亚马逊根据潜在客户的人口统计资料、在亚马逊的购物历史、上网行为以及上网使用的软件系统确定对这 68 种碟片的报价水平。例如，名为《泰特斯》（Titus）的碟片对新顾客的报价为 22.74 美元，而对那些对该碟片表现出兴趣的老顾客的报价则为 26.24 美元。你曾经买了某个歌手的碟片或外围产品，经常点击他的主页等信息都会被后台视为你是忠诚度高的老顾客。通过这一定价策略，部分顾客付出了比其他顾客更高的价格，亚马逊因此提高了销售的毛利率（当时亚马逊的技术已经可以做到千人千面，每个人看到的页面不一样，价格也可以不一样）。但是好景不长，这一差别定价策略实施不到一个月，就有细心的消费者发现了这一秘密，他们通过在名为 DVDTalk 的音乐爱好者社区的交流，使成百上千的 DVD 消费者知道了此事，那些付出高价的顾客情绪激动，纷纷在网上以激烈的言辞对亚马逊的做法进行讨伐。

案例 4，刘某诉美团大数据杀熟案（资料来源：湖南省长沙市芙蓉区人民法院民事判决书（2018）湘 0102 民初 13515 号，湖南省长沙市中级人民法院民事判决书（2019）湘 01 民终 9501 号）

导读： 面对大数据杀熟，消费者应如何维权？

2018 年 7 月 19 日 11 时 55 分 20 秒，刘某通过三快科技公司运营的"美团外卖"平台，向商家"沙哇低卡轻食沙拉（国金中心店）"购买了"套餐金枪鱼三明治 + 红豆薏米汁"一份，收货地址为长沙市芙蓉区八一路 407 号湖南信息大厦×××室，配送费为 4.1 元。同日 12 时 8 分 20 秒，另一美团注册用户通过上述平台向同一商家订购了同样的套餐一份，收货地址也为湖南信息大厦××××室，配送费为3.1元。刘某认为三快科技公司对其多收取的1元钱配送费是"大数据杀熟"区别定价，侵犯了其知情权、公平交易权等，遂诉至长沙市芙蓉区人民法院。三快科技公司提供的平台日志后台显示，刘某订单所涉商圈当日11点47分开始订单大幅上涨，配送费动态上调，11点57分后订单大幅上涨的状态结束，配送费动态恢复正常水平。

被告三快科技公司辩称：三快科技公司不存在"大数据杀熟"情况，订单的配送费用是当时商家所在商圈多种因素如骑手的数量、接单意愿等影响下形成的一个变化值，并非一个定值。刘某下单当天，商家所在商圈出现"爆单"情况，而涉案订单也处于"爆单"状态，我公司根据此情况配送费上调一元。另刘某购买的"准时宝"服务获得了3.02元的赔偿金，恰好也证明了当天其订单处于"爆单"状态，且刘某所下订单与其同事并不是同一时间，配送费不具有可比性；原被告双方在用户协议中约定，提交订单即视为接受外卖订单中的全部内容，现刘某以我公司侵权为由起诉，无事实和法律依据，请求驳回刘某的所有诉讼请求。

法院审理认为：除法律另有规定外，行为人因过错侵害他人民事权益，才应当承担侵权责任。刘某所述的两份订单虽然购买商家、商品、收货地址均一致，但关键是下单时间不一致。三快科技公司根据平台交易量对配送费进行动态调整，是自身的经营行为，不构成对刘某的侵权。故本院对刘某相关的诉讼请求不予支持，判决驳回刘某的诉讼请求。该案后经长沙市中级人民法院二审，刘某仍然败诉。

案例5，武汉九色家族电子商务有限公司网络刷单案（资料来源：武汉市市场监管局2019年3月18日发布武汉市2018年网络违法违规典型案例）

导读：刷单行为违法性体现在哪些方面？

2018年3月，武汉市工商局在对武汉九色家族电子商务有限公司检查中发现，当事人于2018年1月9日以员工手机号在"小买卖刷单平台"注册账号，以每单12—16元不等的刷单炒信服务费用要求该刷单平台定期对其天猫网店的相关商品实施刷单炒信。截至2018年3月

30 日，当事人共计通过"小买卖刷单平台"雇用线下刷手刷商品销量和虚拟好评 1861 单，支付"小买卖"平台佣金 22898 元。通过刷单炒信，当事人天猫店铺的被刷单商品销售额达 19.38 万元，其行为违反了《反不正当竞争法》的有关规定。原武汉市工商局依据《反不正当竞争法》的相关规定，责令当事人停止违法行为，并处以罚款 30 万元。

案例 6，李某某刷单入刑第一案（资料来源：中国裁判文书网）

导读：正向刷单是否构成非法经营罪？

李某某于 2013 年创建零距网商联盟网站（http://5sbb.com，前身为迅爆军团），该网站不具有获得增值电信业务许可的条件。李某某利用该网站和 YY 语音聊天工具建立了"刷单炒信"平台，招揽淘宝卖家注册为会员，收取每位会员 300—500 元保证金和 40—50 元平台管理维护费、体验费，制定"刷单炒信"规则和流程，组织会员通过该平台发布或接受"刷单炒信"任务。接受任务的会员通过 YY 语音平台联系发布任务的会员，与其在淘宝网上进行虚假交易并给予虚假好评，以此赚取"任务点"使自己同样能够采取悬赏的方式来吸引其他会员为自己"刷单炒信"，以提升自己淘宝店铺的销量和信誉，欺骗真正买家基于虚假好评而与刷信商家进行交易、实现获利。零距网商联盟网站组织新会员培训，要求刷单者交易时在相关商品页面浏览一定时间并通过淘宝网的旺旺聊天工具就商品情况、价格等进行交流，安排专人向会员提供虚假发货服务，更换支付方式返还款项，要求会员必须达到在线时长、完成刷单量等任务。在"刷单炒信"过程中，零距网商联盟网每单收取 10% 的"任务点"提成，并出售给没有时间赚取"任务点"的会员，获取经济利益。2013 年 2 月至 2014 年 6 月，李某某收取平台管理维护费、体验费和"任务点"购买费至少 30 万元人民币，另收取保证金 50 多万元。

杭州市余杭区人民检察院提起公诉，控告李某某违反国家规定，以营利为目的，明知是虚假信息，通过网络有偿提供发布信息等服务，扰乱市场秩序，情节特别严重，构成非法经营罪。2016 年 8 月 3 日，杭州市余杭区人民法院第一次开庭审理了此案。随后，李某某因涉嫌侵犯公民个人信息罪而被刑事拘留和逮捕，并于 2017 年 5 月 16 日由江西省宜春市袁州区人民法院以（2017）赣 0902 刑初 136 号刑事判决书认定构成侵犯公民个人信息罪，判处有期徒刑九个月，并处罚金人民币 2 万元。其后，余杭区人民法院于 2017 年 6 月 20 日第二次开庭审理李某某非法经营一案，并当庭宣判。

法院认为：本案中炒信行为即发布虚假好评的行为虽系在淘宝网上最终完成，但被告人李某某创建炒信平台，为炒信双方搭建联系渠道，并组织淘宝卖家通过该平台发布、传播炒信信息，引导部分淘宝卖家在淘宝网上对商品、服务作虚假宣传，并以此牟利，其主观上明显具有在淘宝网上发布虚假信息的故意，且系犯意的提出、引发者，客观上由平台会员即淘宝卖家实施完成发布虚假信息，其行为符合《全国人民代表大会常务委员会关于维护互联网安全的决定》第 3 条规定的"利用互联网销售伪劣产品或者对商品、服务作虚假宣传"，构成犯罪的，依照刑法有关规定追究刑事责任。一审法院依照《刑法》第 225 条第 4 项、第 52 条、第 53 条第 1 款、第 69 条第 1 款、第 3 款、《最高人民法院、最高人民检察院关于办理利用信息网络实施诽谤等刑事案件适用法律若干问题的解释》第 7 条和《最高人民法院关于适用财产刑若干问题的规定》第 1 条、第 2 条第 1 款之规定，判决被告人李某某构成非法经营罪，判处有期徒刑五年六个月，并处罚金人民币 90 万元；连同原判有期徒刑九个月，并处罚金人民币 2 万元，予以并罚，决定执行有期徒刑五年九个月，并处罚金人民币 92 万元。

案例 7，南京反向刷单入刑第一案（资料来源：中国新闻网《扬子晚报》）

导读：反向刷单构成什么罪？

2013 年 11 月，北京一家科技公司依托其所持有的某数据库使用权，在淘宝网开了个店铺，经营论文相似度检测业务，由该公司的南京分公司具体负责运营。

同样在淘宝网经营论文相似度检测的董某某认为，自己的淘宝店铺曾被人"反向炒信"，怀疑是北京这家公司干的。他决定"以牙还牙"雇人对北京这家公司也"反向炒信"一下。2014 年 4 月，董某某雇用了四川一所高校在校大学生谢某某，指使其以同一账号恶意大量购买北京某科技公司淘宝店铺的商品。其中，4 月 18 日凌晨购买 120 单，4 月 22 日凌晨购买 385 单，4 月 23 日凌晨购买 1000 单，总数达 1505 单，买完后立即退货。

北京某科技公司的论文检测收费价格为千字 1 元，淘宝店的价格一单就是 1 块钱，对应论文中的 1000 字，一篇 10000 字的论文，一般也就买 10 单，花费不过 10 元。像谢某某这样的买法，意味着论文的字数达到 150 万字，而且是单一账号购买，这无论如何都违背常理。淘宝很快发现了这一行为，并要求北京某科技公司做出解释，北京某科技公司百口莫辩，毫无意外地遭到了淘宝网的降权处罚。从 2014 年 4 月 23 日起一直到 4 月 28 日恢复搜索排名，在 6 天的降权处罚期间，北京某科技公司损失惨重，其粗略统计的损失额就达到 10 万元以上。直到 5 月 4 日，北京某科技公司淘宝店的经营才恢复到以前的状态，把所有这些时间算上，北京某科技公司统计的损失超过 20 万元。

北京某科技公司南京分公司遂报警。2014 年 5 月 13 日和 16 日，谢某某和董某某先后被南京警方抓获。案件侦查期间，董某某赔偿了北京某科技公司经济损失 15 万元。

南京市雨花台区法院审理后认为，董某某和谢某某的行为构成破坏生产经营罪，造成被害单位损失 159844.29 元，鉴于二人如实供述且认罪悔罪，分别判处两人有期徒刑一年六个月、缓刑二年和有期徒刑一年、缓刑一年二个月。

一审判决后，董某某和谢某某都提出上诉，认为自己不构成犯罪，理由是他们仅仅是通过刷单让对方在淘宝上的搜索流量少了一些而已，并没有权力让对方店铺降权。

董某某的辩护人认为，董某某的行为仅是打击竞争对手的商业惯例，不属于破坏生产资料、生产工具、机器设备的经营行为，也不属于法条中规定的"以其他方法破坏生产经营"，行为后果也未造成"生产经营活动无法进行"，且行为与后果之间没有因果关系，没有达到立案标准等。

南京中院认为，两被告人主观上具有报复和从中获利的目的，客观上实施了通过损害被害单位商业信誉的方式破坏被害单位生产经营的行为，并造成损失，其行为构成破坏生产经营罪。按照有利于上诉人的原则，法院根据现有证据对犯罪数额进行计算后，就低认定为 10 万余元，遂将一审量刑进行了改变，判处董某某有期徒刑一年、缓刑一年，谢某某免于刑事处罚。

第二节　《电子商务法》中的消费者权利

电子商务，是指通过互联网等信息网络销售商品或者提供服务的经营活动。《中华人民共和国电子商务法》2019 年 1 月 1 日正式实施，这意味着中国电商行业进入有法可依的时代，为规范行业发展迈出重要一步。

作为一部综合性法律，《电子商务法》并未设专章明确消费者权利，而是通过规定电子商务经营者责任和义务的方式实现对电子商务消费者合法权益的保护。

电子商务经营者，是指通过互联网等信息网络从事销售商品或者提供服务的经营活动的自然人、法人和非法人组织，包括电子商务平台经营者、平台内经营者以及通过自建网站、其他网络服务销售商品或者提供服务的电子商务经营者。

电子商务平台经营者，是指在电子商务中为交易双方或者多方提供网络经营场所、交易撮合、信息发布等服务，供交易双方或者多方独立开展交易活动的法人或者非法人组织。平台内经营者，是指通过电子商务平台销售商品或者提供服务的电子商务经营者。但现在很多电子商务平台经营者也开展自营业务。

归纳起来，《电子商务法》涉及的消费者权利主要包括安全权、知情权、自主选择权、公平交易权、便利权、收货验货权、评价权、信息保护权、求偿权。这些权利是在《消费者权益保护法》赋予消费者的十项基本权利基础上，针对电子商务消费者的特殊性作出的规定，其中部分权利体现了对消费者权益保护的升级。

1. 安全权

《电子商务法》把人身、财产权放在首位，第十三条规定了电子商务经营者销售的商品或者提供的服务应当符合保障人身、财产安全的要求。第三十八条明确了电子商务平台经营者履行对平台内经营者侵害人身、财产为核心内容的消费者合法权益行为采取必要措施的义务。不仅如此，第八十三条还规定了电子商务平台经营者违反第三十八条规定，对平台内经营者侵害消费者合法权益行为未采取必要措施，或者对平台内经营者未尽到资质资格审核义务，或者对消费者未尽到安全保障义务的，由市场监督管理部门责令限期改正，可以处五万元以上五十万元以下的罚款；情节严重的，责令停业整顿，并处五十万元以上二百万元以下的罚款。

2. 知情权

《电子商务法》第十五条、第十六条、第十七条分别规定了经营者身份信息、资质信息公示、经营者自行终止电子商务经营的信息公示、商品和服务信息的披露等义务，电子商务经营者应当在其首页显著位置，持续公示营业执照信息、与其经营业务有关的行政许可信息、属于依照本法第十条规定的不需要办理市场主体登记情形等信息，或者上述信息的链接标识。信息发生变更的，电子商务经营者应当及时更新公示信息。电子商务经营者自行终止从事电子商务的，应当提前三十日在首页显著位置持续公示有关信息。电子商务经营者应当全面、真实、准确、及时地披露商品或者服务信息，保障消费者的知情权和选择权。电子商务经营者不得以虚构交易、编造用户评价等方式进行虚假或者引人误解的商业宣传，欺骗、误导消费者。

第三十三条、第三十四条、第三十七条、第三十九条、第四十条就经营者服务协议和交易规则公示、自营业务区分标记、信用评价规则公示、以多种方式向消费者显示搜索结果等义务做了规定。这些规定都是对消费者知情权的保障。

3. 自主选择权

《电子商务法》第十八条明确了电子商务经营者不得通过定向搜索侵害消费者的选择权，第十九条规定了电子商务经营者禁止搭售商品或者服务，以此保障消费者享有自主选择所需商品或服务的权利。

4. 公平交易权

《电子商务法》第十七、第二十二、第三十五、第四十九条，分别规定了电子商务经营者不得进行虚假或者引人误解的商业宣传、不得滥用市场支配地位、不得进行不合理限制、不得附加不合理条件、不得收取不合理费用，明确了合同成立和格式条款的效力，以保障消费者享有公平交易权利。

5. 便利权

《电子商务法》第二十一条、第二十四条分别规定了电子商务经营者在押金退还、用户信息查询、更正删除等方面提供交易便利的义务，保障了消费者享有便利权。电子商务经营者按照约定向消费者收取押金的，应当明示押金退还的方式、程序，不得对押金退还设置不合理条件。消费者申请退还押金，符合押金退还条件的，电子商务经营者应当及时退还。电子商务经营者应当明示用户信息查询、更正、删除以及用户注销的方式、程序，不得对用户信息查询、更正、删除以及用户注销设置不合理条件。

6. 收货验货权

《电子商务法》第二十条明确了电子商务经营者交付义务及其风险责任的承担，电子商务经营者应当按照承诺或者与消费者约定的方式、时限向消费者交付商品或者服务，并承担商品运输中的风险和责任。第五十二条规定了电子商务经营者应当提供收货验货义务，以保障消费者享有收货验货权。

7. 评价权

《电子商务法》第三十九条规定了电子商务经营者应当提供消费者信用评价义务，保障了消费者享有对电子商务平台内销售的商品或者提供的服务进行评价的权利。电子商务平台经营者应当建立健全信用评价制度，公示信用评价规则，为消费者提供对平台内销售的商品或者提供的服务进行评价的途径。

电子商务平台经营者不得删除消费者对其平台内销售的商品或者提供的服务的评价。

8. 个人信息受保护权

《电子商务法》第二十三条、第二十四条规定了电子商务经营者应当履行个人信息保护义务，保障了电子商务消费者享有个人信息依法得到保护的权利。电子商务经营者收集、使用其用户的个人信息，应当遵守法律、行政法规有关个人信息保护的规定。电子商务经营者应当明示用户信息查询、更正、删除以及用户注销的方式、程序，不得对用户信息查询、更正、删除以及用户注销设置不合理条件。电子商务经营者收到用户信息查询或者更正、删除的申请的，应当在核实身份后及时提供查询或者更正、删除用户信息。用户注销的，电子商务经营者应当立即删除该用户的信息；依照法律、行政法规的规定或者双方约定保存的，依照其规定。

9. 依法求偿权

《电子商务法》第三十八条、第四十五条、第五十四条，分别规定了电子商务经营者在因平台过错造成消费者权益受到侵害、知识产权侵权，因电子支付过错造成用户损失应当承担法律责任。第五十八条规定了电子商务平台经营者建立商品、服务质量担保机制和先行赔偿责任，以此来保障消费者因购买、使用商品和接受服务受到损害时依法享有获得赔偿的权利。

《电子商务法》有关消费者权利的规定和《消费者权益保护法》赋予的消费者基本权利之间是特别法和普通法的关系。二者共同维护电子商务消费者的合法权益。

第三节　"直播带货"与消费者权益保护

随着移动通信技术的不断发展，网络直播以其简单的开播流程、较高的收益吸引了大量的从业者。"直播带货"的模式也发展迅猛，成为商家进行电子商务推广的重要销售渠道之一，吸引了大量消费者。根据艾媒咨询的数据，2017年、2018年我国直播电商行业的总规模分别为190亿元、1330亿元，2019年，则达到4338亿元，较2017年、2018年分别增长600%、226%。

与此同时，网络直播营销中侵犯消费者权益的现象也时有发生。辛巴假燕窝事件把直播带货虚假宣传推到大众舆论风口。事实上，主播推荐好物"翻车"已不是第一次发生。中国消费者协会2020年11月6日发布的分析报告显示，网络直播销售中存在的侵害消费者权益行为主要有七种类型，包括虚假宣传、退换货难、销售违禁产品、利用"专拍链接"误导消费者、诱导场外交易、滥用极限词、直播内容违法等。

为保护消费者权益，就必须厘清直播带货中的法律关系。

一 直播带货的运营模式

直播带货最初起源于知名博主通过大量采购和试用，根据自己的使用经历、评价，向粉丝推荐其认为性价比高、效果好的产品。随着直播主群体的迅速扩张和各路商家、资本的注入，直播带货逐渐发展至通过直播讲解产品的营销方式，直播主不再以亲自使用、用心推荐为原则。发展至今，直播带货的运营模式，通常是由主播在直播页面发布商品链接，消费者点击链接跳转到网店的商品详情页进行购买。

在直播带货营销模式中，相对于消费者一方，涉及的主体有商品的生产者、网店、平台、主播。除了直播主播，生产者、网店和平台在其他的营销模式中都有出现，现行法律关于他们的法律责任也规定得比较明确。而主播则是新的角色。主播与网店的关系大体可以分为两类：一类是由网店老板或者员工担任主播进行推介，行业内称之为店铺直播，根据其直播的物理环境不同，又分为直播间直播和档口直播；另一类是网红达人在直播平台注册账号，通过平台或者线下渠道与各种网店签订服务协议，为多家网店推销商品，行业内称之为达人直播。该类达人通常有较多的粉丝，比如直播达人李佳琦、薇娅等。

那么，直播带货营销模式中究竟有哪些法律关系？主播在直播带货中的法律身份应如何界定？

二 直播带货中的法律关系

（一）店铺直播

在店铺直播中，网店是商品的销售者，是对消费者承担责任的第一责任人。网店的店主或员工担任主播。此时，有三类法律关系：一是店铺和商品生产者的合同关系，二是店铺和主播的劳动关系，三是店铺和消费者的消费关系，四是网店和网络平台的关系。

根据现行法律，一旦发生消费争议，消费者可以要求店铺承担先行赔付责任，也可以直接要求生产者承担责任。网络平台如果不能提供网店的真实信息的要承担赔偿责任，如果平台明知店铺销售的产品有缺陷而未采取措施的也要承担连带责任。

在这种模式中，主播的推介行为属于职务行为，职务行为的法律后果由雇用他的店铺承担，因此，主播个人不是经营主体，对消费者不承担法律责任，其相关责任由网店承担。

根据《互联网广告管理暂行办法》第三条第二款第四项的规定，法律、法规和规章规定经营者应当向消费者提供的信息不应当认定为广告。因此，店铺直播过程中主播对商品的价格、产地、生产者、用途、性能、规格、等级、主要成分、生产日期、有效期限、检验合格证明、使用方法说明书、售后服务等有关情况进行客观介绍的，不应当认定为广告。如果主播对商品或服务的推介涉嫌虚假宣传的，那么店铺应对该虚假宣传行为承担责任。如果主播在其中有过错的，由店铺根据劳动合同追究主播的责任。

（二）达人直播

在达人直播中，消费者和店铺的消费关系、店铺和生产者的合同关系、店铺和网络平台的合同关系与店铺直播都是一致的。不同的是主播和店铺不再是劳动关系，而是通过二者之间的服务协议，主播为店铺推销商品，店铺可能是一家乃至数家。这个服务协议的性质直接关系到主播的法律责任。

从达人主播的直播带货实践看，达人主播一方面在直播页面发布商品链接，消费者点击链接跳转到网店的商品详情页进行购买；一方面以自己的名义、形象对商品进行推荐、证明。因此，这种服务协议具有双重属性：

（1）居间合同。即居间人向委托人报告订立合同的机会或者提供订立合同的媒介服务，委托人支付报酬的合同。达人主播为居间人，店铺是委托人，达人主播只是为店铺和消费者之间交易的达成牵线搭桥，无需为其商品或服务侵犯消费者权益的行为承担责任。

（2）广告宣传服务合同。达人主播以自己的名义推介产品，并由此获得店铺支付的相应的对价。根据《广告法》第二条，商品经营者或者服务提供者通过一定媒介和形式直接或者间接地介绍自己所推销的商品或者服务的，是商业广告活动。广告代言人是指在广告中以自己的名义或者形象对商品、服务做推荐、证明的自然人、法人或者其他组织。因此，在达人直播的模式下，达人主播利用各种网络直播平台，在线推销和推荐产品从而吸引消费者购买，这种商品和服务的推介是一种广告宣传行为，达人主播以自己的名义、形象对商品进行推荐、证明，应当认定为广告代言人。

关于广告代言人的义务和法律责任规定在《广告法》第五十六条、《食品安全法》第五条中，概括起来有三：（1）应当依据事实并符合法律法规规定，并不得为其未使用过的商品做推荐、证明；（2）对于关系消费者生命健康的商品虚假广告，造成消费者损害的，广告代言人需承担连带责任；（3）对于关系生命健康以外的商品虚假广告，造成消费者损害的，如广告代言人明知或者应知广告虚假仍做推荐的，也需承担连带责任。

因此，作为广告代言人，达人主播在商品或服务有虚假宣传欺骗误导消费者、侵犯消费者权益的情形下承担相应的民事侵权法律责任。同时《广告法》第三十八条第三款规定，对在虚假广告中做推荐、证明受到行政处罚未满三年的自然人、法人或者其他组织，不得利用其作为广告代言人。《广告法》第六十二条规定，广告代言人明知或应知广告虚假，仍在广告中对商品、服务做推荐、证明的，由市场监管部门没收违法所得，并处违法所得一倍以上两倍以下的罚款。因此，达人主播作为广告代言人还应依法承担行政责任。

三　直播带货中直播平台的法律责任

直播带货营销模式中，直播平台是不可缺少的角色。当发生商品或服务侵害消费者权益的情形时，直播平台应承担什么责任？

从实践看，直播平台也有两种模式：

第一种，直播平台直连电商平台模式。

比如在抖音、腾讯看点直播等直播平台，直播平台不提供商品，消费者通过观看直播，点击屏幕弹出的第三方链接进入电商平台购买商品。

此种情形下，直播平台既不销售商品，也不为店铺提供销售平台，仅为主播或店铺提供直播服务。直播的内容选定、是否进行直播广告的发布主要决定权在于开通网络直播的自然人，而非直播平台。因此，直播平台也不是直播广告的发布者。所以，直播平台无需对商品或服务侵害消费者权益的行为承担责任，也无需对虚假宣传行为承担连带责任。

但《互联网广告管理暂行办法》第十七条规定，未参与互联网广告经营活动，仅为互联网广告提供信息服务的互联网信息服务提供者，对其明知或者应知利用其信息服务发布违法广告的，应当予以制止。由此可见，提供网络信息服务的平台主要承担的是监管责任。

第二种，电商平台自建直播模式。

消费者直接在电商平台内观看直播，直接在电商平台里下单即可，无需链接至第三方。

此种情形下，直播平台为电商平台自建，直播平台亦为电子商务平台，其责任自然无法与电商平台相分离。《消费者权益保护法》第四十四条规定，消费者通过网络交易平台购买商品或者接受服务，其合法权益受到损害的，可以向销售者或者服务者要求赔偿。网络交易平台提供者不能提供销售者或者服务者的真实名称、地址和有效联系方式的，消费者也可以向网络交易平台提供者要求赔偿；网络交易平台提供者作出更有利于消费者的承诺的，应当履行承诺。网络交易平台提供者赔偿后，有权向销售者或者服务者追偿。网络交易平台提供者明知或者应知销售者或者服务者利用其平台侵害消费者合法权益，未采取必要措施的，依法与该销售者或者服务者承担连带责任。《电子商务法》第三十八条规定，"电子商务平台经营者知道或者应当知道平台内经营者销售的商品或者提供的服务不符合保障人身、财产安全的要求，或者有其他侵害消费者合法权益行为，未采取必要措施的，依法与该平台内经营者承担连带责任。"因此，在电商平台自建直播模式下，平台可能会对消费者承担相应的侵权连带责任。

四　直播带货的治理对策

探究网络直播带货乱象的成因，法律制度的固有缺陷应是一个重要方面。

（1）《广告法》已实施多年，但效果不如人意。虚假广告仍旧改头换面以各种形式频发。比如直播带货中，主播为逃避监管趋向于发布隐性广告、软广告，一般并不直接描述产品的生产商、产品信息、产地等，也不标明为广告，而是通过模拟消费者的感受向消费者隐约地传达推荐购买该商品的意思。《广告法》规定的广告代言人对虚假广告承担的责任较轻，关系到消费者生命健康的产品服务承担连带责任，其他商品只有在明知其为虚假广告的情形下才有责任，网络直播购物有漏洞可钻，只要主播称并不知情，而消费者在没有确凿证据时，便无法追究主播的责任。

（2）根据《电子商务法》，电商平台的主要义务是审核监管，仅在不能提供店铺真实信息的情况下或"明知"情形下承担相应连带责任。而平台对商品审核往往很难周全。而且，法律对直播平台义务缺乏明确的规定。

直播带货虽然是一种新的营销模式，但并非法外之地，直播带货的参与者应遵守现行法律法规，依法规范自己的行为。特别是主播在宣传商品时要严格遵守《广告法》的有关规定，同时应明确主播的信息披露义务，如实、准确、完整地向用户披露商品或服务的信息。如果并非产品的真实使用者，则应该在网络直播中明确进行告知，将直播内容的真实与否交给消费者自己进行判断，避免消费者被误导而将广告当作直播主的客观感受。

2020年11月6日，国家市场监督管理总局发布了《市场监管总局关于加强网络直播营销活动监管的指导意见》，表示要依法查处网络直播营销活动中侵犯消费者合法权益、侵犯知识产权、破坏市场秩序等违法行为，并明确提出：商品经营者通过网络直播销售商品或者服务的，应当在其网店首页显著位置，持续公示营业执照信息、与其经营业务有关的行政许可信息，并向消费者提供经营地址、联系方式、售后服务等信息。网络平台应当为公示上述信息提供技术支持等便利条件。

同时，应发挥中国广告协会、各级消费者协会及广告道德委员会等组织的作用，以"协会自律为主，政府监管为辅"的模式解决直播带货中出现的问题。2020 年 7 月 1 日，由中国广告协会公布的《网络直播营销行为规范》正式实施。这是国内目前出台的第一部对于网络直播营销活动的专项规范，将对"直播带货"起到规范引领作用。

第四节　大数据杀熟与消费者权益

作为一种商业手腕，大数据杀熟指的是网络商家通过大数据对商家自身积累或第三方的用户信息进行分类处理，然后通过其进一步的分析，找出对某平台使用次数较多的客户（所谓的"熟客"），进而实行"隐蔽式"抬价，商家可以借机达到利益最大化的差别化价格策略。其基本运行机制是：用户在电子商务平台进行交易时，其浏览、收藏、磋商交易条件、下单、发货收货、确认收货、付款、评价、秒杀、抢优惠券、平台抢单、退货、投诉等行为在交易平台形成了交易数据，包括用户个人信息和交易行为记录。这些数据经过累积和融通共享便形成"大数据"。平台运用大数据分析系统对大数据进行处理，得出价格优化策略——对老客户、价格不敏感客户、忠诚客户（统称"白名单客户"）采取非优惠价格政策，而对新客户、价格敏感客户（统称"灰名单客户"）采取优惠价格政策，以促使其转变为"白名单客户"。

杀熟现象在商业中一直都存在，虽然以前没有大数据、没有网络，但是同样也存在杀熟的现象，如今，借助大数据，杀熟行为被提高到了新的层次。中央广播电视总台发布"2018 年十大消费侵权事件"，"大数据杀熟"多领域多平台泛滥上榜，从酒店预订、机票预订到打车出行，不少知名的互联网平台都被曝出大数据杀熟操作。大数据杀熟成了互联网企业违背商业伦理的代名词。

有调查显示，56.92％的被调查者表示有过被"大数据杀熟"的经历；超过八成的被调查者认为"大数据杀熟"侵害了消费者的公平交易权，将近一半的被调查者认为"大数据杀熟"侵害了消费者的知情权，超过四成的被调查者认为"大数据杀熟"侵害了消费者的选择权。①

那么，大数据杀熟和消费者权益有何关联？

一　大数据杀熟与消费者个人信息保护

《民法典》第一千零三十四条规定，个人信息是以电子或者其他方式记录的能够单独或者与其他信息结合识别特定自然人的各种信息，包括自然人的姓名、出生日期、身份证件号码、生物识别信息、住址、电话号码、电子邮箱、健康信息、行踪信息等。

大数据信息中的用户个人信息与用户人身相关联，属于用户个人所有，用户享有个人信息权益，交易行为记录是用户的行为痕迹记录，反映用户的行为偏好，因而也是具有一定人身属性的个人信息。两类都属于用户的个人信息，依法受法律保护。

但在网络交易中，用户基于自愿提交姓名、电话、指纹等个人信息，又基于网络交易的属性留下行为痕迹记录，虽然这些个人信息属于用户，但所有数据产生于交易过程，平台商、中间方（包括信息服务提供商、第三方结算方）得以依赖其技术力量获得数据控制权，用户一般无法控制数据。一方面，用户的个人信息受法律保护，另一方面，个人信息的流通使用也是信息时代的必然。因此，我们一方面要允许平台商、中间商使用这些数据，另一方面应从保护消费者个人信息的角度规范使用者的行为。

根据《民法典》，平台商使用这些数据信息应同时承担下列义务：

（1）个人信息中的私密信息，适用有关隐私权的规定；没有规定的，适用有关个人信息保护的规定。

（2）个人信息的处理包括个人信息的收集、存储、使用、加工、传输、提供、公开等，应当遵循合法、正当、必要原则，不得过度处理，并符合下列条件：（1）征得该自然人或者其监护人同意，但是法

---

① 参见王薇、赵婷婷《市消协发布"大数据杀熟"问题调查结果》，《北京青年报》2019年3月28日第A04版。

律、行政法规另有规定的除外；（2）公开处理信息的规则；（3）明示处理信息的目的、方式和范围；（4）不违反法律、行政法规的规定和双方的约定。

（3）信息处理者不得泄露或者篡改其收集、存储的个人信息；未经自然人同意，不得向他人非法提供其个人信息，但是经过加工无法识别特定个人且不能复原的除外。信息处理者应当采取技术措施和其他必要措施，确保其收集、存储的个人信息安全，防止信息泄露、篡改、丢失；发生或者可能发生个人信息泄露、篡改、丢失的，应当及时采取补救措施，按照规定告知自然人并向有关主管部门报告。

据此来审视大数据杀熟行为，在消费者个人信息保护方面至少存在以下问题。

第一，收集信息未取得用户的同意或者仅以格式条款的方式获取同意。

第二，未公开处理信息的规则和明示处理信息的目的、方式和范围，违反了相关的信息披露义务。如果平台商告知消费者收集处理其信息是为了采用不同的价格策略，减损消费者利益，相信没有用户会同意这种个人信息处理。

第三，运用大数据杀熟的平台商应承担民事责任，《民法典》第一千零三十六条规定，处理个人信息，在三种情形下行为人不承担民事责任：（1）在该自然人或者其监护人同意的范围内合理实施的行为；（2）合理处理该自然人自行公开的或者其他已经合法公开的信息，但是该自然人明确拒绝或者处理该信息侵害其重大利益的除外；（3）为维护公共利益或者该自然人合法权益，合理实施的其他行为。而大数据杀熟的行为人一方面使用用户的个人信息，另一方面基于这些信息做出的行为对用户利益进行减损，有违民事活动的公平原则，显然难以被认定"合理"。

二　大数据杀熟与消费者知情权、公平交易权、自主选择权

1. 大数据杀熟侵犯消费者的知情权

知情权是消费者的基本权利。《消费者权益保护法》第八条规定，消费者享有了解购买使用商品或接受服务的真实情况的权利。同时第二

十条明确，经营者具有真实全面告知义务。只要是足以影响到消费者是否购买、如何购买等与商品或服务有关的真实情况，消费者就有权了解，其中价格是实现商品交易的关键。因此，法律赋予经营者明码标价的义务。

明码标价要求经营者按要求公开标示商品价格、服务价格等有关情况，违反明码标价义务要承担相应的法律责任。所谓公开标示，是指所有公开场合都能看到，且在公开场合看到的价格应是一致的。如果不同的人可以看到的价格不同，显然不能认定为公开标示。而大数据杀熟的行为，恰恰是借助网络技术向不同的用户显示不同的价格，消费者看到的只是经营者通过对其个人信息的分析后专门为其划定的、令其支付金额最多的价格，这种价格只能认定为行为人向特定用户的报价，而不是明码标价的价格。因此，大数据杀熟的行为人违反了明码标价的义务，侵犯了消费者的知情权。

大数据杀熟的行为人借助网络技术手段向消费者展示差别价格，让消费者误以为这是明码标价的价格，使消费者在不真实的价格基础上作出错误判断购买了商品或服务，符合《禁止价格欺诈行为的规定》第三条的规定，即"利用虚假的或者使人误解的标价形式或者价格手段，欺骗、诱导消费者或者其他经营者与其进行交易的行为"。因此，大数据杀熟行为又涉嫌构成欺诈。根据《消费者权益保护法》第五十五条规定，经营者提供商品或者服务有欺诈行为的，应当承担惩罚性赔偿，据此，遭遇大数据杀熟的消费者可以主张惩罚性赔偿。

2. 大数据杀熟侵犯消费者的公平交易权

公平交易权是消费者的基本权利。根据《消费者权益保护法》第十条规定，公平交易条件包括质量保障、价格合理、计量正确等以及有权拒绝经营者的强制交易行为。

大数据杀熟行为利用信息数据优势针对不同的用户制定区别的价格待遇，这对消费者本身就是不公平的。经营者并非依据商品本身的性质功能，而是根据分析消费者心理与行为的结果对商品定价，使处于相同交易条件下的消费者面对的价格不同，也违背了公平交易权的内在精神与实质内涵。所以，大数据杀熟行为提供了不合理的价格交易条件，并误导用户在不了解真实价格信息的基础上达成交易，侵犯了消费者的公平交易权。

3. 大数据杀熟侵犯消费者的自主选择权

消费者的自主选择权包含四层意思：一是有权自主选择商品或服务的经营者；二是有权自主选择商品品种或服务方式；三是有权自主决定购买或者不购买任何一种商品、接受或者不接受任何一项服务；四是有权进行比较、鉴别和挑选。

消费者的选择、比较、鉴别都是建立在知悉商品的真实情况和公平交易基础上，因此，消费者的自主选择权和知情权、公平交易权密切相关。而大数据杀熟给用户展示的价格有失公平，也并未告知用户有关商品或服务价格的真实情况，消费者在此情形下作出的交易选择并不是自己的真实意愿，因此，大数据杀熟侵犯消费者知情权和公平交易权的同时，必然也侵害了消费者的自主选择权。

三　大数据杀熟与消费者求偿权

大数据杀熟行为侵害了消费者的个人信息利益、知情权、公平交易权。根据《消费者权益保护法》，消费者有依法求偿的权利。然而，面对强大精密的人工智能算法，消费者即使察觉自己被大数据杀熟，想获得救济仍然困难重重。

首先是举证难。在 2018 年刘某诉北京三快科技有限公司案中，湖南省长沙市中级人民法院二审驳回原告上诉理由是：案中刘某应当对三快科技公司存在价格欺诈行为负举证责任，但本案中刘某只是提供了三快科技公司在刘某下单时比其同事多收 1 元配送费的证据，但三快科技公司的外卖配送费是动态调整的，订单量大时配送费上涨，而刘某与其同事下单时间并不一致，两者的配送费并不具有可比性。综上，现有证据不足以证明三快科技公司对刘某多收 1 元配送费是利用"大数据"的区别定价，侵犯了其公平交易权等，一审对刘某的诉讼请求不予支持并无不当。可见，即便消费者明知自己购买的商品或服务受到大数据杀熟，但在举证上面临困境。

由于消费者利用网络平台购买商品或服务时，处于相对"封闭"

的环境，不可能在短时间内与其他顾客进行现时比价，也不可能为了避免遭遇未知的"大数据杀熟"，而利用两个不同的账号在同一时间内登录，并对商品或服务进行比价，以应对在后续司法程序中的举证问题。而且，消费者没有网络大数据的控制权，处于信息弱势，经营者会利用其对平台和数据的控制权销毁证据痕迹，比如前期购买的商品，过一段时间后消费者会发现这款商品在智能平台被"下架"，让消费者查询不到大数据"杀熟"的痕迹，甚至，经营者及时调整价格，让所有的消费者看到的都是同样的价格，因而无法进行前后比对。可见，大数据"杀熟"的隐蔽性，给消费者的举证造成了很大的障碍。

其次是成本高。"大数据杀熟"给消费者造成的损失，从财产数额来计算，金额不大，如果专门为这个差价走司法程序讨回公道，从时间成本、金钱成本、精力成本等计算，消费者往往缺乏内生动力去对抗经营者及其背后的大数据"算计"，像刘某为1元差价诉诸法律追究经营者侵权责任的案例少之又少，难以对经营者的违法行为起到震慑作用，何况刘某经过二审依然败诉。

因此，"大数据杀熟"在对消费者权益造成侵权事实后，消费者的求偿权往往很难实现。

四　大数据杀熟的法律治理

大数据的加工与使用，需要法律法规、技术伦理等多方面的约束与监管。

2019年1月1日，《电子商务法》正式实施，根据第十八条、第七十七条规定，电子商务经营者根据消费者的兴趣爱好、消费习惯等特征，向其提供商品或者服务的搜索结果的，应当同时向该消费者提供不针对其个人特征的选项，尊重和平等保护消费者合法权益，违反本规定的，由市场监督管理部门责令限期改正，没收违法所得，可以并处五万元以上二十万元以下的罚款；情节严重的，并处二十万元以上五十万元以下的罚款。

2020年10月1日，文旅部《在线旅游经营服务管理暂行规定》正式实施，也明确规定"在线旅游经营者不得滥用大数据分析等技术手段，基于旅游者消费记录、旅游偏好等设置不公平的交易条件，侵犯旅游者合法权益"。

2020 年 11 月 10 日，国家市场监督管理总局发布的《关于平台经济领域的反垄断指南（征求意见稿）》中也明确提出禁止大数据杀熟。指南第十七条指出："具有市场支配地位的平台经济领域经营者，可能滥用市场支配地位，无正当理由对交易条件相同的交易相对人实施差别待遇，排除、限制市场竞争。分析是否构成差别待遇，可以考虑以下因素：（1）基于大数据和算法，根据交易相对人的支付能力、消费偏好、使用习惯等，实行差异性交易价格或者其他交易条件；（2）基于大数据和算法，对新老交易相对人实行差异性交易价格或者其他交易条件。"

2021 年 11 月 1 日实施的《个人信息保护法》第二十四条规定，个人信息处理者利用个人信息进行自动化决策，应当保证决策的透明度和结果公平、公正，不得对个人在交易价格等交易条件上实行不合理的差别待遇。通过自动化决策方式向个人进行信息推送、商业营销，应当同时提供不针对其个人特征的选项，或者向个人提供便捷的拒绝方式。通过自动化决策方式作出对个人权益有重大影响的决定，个人有权要求个人信息处理者予以说明，并有权拒绝个人信息处理者仅通过自动化决策的方式作出决定。这些规定给"算法"戴上了紧箍咒，大大限制了平台对个人画像及针对性营销的能力，必将有助于治理大数据杀熟。

要治理"大数据杀熟"，一方面需要通过法律制度依法治理，另一方面也需要消费者成熟、经营者自律。同时，通过技术手段做好源头拦截，以技术治技术不失为一条可行的路径，比如嵌入人工智能"道德预警"程序、建立人工智能举报机制等。当然，这有赖于技术的发展和进步。

第五节　刷单行为的违法性分析

刷单是网络购物领域衍生出的新行为，几乎遍及虚拟消费的所有过程之中。所谓刷单，是指电子商务中，经营者联合刷单人以买者身份购买平台上自己或他人经营的商品或服务，但实际未履行交货或提供服务，买者以确认收货方式让他人误以为发生真实交易，使得经营者获利或者满足其他目的的行为。

理论界对刷单有不同的分类，常见的有正向刷单和反向刷单。正向刷单是刷单人给商家刷好评度、刷交易量等以此提高商家的搜索排名和信誉度。反向刷单是商家为了获得竞争优势而组织刷单者为竞争对手刷差评以达到平台对其进行处罚的结果，对其进行降权。

刷单行为的核心在于刷单人以买者身份付款购买商品或服务，形成未实际履行交货或提供服务的不真实交易，从而影响经营者的评价指标。

1. 刷单行为中的主体

刷单行为中涉及的主体包括电子商务经营者和刷单人。实践中有两种情形：一种是经营者自己刷单，此时经营者和刷单人重合。另一种是经营者雇用专门的刷单人（可能是一个专门组织也可以是自然人个人）为其刷单，并支付相应的对价，此时，经营者和刷单人形成合意，是合同的双方当事人。

2. 刷单行为的后果

从刷单行为的后果看，受刷单行为影响的主体包括消费者和其他经营者。

消费者在电子商务平台上购买商品或服务，基于电子商务虚拟性的特点，无法实际接触到商品，因而往往会根据电商平台上显示的好评度和成交量等因素选择交易对象。因此，刷单的结果会直接影响到消费者的选择。

市场经济中经营者是相互竞争的关系，消费者根据刷单显示出来的虚假信息选择购买刷单经营者的商品，即意味着其他同业经营者的竞争失败。因此，刷单的结果会对市场同业经营者的竞争优势产生影响。

电子商务平台也可能因刷单行为受到损失。电子商务平台虽然不是刷单的直接行为人或相对人，却是刷单行为的实现载体，刷单行为的负面影响最终会作用于平台，比如可能影响消费者对整个平台的信任，可能增加平台的监管成本等。

二　刷单行为的一般违法性

1. 刷单行为是一种不正当竞争行为

目前电商平台的信用评价体系中，交易量和好评率是评价店铺信用级别的重要指标。在网络交易中，消费者通常也以此作为选择的重要依据。经营者通过刷单的方式虚构交易量和好评率，影响消费者的选择，从而提高自身商业信誉，获得竞争优势。

《反不正当竞争法》第八条规定：经营者不得对其商品的性能、功能、质量、销售状况、用户评价、曾获荣誉等作虚假或者引人误解的商业宣传，欺骗、误导消费者。经营者不得通过组织虚假交易等方式，帮助其他经营者进行虚假或者引人误解的商业宣传。从这个意义上说，刷单行为符合《反不正当竞争法》所规定的虚假宣传行为，是一种不正当竞争行为。根据《反不正当竞争法》第二十条的规定，可由监督检查部门责令停止违法行为，处二十万元以上一百万元以下的罚款；情节严重的，处一百万元以上二百万元以下的罚款，可以吊销营业执照。消费者或其他经营者也可提起民事诉讼维护自身合法权益。

反向刷单还可能涉嫌构成诋毁竞争对手商誉的不正当竞争行为。《反不正当竞争法》第十一条规定，经营者不得编造、传播虚假信息或者误导性信息，损害竞争对手的商业信誉、商品声誉。反向刷单通过恶意给竞争对手刷差评，降低其商品声誉或商业信誉，从而不当获得自己的竞争优势，符合诋毁商誉的构成要件。根据《反不正当竞争法》第二十三条规定，可由监督检查部门责令停止违法行为、消除影响，处十万元以上五十万元以下的罚款；情节严重的，处五十万元以上三百万元以下的罚款。商誉受损的经营者可提起民事侵权之诉。

2. 刷单行为是侵犯消费者权益的行为

在电子商务领域，消费者同样享有知情权，有权要求经营者告知有关商品和服务的真实情况。在一个充分公平竞争的市场，消费者通过获得的真实信息进行比较鉴别，作出最终的选择。经营者应告知消费者有关商品和服务的真实情况以保障其知情权。而刷单行为则通过制造虚假的好评率或交易量而向消费者传达不真实的信息，造成消费者的误认，在此基础上消费者的选择并非自己的真实意愿。因此，刷单行为侵犯了消费者的知情权和自主选择权，消费者可以行使求偿权。

3. 刷单合同是无效合同

电商经营者和刷单人就刷单事宜达成一种合意，从民事法律关系的角度看，这是一种非典型合同。刷单人为经营者刷单，经营者支付相应的对价。但是，如前所述，刷单是一种《反不正当竞争法》禁止的不正当竞争行为，因而该合同的内容违法。根据《民法典》第一百四十三条规定，违反法律的合同无效。因此，电商经营者和刷单人之间就刷单事宜达成的合意无效。

综上，刷单行为的一般违法性在于通过刷单制造虚假的交易信息误导消费者产生购买的需求，继而侵害消费者和其他经营者的合法权益，扰乱公平竞争的网络交易秩序。电商经营者和刷单人之间就刷单事宜达成的合意因违反法律而归于无效。

三　刷单行为的刑事违法性

作为一般违法行为，我们只能通过行政处罚和民事求偿的方式追究刷单违法行为人责任，具有一定的局限性，而且，作为直接实施刷单的刷单人往往能逃脱制裁。随着刷单案频发，以刷信誉、刷声誉为导向的刷单行为日益职业化、专门化，甚至形成了完整的灰色产业链，刷单入刑的呼声日益高涨。那么，刷单行为是否具有刑事违法性？

刷单行为涉及电商经营者和刷单人两类行为主体。以下分述之：

1. 电商经营者的行为能否构成虚假广告罪？

刷单行为是一种虚假宣传行为。在电商经营者自己刷单的情形下，电商经营者就是虚假宣传的违法主体。如果刷单是由经营者指使刷单人实施，刷单人是为经营者利益实施刷单行为，其虚假宣传的后果理应由经营者承担。而且，从反不正当竞争法的角度，虚假宣传是经营者实施的不正当竞争行为，经营者既可以自己亲自实施，也可以指派他人实施。所以，经营者是虚假宣传行为的主体，刷单人不构成虚假宣传的主体。

与虚假宣传相关的罪名是《刑法》第二百二十二条规定的虚假广告罪：广告主、广告经营者、广告发布者违反国家规定，利用广告对商品或者服务做虚假宣传，情节严重的，构成虚假广告罪。但是，网络交易平台网页中反映的商品销量和评价等信息，是交易行为在平台系统上自动生成的交易数据或评价信息，是交易平台对平台内经营者进行管理、信用评价以及对消费者进行信息披露的内容，其本身并非经营者发布的广告。因此，刷单制造的信息内容并不是广告，刷单这种虚假宣传行为不能构成虚假广告罪。电商经营者对其虚假宣传行为应依法承担行政责任和民事责任。

2. 刷单人行为能否构成非法经营罪？

刷单入刑第一案中李某某以非法经营罪获刑。那么，刷单人的刷单行为是否符合非法经营罪的构成要件？

《刑法》第二百二十五条规定的非法经营罪是指违反国家规定，有下列非法经营行为之一，扰乱市场秩序，情节严重的：（1）未经许可经营法律、行政法规规定的专营、专卖物品或者其他限制买卖的物品的；（2）买卖进出口许可证、进出口原产地证明以及其他法律、行政法规规定的经营许可证或者批准文件的；（3）未经国家有关主管部门批准非法经营证券、期货、保险业务的，或者非法从事资金支付结算业务的；（4）其他严重扰乱市场秩序的非法经营行为。

本罪侵犯的客体是市场秩序。刷单行为以虚假的交易量或好评率影响消费者的选择，获得竞争优势，无疑破坏了网络交易公平竞争的市场秩序；但从客观方面讲，刷单只能适用《刑法》第二百二十五条（四）这个兜底性规定。另外，刷单只有达到情节严重的程度才可能具有刑事违法性。根据《最高人民检察院公安部关于公安机关管辖的刑事案件立案追诉标准的规定（二）》的规定，从事其他非法经营活动，具有下列情形之一的应予以立案：（1）个人非法经营数额在五万元以上，或者违法所得数额在一万元以上的；（2）单位非法经营数额在五十万元以上，或者违法所得数额在十万元以上的；（3）虽未达到上述数额标准，但两年内因同种非法经营行为受过二次以上行政处罚，又进行同种非法经营行为的；（4）其他情节严重的情形。

3. 反向刷单人行为能否构成破坏生产经营罪？

南京市反向刷单第一案被告人最终因破坏生产经营罪入刑。《刑法》第二百七十六条规定的破坏生产经营罪，是指由于泄愤报复或者其他个人目的，毁坏机器设备、残害耕畜或者以其他方法破坏生产经营的行为。根据最高人民检察院、公安部《关于公安机关管辖的刑事案件立案追诉标准》第三十四条规定：由于泄愤报复或者其他个人目的，毁坏机器设备、残害耕畜或者以其他方法破坏生产经营，涉嫌下列情形之一的，应予立案追诉：（1）造成公私财物损失五千元以上的；（2）破坏生产经营三次以上的；（3）纠集三人以上公然破坏生产经营的；（4）其他破坏生产经营应予追究刑事责任的情形。

本案中反向刷单行为是否符合"以其他方法破坏生产经营"，在审理中曾有争议，反对者认为刑法规定的破坏生产经营主要方法是毁坏机器设备、残害耕畜等生产资料，那么其他方法也应与此对应，不宜对"其他方法"做扩大解释；支持者认为，网络经济时代破坏生产经营不限于传统机器设备耕畜等生产资料，信誉、信用等也对企业经营有决定性影响，因此通过反向刷单引发电商平台对经营者的搜索降权处罚直接影响其正常经营，符合"以其他方法破坏生产经营"。

破坏生产经营罪始于 1997 年刑法，当时计算机技术还处于初级阶段。至电子商务发展如火如荼的今天，我们不应局限于传统生产经营模式，要在网络空间背景下理解本罪的"其他方法"。这也符合《刑法》第二百七十六条采用"列举 + 兜底条款"的模式来维护多变的生产经营业态的立法初衷。

4. 反向刷单能否构成损害商誉罪？

《刑法》第二百二十一条规定的损害商业信誉、商品声誉罪是指捏造并散布虚伪事实，损害他人的商业信誉、商品声誉，给他人造成重大损失或者有其他严重情节的行为。损害商誉罪和诋毁商誉行为的区别在于是否给他人造成重大损失或者有其他严重情节，重大损失指给他人造成直接经济损失 50 万元以上，其他严重情节包括严重妨碍他人正常经营或者导致停产、破产的，或造成恶劣影响等。

反向刷单中，行为人通过刷单捏造使被害商家商誉降低的虚假事实，并且这种商誉降低的虚假事实能够被不特定多数的电子商务消费者获悉，从而影响其选择，给商家带来损失。当损失达到《刑法》规定的数量时，即可能构成损害商誉罪。

需要注意的是，反向刷单中电商经营者和刷单人都可以成为损害商誉罪的主体。即使反向刷单人是受经营者指使刷单，但根据罪责自负原则，刷单人应对自己实施的犯罪行为负刑事责任，而不能归咎其他人。不过，两类主体可能构成共同犯罪，有主从之分。

总之，刷单行为违反市场交易的诚信原则，应依法规制。但网络的迅捷发展和立法的相对滞后性之间会产生一定的矛盾，除了借助法律治理外，我们还应当寻求多元化的治理方式，由此，才能构建良好的市场秩序。

第二章　旅游服务

第一节　案例导读

案例 1，虚假出境旅游宣传案（资料来源：四川省发布"红盾春雷行动 2018——治理旅游消费环境"典型案例）

导读：在旅游消费中，旅游者有哪些权利？旅游者的知情权应如何保障？

宜宾市翠屏区工商局执法人员依法对某旅行社的经营场所进行检查，该旅行社宣传广告印有"VIP 只需 99 元百盛旅游玩转全球"等内容，并摆放有宣传出境旅游的 DM 单。经查，该公司并不具备开展出境旅游的经营资质，经营中在接待有出境旅游需求的消费者后，再转给其他有资质的公司，但并未告知消费者这一事实。当事人的行为涉嫌违反《中华人民共和国反不正当竞争法》的相关规定，该局已立案调查。

本案当事人不具备开展出境旅游经营资质，也不如实告知消费者实际情况，如消费者根据广告宣传选择了该旅行社，但最后为其提供服务的却是其他旅行社，一旦发生消费纠纷，将增加消费者的维权难度。提醒消费者在选择旅行社时，一定查看其资质，并保留相关证据。

案例 2，酒店虚假广告案（资料来源：四川省发布"红盾春雷行动 2018——治理旅游消费环境"典型案例）

导读：应如何规范旅游经营者的宣传行为？

四川某假日酒店有限公司在其微信公众号的功能介绍中标注"某假日酒店是集团全资建设并管理，集餐饮、住宿、会务、休闲、娱乐、购物于一体的四星级综合型豪华酒店，坐落于通江县城红色革命圣地，是您红色旅游、放松身心的首选休憩之地。建筑独特壮观、交通方便快捷，是商务接待、会议、休闲旅游的最佳之选"的字样，被实名举报后，巴中市通江县市场监管局立案调查。经查，当事人冒用"四星级"名义，并对外宣传使用"最佳"，其行为违反《中华人民共和国广告法》有关规定，该局责令当事人立即改正上述违法行为，并处罚款人民币2万元。

该案当事人以微信公众号发布虚假广告信息，用以增加酒店大众知晓度，招揽入住客人，严重侵犯了消费者的知情权，误导了消费者的消费行为。该案的查处对以微信公众号发布虚假广告违法行为具有一定的警示作用。

第二节 《旅游法》中的旅游者权利和义务

《中华人民共和国旅游法》由中华人民共和国第十二届全国人民代表大会常务委员会第二次会议于2013年4月25日通过，自2013年10月1日起施行。

消费者在《旅游法》中被称为旅游者，旅游者即购买、接受旅游服务的消费者。

《旅游法》强调为旅游者提供旅行便利和安全保障，在维护权益总体平衡的基础上，更加突出以旅游者为本。

一 旅游者权利

《旅游法》专设旅游者一章，明确旅游者自主选择权、知情权、履约请求权、受尊重权、救助保护请求权、特殊人群获得便利优惠权。同时又在旅游经营者规范和旅游服务合同的制度设计中体现保障旅游者权益的精神。

归纳起来，旅游者的权利有以下九项：

1. 自主选择权

旅游者有权自主选择旅游产品和服务，有权拒绝旅游经营者的强制交易行为。

旅行社不得以不合理的低价组织旅游活动，诱骗旅游者，并通过安排购物或者另行付费旅游项目获取回扣等不正当利益。除非经双方协商一致或者旅游者要求，且不影响其他旅游者行程安排，旅行社组织、接待旅游者，不得指定具体购物场所，不得安排另行付费旅游项目。否则，旅游者有权在旅游行程结束后三十日内，要求旅行社为其办理退货并先行垫付退货货款，或者退还另行付费旅游项目的费用。

将不同景区的门票或者同一景区内不同游览场所的门票合并出售的，合并后的价格不得高于各单项门票的价格之和，且旅游者有权选择购买其中的单项票。

2. 知情权

旅游者有权知悉其购买的旅游产品和服务的真实情况。

旅游者有权就包价旅游合同中的行程安排、成团最低人数、服务项目的具体内容和标准、自由活动时间安排、旅行社责任减免信息，以及旅游者应当注意的旅游目的地相关法律、法规和风俗习惯、宗教禁忌，依照中国法律不宜参加的活动等内容，要求旅行社做详细说明，并有权要求旅行社在旅游行程开始前提供旅游行程单。

旅行社为招徕、组织旅游者发布信息，必须真实、准确，不得进行虚假宣传，误导旅游者。景区应当在醒目位置公示门票价格、另行收费项目的价格及团体收费价格。景区提高门票价格应当提前六个月公布。

通过网络经营旅行社业务的，应当依法取得旅行社业务经营许可，并在其网站主页的显著位置标明其业务经营许可证信息。发布旅游经营信息的网站，应当保证其信息真实、准确。

3. 履约请求权

旅游者有权要求旅游经营者按照约定提供产品和服务。

导游和领队应当严格执行旅游行程安排，不得擅自变更旅游行程或者中止服务活动，不得向旅游者索取小费，不得诱导、欺骗、强迫或者变相强迫旅游者购物或者参加另行付费旅游项目。

为旅游者提供交通、住宿、餐饮、娱乐等服务的经营者，应当符合法律、法规规定的要求，按照合同约定履行义务。

　　旅行社应当按照包价旅游合同的约定履行义务，不得擅自变更旅游行程安排。旅行社不履行包价旅游合同义务或者履行合同义务不符合约定的，应当依法承担继续履行、采取补救措施或者赔偿损失等违约责任；造成旅游者人身损害、财产损失的，应当依法承担赔偿责任。旅行社具备履行条件，经旅游者要求仍拒绝履行合同，造成旅游者人身损害、滞留等严重后果的，旅游者还可以要求旅行社支付旅游费用一倍以上三倍以下的赔偿金。

　　4. 受尊重权

　　旅游者的人格尊严、民族风俗习惯和宗教信仰应当得到尊重。

　　5. 特殊人群获得便利和优惠权

　　残疾人、老年人、未成年人等旅游者在旅游活动中依照法律、法规和有关规定享受便利和优惠。此外，军人、教师等也应依法获得优惠。

　　5. 救助保护请求权

　　旅游者在人身、财产安全遇有危险时，有请求救助和保护的权利，有权请求旅游经营者、当地政府和相关机构进行及时救助。

　　中国出境旅游者在境外陷于困境时，有权请求我国驻当地机构在其职责范围内给予协助和保护。

　　6. 求偿权

　　旅游者人身、财产受到侵害的，有依法获得赔偿的权利。

　　7. 安全权

　　旅游经营者应当保证其提供的商品和服务符合保障人身、财产安全的要求。旅游者有权要求为其提供服务的旅游经营者就正确使用相关设施设备的方法、必要的安全防范和应急措施、未向旅游者开放的经营服务场所和设施设备、不适宜参加相关活动的群体等事项，以明示的方式事先向其作出说明或者警示。

　　在旅游者自行安排活动期间，旅行社未尽到安全提示、救助义务的，应当对旅游者的人身损害、财产损失承担相应责任。

　　旅游经营者组织、接待老年人、未成年人、残疾人等旅游者，应当采取相应的安全保障措施。

8. 旅游合同的转让权和单方解除权

旅游行程开始前，旅游者可以将包价旅游合同中自身的权利义务转让给第三人，旅行社没有正当理由的不得拒绝，因此增加的费用由旅游者和第三人承担。

旅行社招徕旅游者组团旅游，因未达到约定人数不能出团的，组团社经征得旅游者书面同意，可以委托其他旅行社履行合同。组团社对旅游者承担责任，受委托的旅行社对组团社承担责任。旅游者不同意的，可以解除合同。

因不可抗力或者旅行社、履行辅助人已尽合理注意义务仍不能避免的事件，导致旅游合同不能继续履行，旅行社和旅游者均可以解除合同；导致合同不能完全履行，旅游者不同意旅行社变更合同的，有权解除合同；合同解除的，旅游者有权获得扣除组团社已向地接社或者履行辅助人支付且不可退还的费用后的余款。

包价旅游合同在旅游行程中被解除的，旅游者有权要求旅行社协助旅游者返回出发地或者旅游者指定的合理地点，由于旅行社或者履行辅助人的原因导致合同解除的，旅游者有权要求旅行社承担返程费用。

9. 个人信息受保护的权利

旅游者有权要求旅游经营者对其在经营活动中知悉的旅游者个人信息予以保密。

二　旅游者义务

《旅游法》是一部综合法，其立法宗旨是保障旅游者和旅游经营者的合法权益，规范旅游市场秩序，保护和合理利用旅游资源，促进旅游业持续健康发展，不单是为保护旅游者权益所立。为实现多重立法宗旨，旅游者作为旅游活动的主体之一，也应承担相应的义务。故《旅游法》又为旅游者设定了以下义务：

1. 文明旅游义务

旅游者在旅游活动中应当遵守社会公共秩序和社会公德，尊重当地的风俗习惯、文化传统和宗教信仰，爱护旅游资源，保护生态环境，遵守旅游文明行为规范。

2. 不损害他人合法权益的义务

旅游者在旅游活动中或者在解决纠纷时，不得损害当地居民的合法权益，不得干扰他人的旅游活动，不得损害旅游经营者和旅游从业人员的合法权益；造成损害的，依法承担赔偿责任。

3. 个人健康信息告知义务

旅游者购买、接受旅游服务时，应当向旅游经营者如实告知与旅游活动相关的个人健康信息，审慎选择参加旅游行程或旅游项目。

4. 安全配合义务

旅游者应当遵守旅游活动中的安全警示规定，不得携带危害公共安全的物品。

旅游者对国家应对重大突发事件暂时限制旅游活动的措施以及有关部门、机构或者旅游经营者采取的安全防范和应急处置措施，应当予以配合；违反安全警示规定，或者对国家应对重大突发事件暂时限制旅游活动的措施、安全防范和应急处置措施不予配合的，依法承担相应责任；接受相关组织或者机构的救助后，应当支付应由个人承担的费用。

5. 遵守出入境管理义务

出境旅游者不得在境外非法滞留，入境旅游者不得在境内非法滞留；随团出、入境的旅游者不得擅自分团、脱团。

第三节　旅游者的知情权保护

一　旅游者知情权的法律规定

旅游消费者在我国消费者群体中占有举足轻重的地位。有数据显示，2019 年我国消费者选择比例最高的商品与服务项目是旅游活动，2019 年中国国内旅游人次突破 60 亿大关，等于每个人一年旅游 4.5 次。近年来旅游消费者数量激增为国内旅游产业带来了巨大商机，随之产生各种问题，据统计中国质量万里行投诉平台在 2019 年接到旅游消费者有效投诉共 29772 件，比 2018 年上涨 264.2%。其中最不可忽视的是旅游产业信息不对称以及经营者仅顾及自身利益而对消费者知情权的侵害。

《旅游法》第九条明确了旅游者的知情权，旅游者有权知悉其购买的旅游产品和服务的真实情况。

《旅游法》同时规定了旅游经营者的相关义务以保障旅游者的知情权。根据《旅游法》，旅游经营者包括旅行社、景区以及为旅游者提供交通、住宿、餐饮、购物、娱乐等服务的经营者。

（一）旅行社的义务

1. 真实宣传义务

旅行社为招徕、组织旅游者发布信息，必须真实、准确，不得进行虚假宣传，误导旅游者。

2. 包价旅游合同中的说明、载明和告知义务

包价旅游合同，是指旅行社预先安排行程，提供或者通过履行辅助人提供交通、住宿、餐饮、游览、导游或者领队等两项以上旅游服务，旅游者以总价支付旅游费用的合同。

说明义务是指订立包价旅游合同时，旅行社应当向旅游者详细说明包价旅行合同条款所载内容。

载明义务包括，委托其他旅行社代理销售包价旅游产品并与旅游者订立包价旅游合同的，应当在包价旅游合同中载明委托社和代理社的基本信息；将包价旅游合同中的接待业务委托给地接社履行的，应当在包价旅游合同中载明地接社的基本信息；安排导游为旅游者提供服务的，应当在包价旅游合同中载明导游服务费用。

告知义务是指订立和履行包价旅游合同时，旅行社应当向旅游者告知下列事项：（1）旅游者不适合参加旅游活动的情形；（2）旅游活动中的安全注意事项；（3）旅行社依法可以减免责任的信息；（4）旅游者应当注意的旅游目的地相关法律、法规和风俗习惯、宗教禁忌，依照中国法律不宜参加的活动等；（5）法律、法规规定的其他应当告知的事项。

3. 提供行程单的义务

旅行社应当在旅游行程开始前向旅游者提供旅游行程单。旅游行程单是包价旅游合同的组成部分。

（二）景区的公示、公告义务

景区应当在醒目位置公示门票价格、另行收费项目的价格及团体收费价格。景区提高门票价格应当提前六个月公布。旅游者数量可能达到最大承载量时，景区应当提前公告并同时向当地人民政府报告，景区和当地人民政府应当及时采取疏导、分流等措施。

（三）其他旅游经营者的明示义务

1. 通过网络经营旅行社业务的，应当依法取得旅行社业务经营许可，并在其网站主页的显著位置标明其业务经营许可证信息。

发布旅游经营信息的网站，应当保证其信息真实、准确。

2. 从事道路旅游客运的经营者应当遵守道路客运安全管理的各项制度，并在车辆显著位置明示道路旅游客运专用标识，在车厢内显著位置公示经营者和驾驶人信息、道路运输管理机构监督电话等事项。

那么，我国旅游者知情权保障现状如何呢？

二 旅游者知情权保障难点

1. 旅游服务质量信息模糊

由于近年来在线旅游（OTA）的兴起，出于便捷和经济、安全方面的考虑，越来越多的旅游消费者选择包价旅游合同的方式开启旅程，但是其中比较突出的问题是包价旅游合同很难确定旅行社所规划的服务质量。目前我国也没有比较出名的旅游服务品牌做参照，因此消费者在选择的时候只能通过商家给出的行程计划信息来做比较。

在此过程中，旅行社具有天然的组织者地位，饭店、餐馆，景区等参与商家所提供的服务才是最终体现旅游服务质量的评价参数，但是这个质量标准很难衡量。《团队旅游合同（示范文本）》对于旅游行程的组成要素应该如何细化有自己的规定，然而其并不具有强制性。目前市场上游客在合同中能看到的仅仅是旅行社信息、涉及的景点名称和项目以及模糊的饭店、旅馆信息。例如：本次旅游包含几种菜品、晚上住宿几人间，却对菜品的质量和旅馆的星级和环境绝口不提。

《旅行社条例》仅规制旅行社企业的旅游合同，《旅游法》对于旅程中安排、代订购、咨询和住宿合同作了概括性的规定，但是对于如何确定履行辅助人提供的服务质量是否达标没有做出能够满足旅游消费者需求的细化规定。包价旅游合同的价格一般都是确定的，但是很难避免其定价标准模糊、质价不符、可能产生二次付费等问题的产生。另外，《团队旅游合同（示范文本）》没有规定如何评价导游质量，对于某些特殊的旅游目的地，旅行社也很少承担起自己应负的警示说明和瑕疵告知义务，最终就会导致消费者行程结束，对景点游览时间和项目严重缩水、食宿质量与预期非常不符、导游工作水平和态度较差等旅游产品质量问题投诉不断。

2. 经营信息披露程度较低

《旅行社条例》第 4 章规定了旅行社在旅游合同中应当披露的经营信息，这是我国旅游消费者了解旅行社经营信息的主要渠道，但是一般旅游合同中很少有这些细节，尤其是包价旅游合同，消费者所能获悉的经营者信息其实是少之又少。

另一途径是通过旅行社官网或者第三方网站了解旅行社经营信息。但是随着现代信息网络的迅猛发展，很有可能发生的情形是当消费者搜索一个名字时会出现很多同名的旅行社，这些旅行社价格各异、质量参差不齐。大数据时代是数据爆炸的时代，因此很难从其中筛选出真实可靠的数据。

旅行社经营信息尚且不充分，履行辅助人的信息更无从知晓，因为有些小的旅馆和餐馆都是私下和旅行社缔约，他们自身可能也没有意识到自己所具有的告知义务，基于合同相对性原理，即使消费者认为自己享受的服务和价格不符，也只能找旅行社维权。

3. 缺乏对披露信息的有效监管

2012 年，"中国旅游诚信网"完成了优化升级，一方面提高了旅游行业办公效率，另一方面完善了旅游经营者"信息发布"和"诚信公示"两大板块，从而提高对旅游行业信息披露的监督。

但是其不足之处在于信息发布随意随时，背后的原因是各部门各自为政，权责界定不清晰，从而在客观上导致旅游行业信息公开程序不规范不统一，游客查询也十分不便。我国有些省市也在尝试旅游行业等级评价制度，如《四川省旅游诚信企业评选标准》《沈阳旅行社信誉考核制度》，但是这些评选大多选择地方旅游主管机关作为评审部门，由于其中涉及多方利益，这种评级方式很难达到其预期效果。而且此类评选活动在各地较多，多流于形式，结果也不具有参考价值，各种优秀企业、诚信公司百花齐放，然而旅游投诉却不减反增。

三　完善旅游者知情权保护的路径

（一）明确质量信息和责任主体

实践中可以考虑将包价旅游合同设计成一揽子协议式，对于容易引起争议的履行辅助人所提供的服务信息（包括具体项目、原价和质量等级等信息）都明确说明，让旅游消费者自己衡量。海南旅游业2013年试行的电子行程单系统或许具有示范价值，电子行程单包括游客行程中娱、食、住、行等各项服务准确全面的信息，规定各旅行社只能从电子行程单信息库中选择景点，导游只能按照游客电子行程单带团。这个系统保证了旅游合同信息的真实性，同时也是对旅游消费者知情权的保障。

（二）强化经营信息披露

首先，应该要求旅行社递交经营信息年度报告。旅行社拥有自己和履行辅助人最全面、详尽的企业经营信息，负有保证游客知情权的最大义务。政府监管部门应当强制各旅行社按照统一的程序和内容编制、递交经营信息年度报告，政府部门汇编整理后将旅游消费者关注而不容易获得的信息发布在关注度高、方便获取的媒体和政府官网上。年度报告的重点应该是通过横向行业比较，让消费者能够更加直观地了解各企业的实力和优缺点，从而做出更加适合自己的消费选择。

其次，是建立垂直搜索数据库。国内旅游大多是异地服务，游客对当地政府、企业的信息了解都不充分，因此应当建立国家级的垂直搜索数据库，统一旅游经营者信息发布的时间、程序和内容，保证旅游信息公开有效进行。云南省昆明市2011年将昆明市旅游经营者的备案信息公开到政务网，是信息透明化的新尝试。国家旅游局和各省旅游局可以合作采集、整理各地旅游经营者信息，建立经营者信息数据库和垂直搜索引擎，实现游客有针对性的搜索，提高效率。

（三）完善信息披露监管

旅游行业具有特殊性，游客一般都是一次性消费，包价旅游合同二次消费可能性很小，不必考虑回头客，这也是旅游经营者敢大胆采用虚假宣传欺骗消费者的原因。

我国《消费者权益保护法》第5章规定了消费者组织的告知义务，因此可以考虑成立专门的旅游消费者组织，通过该组织集合不同旅游经营者和旅游线路的市场交易信息，倒逼经营者考虑企业失信成本，使其公开真实度比较高的交易信息，保障游客知情权。旅游消费者组织还可以招募志愿者体验不同包价旅游合同的服务，比较各个经营者和合同的优缺点并公布在专门的门户网站上，为游客提供合理真实的决策依据。

（四）构建多元化争议解决机制

首先，应当扩大旅游经营者法律责任承担范围。《旅游法》所规定的赔偿性责任主体仅限于旅游合同约束的旅行社，并没有将旅游行程中的履行辅助人纳入担责范围。因此，构建多元化游客知情权争议解决机制，首先要扩大赔偿责任主体范围，不能让不合格的履行辅助人逃避法律的制裁，提高消费者受偿的可能，保障消费者知情权的权利救济。

其次，建立旅游消费者精神损害赔偿制度。我国《旅游法》注重保障旅游消费者知情权受损后的经济利益，但并不涉及精神损害赔偿。由于旅游合同标的的特殊性，消费者精神利益的保障也具有正当性。但是建立旅游消费者精神损害赔偿制度一定要细化标准、适用条件和范围，避免引起更多的争议。

再次，发挥舆论监督的作用。自2018年10月至2019年3月，文旅大数据系统舆情监测到"旅游消费投诉"相关信息111470条，媒体公众对该话题关注度较高。梳理信息来源，其中89004条信息来自新闻报道，占比高达81%，可见媒体监督力度之大。同时，也有不少网友倾向于通过微博、微信发布自己在旅游消费中所遇到的问题，寻求文旅部门帮助。消费者组织应当向旅游消费者提供消费信息和咨询服务，对损害旅游消费者合法权益的行为，通过大众传播媒介予以揭露、批评，以充分发挥舆论对旅游业的监督作用。

最后，完善旅游纠纷诉讼制度。一方面，可以建立旅游仲裁机构，及时高效解决争议，降低消费者维权成本，提高消费者维权积极性。另一方面，通过旅游消费者组织提起旅游公益诉讼，保障旅游消费者可以及时有效地通过法律途径维护自身权益。

中国旅游业近年来正在蓬勃发展，旅游业中存在的问题不断进入大众关注视野，其中旅游消费者知情权受到侵害、信息不对称等问题一直争议颇多。如果能够规范旅游经营者信息公开程序和内容，一定能改善这种现象，做到旅游业市场信息的相对均衡，促进公平交易的实现。而当游客的知情权益受到侵犯时，应当存在完善的保障旅游消费者获得赔偿的法律救济制度。

第三章　金融服务

第一节　案例导读

案例1，首例消费者主张保险知情权案（资料来源：《法制晚报》"首例保险知情权案宣判　新消法帮助投保人维权"）

导读：从保障消费者知情权视角，保险经营者如何履行提示说明义务？

2007年5月，光大永明人寿保险有限公司北京分公司的保险营销员向刘先生推销了一款名为"丰盛无忧退休保障计划"的保险，其中包括主险"光大永明丰盛两全保险（万能型，A款）"和附加险"光大永明附加丰盛投资连结保险（A款）"等。所谓投连险，全称为投资连结险，就是将保险与投资挂钩的一种保险。"当时业务员找了我好多次，虽然告知我有一定风险，但拍着胸脯说这两年经营状况不错，收益率很高。"刘先生觉得，买保险总比把钱存银行划算，于是就签了合同。投保后，他按照合同约定，每月缴纳2200元的保险费。

2012年10月，刘先生查询账户时竟意外发现，自己前前后后缴的13.2万余元，只剩下9.1万余元。5年多的时间，投保这款产品不但没让他挣钱，反而赔了4万多元。刘先生才意识到，5年来自己仅仅是在业务员的指导下确定了各种投资类型（如进取型、保守型等）的分配比例，但钱具体被投到了哪儿，保险的结算利率计算依据、保险费去向等相关信息他几乎一无所知。刘先生找到保险公司，保险公司则表示"很正常"，并称这款保险本来就有亏损风险。

刘先生原以为这款保险是"稳健的储蓄项目",因此没有定期关注。而且他是在投资的最后两年才收到保险公司寄来的《保险单年度报告》。刘先生说:"平常每月只有他们发来的收款短信,再也没有任何其他信息。"刘先生找到保险公司要求退保,保险公司却拿出合同告诉刘先生,退保要交纳高额的手续费,不如再等一年。"因为按照约定,投保满 6 年就可免除手续费,而且说不定再过一年,保险会有不少收益。"刘先生只好选择继续投保。但一年后,当他再次查看账户时发现,尽管自己又老老实实地多交了一年的钱,但账户里的钱却和一年前几乎没变化!

据记者了解,刘先生购买的"丰盛无忧退休保障计划"分为 1 份主合同(光大永明风盛两全保险)和 3 份附加合同(分别为投连险和两份重大疾病附加险)。主险的保险期间自合同生效时至被保险人年满100 周岁止,投连险是附加险,主合同终止时随之终止。刘先生每月缴纳的 2200 元保费,其中 10% 划入固定个人账户,90% 划入投连账户。投连账户有 3 个,投资比例由投资人自行划定。刘先生划定的情况是:20% 的资金投入稳健型投资账户、35% 投入平衡型投资账户,另外35% 投入进取型投资账户。

记者将刘先生的账户情况和光大永明公司的投连信息披露年报进行了对比,发现 2009 年,保险公司投连险三种投资类型的总账户均显示盈利,可刘先生的账户却"意外"亏损,一共亏了 11228.35 元。而2010 年年报,三种投资类型的总账户有赔有赚,基本持平,但刘先生的账户依然亏损。

刘先生认为,光大永明北京分公司对其独立账户资金进行暗箱操作,既不提供结算利率计算依据,也不告知资金投向和运营状况,严重损害了自己作为投保人的合法权益,侵害了其对自己账户资金状况的知情权。2013 年初,他将保险公司起诉到东城法院,要求光大永明公司公布 2007 年 10 月至 2012 年 10 月其个人账户年化结算利率的计算依据、每周保险单中个人投资账户单位价格的变化情况和该期间每半年投资连结账户的投资回报率及计算公式等。这是我国首例消费者主张保险知情权的案件。

一审期间，光大永明寿险公司认为，刘先生的诉讼请求无事实和法律依据，超出保险合同约定的光大永明寿险公司应尽的义务范围。公司代理人甚至称，刘先生的诉讼请求侵害了光大永明公司的商业秘密。

东城法院审理后认为，刘先生在投保书、人身保险投保提示书、客户声明等文件上签名，表明光大永明公司已经履行了相应的提示、解释、说明义务。刘先生已知晓该保险合同条款内容，同意按照保险条款行使权利、履行义务，并了解投资连结保险的投资回报的不确定性和风险性。合同没有约定光大永明公司有公布结算利率计算依据的义务。对于刘先生的其他诉讼请求，保险合同也都没有相关约定。东城法院以此为由，判决驳回了刘先生的诉讼请求。

刘先生不服，上诉至北京市第二中级人民法院。理由有三：（1）法院未正确认定双方签订合同的理财性质及投资目的，仅以合同条款未做约定为由驳回诉讼请求，法律适用错误。他认为，投资连结保险作为保险的保障作用极度弱化，自己投保是为了获得投资理财服务。因此，考虑到涉案保险的投资理财性质，根据诚信原则，保险公司有义务忠实告知涉及投资账户的一切重要事项，除合同约定内容外，还应包括且不限于国家监管部门明令要求告知的内容。（2）自己与保险公司之间是委托理财关系，根据合同法，受托人应当按照委托人的要求报告委托事务。（3）自己向保险公司购买投资理财和风险保障服务，身份是消费者。而中国保监会也已将"投保者"视为"保险消费者"。根据《消费者权益保护法》的规定，消费者享有知悉其接受服务的真实情况的权利。

但二中院审理后认为，寿险公司无义务公布刘先生个人账户年化结算利率的计算依据；保险合同及相关法律法规并未规定寿险公司须公布投资回报率的计算公式。最终，法院终审维持原判。

案例2，汽车保险赔偿案（资料来源：中国裁判文书网）

导读：消费者购买、接受保险服务，应如何保障自己的知情权？

林某有一辆别克小轿车，并到分宜某保险公司为该车办理了交强险。一天，林某在驾驶这辆别克小车时发生了交通事故，造成行人黄某、陈某、张某受伤，其中黄某住院6天、陈某住院5天，张某虽未住院，但在门诊看病吃药。

　　不久后，各方在分宜交警大队的主持下，林某与上述 3 名受害者达成了调解协议：一、这次交通事故林某负全部责任，承担 3 名受害人全部医疗费 4859.96 元；二、受害人黄某、陈某的误工费、护理费、营养费和伙食补助费共计 3336 元，由林某承担；三、林某一次性付给 3 名受害人后续治疗费及财产损失等费用共计 5000 元。因林某的小车办理了交强险，于是他向分宜某保险公司递交理赔材料并提出索赔要求。

　　分宜某保险公司受理后，其业务员没有对理赔金额进行审核的情况下，交给林某 3 张空白的医药费核减表和 1 张空白的理赔协议表，要求林某在空表上签名，说是为了更快地办理理赔手续。林某没有过多考虑，便在 4 张表上签了名。随后，林某得到理赔款 4567.62 元，可他实际赔付给 3 名受害人的钱是 13195.96 元。林某的实际损失与得到的理赔款相差太远，遂找到保险公司交涉。

　　因交涉未果林某向法院提起诉讼，请求判决被告保险公司向原告支付理赔款 5432.38 元。法院一审审理后认为，被告保险公司在与被保险人签订保险理赔协议时，应向被保险人说明各项费用核减的理由和依据。被告业务员在未向被保险人明确赔偿标准、范围、具体理赔金额的情况下，让被保险人签订空白理赔协议，再由理赔中心的核审员将核审好的金额填入事先签订好的空白的理赔协议栏内，属理赔程序违法，侵害了被保险人知情权。

　　虽然原告在理赔协议上签了字，但鉴于被告的违规操作，法院组织双方进行了调解，在对原告进行了教育后，还指出了被告分宜某保险公司的错误做法，被告在认识到自己的错误后，表示以后一定按程序办事，并同意向原告赔付 2432 元。至此双方达成了调解协议。

　　案例 3，钱某与银行理财产品纠纷案（资料来源：2018 年 3 月 14 日上海市虹口区人民法院发布金融消费者保护十大典型案例）

　　导读：为保障金融消费者的合法权益，金融服务经营者应承担哪些义务？

　　2014 年 5 月 22 日，钱某于甲银行开立交易账户时，甲银行对钱某的风险承受能力进行了测评，《评估问卷》测评结果显示钱某风险承受能力属于激进型，钱某在测评客户签名处签名。2015 年 5 月 8 日，钱某经甲银行客户经理贺某推介，于甲银行柜台申购了 A 基金，总额 50 万元。2016 年 1 月，A 基金实施不定期份额折算，折算基准日为 2016 年 1 月 11 日，强行调减份额 179475.30 份。2016 年 3 月 1 日，钱某赎回所购买的讼争基金，余额为 273680.79 元，亏损 226319.21 元。钱某在购买本案所涉基金之前，未在甲银行处购买过分级基金。钱某认为，自己非适格投资者，"激进型"风险测试评估结论不正确，与自身实际风险承受能力不符，甲银行未针对性进行专项风险测试评估，推荐销售了超过自身风险承受水平的高风险等级基金产品，且甲银行客户经理未向钱某充分揭示该基金的风险，因此甲银行应当就钱某的损失承担赔偿责任。

法院认为：钱某的风险承受能力与讼争基金风险等级相匹配，属于适格投资者，钱某应根据自身能力审慎决策，理性分析判断投资风险，独立承担金融投资风险。甲银行在向原告推介讼争基金时虽符合投资者适当性原则，但未尽到信息披露和风险揭示的义务，具有相当过错。若甲银行事先充分揭示告知分级基金的风险，则可以保障钱某知情权、选择权和止损权，钱某可能不会购买讼争基金，相应损失亦无从发生，钱某要求甲银行承担相应赔偿责任并无不当。本院综合钱某、甲银行双方各自的过错责任程度和市场风险，酌情认定甲银行应当赔偿钱某损失 10 万元。对于钱某主张的利息损失，于法无据，本院不予支持。

上海市虹口区人民法院于 2017 年 7 月 31 日作出（2016）沪 0109 民初 2X028 号民事判决：甲银行赔偿钱某损失 10 万元；驳回钱某其余诉讼请求。钱某、甲银行不服一审判决提起上诉。上海市第二中级人民法院于 2017 年 10 月 31 日作出（2017）沪 02 民终 9X39 号终审判决：驳回上诉，维持原判。

案例 4，明星代言案。（资料来源：新浪财经产经：杜某代言"网利宝"被起诉）

导读：据报道，自 2014 年以来，有多个金融风险平台"爆雷"，一度涉事的代言"明星"众多。明星在此类事件中究竟有无责任？关于广告代言人责任有何法律依据？

2018 年，26 岁的山东男子穆先生在多个视频平台看到某主持人杜某给网络投资平台"网利宝"录制的多则视频广告。视频中，该主持人说了"投资网利宝、躺着也赚钱"等广告词。随后，他在"网利宝"投资 4.6 万余元。

穆先生称：他从小就看该主持人主持的节目，"因为这个视频，我认为他代言了'网利宝'，才觉得'网利宝'可靠并进行了投资——如果不是该主持人，我根本不会投这笔钱进去"。

据穆先生介绍，他多次就相关诉求向山东当地法院递交起诉材料。

穆先生的起诉理由为：自己是在观看该主持人代言的广告后，出于对他的信任及广告宣扬的观点，以投资"网利宝"的形式出资了46381.8 元。2019 年 6 月，"网利宝"网站关闭不能提现。从广告的内容来看，该主持人不仅没有提示风险，还明确"网利宝"是安全的，且该主持人未履行充分的审查义务，应与广告者承担连带责任，要求该主持人赔偿他的损失 4.6 万余元。

2 月 4 日，穆先生也收到了东营市东营区人民法院出具的《受理案件通知书》，其中提到："我院已接到你诉杜某财产损害赔偿纠纷的起诉状，经审查，起诉符合法定受理条件，本院决定立案审理。"

第二节　《金融消费者权益保护实施办法》解读

根据《中华人民共和国中国人民银行法》《中华人民共和国商业银行法》《中华人民共和国消费者权益保护法》和《国务院办公厅关于加强金融消费者权益保护工作的指导意见》（国办发〔2015〕81 号）等，中国人民银行制定了《中国人民银行金融消费者权益保护实施办法》（以下简称《办法》），并于 2020 年 11 月 1 日起施行。该办法旨在保护金融消费者合法权益，规范金融机构提供金融产品和服务的行为，维护公平、公正的市场环境，促进金融市场健康稳定运行。虽然从法律层级上来说该办法只是部门规章，但仍为保护金融消费者合法权益提供了制度依据。

一 适用范围

本办法对人和事的效力范围包括两方面：

1. 金融消费者的范围

本办法所称金融消费者是指购买、使用银行、支付机构提供的金融产品或者服务的自然人。这一定义符合《消费者权益保护法》的基本理论，明确金融消费者既包含购买金融产品和服务的人，也包括使用金融产品和服务的人，同时将金融消费者限定为自然人，明确排除了法人和其他组织。

2. 金融机构及其业务范围

本办法适用的金融机构有两类：

一是在中华人民共和国境内依法设立的为金融消费者提供金融产品或者服务的银行业金融机构，即银行，其业务范围包括（1）与利率管理相关的。（2）与人民币管理相关的。（3）与外汇管理相关的。（4）与黄金市场管理相关的。（5）与国库管理相关的。（6）与支付、清算管理相关的。（7）与反洗钱管理相关的。（8）与征信管理相关的。（9）与上述第一项至第八项业务相关的金融营销宣传和消费者金融信息保护。（10）其他法律、行政法规规定的中国人民银行职责范围内的金融消费者权益保护工作。

二是在中华人民共和国境内依法设立的非银行支付机构（以下简称支付机构），其业务范围仅限于支付服务。

另外，商业银行理财子公司、金融资产管理公司、信托公司、汽车金融公司、消费金融公司以及征信机构、个人本外币兑换特许业务经营机构参照适用本办法。法律、行政法规另有规定的，从其规定。

二 金融机构行为规范

根据本办法，保护金融消费者合法权益是金融机构的法定义务。金融消费者权益保护是通过金融机构的具体行为来实现的，因此，本办法提出了金融机构保护消费者权益的行为规范，归纳起来有以下六个方面。

1. 加强保护消费者权益的内部管理

银行、支付机构应当将金融消费者权益保护纳入公司治理、企业文化建设和经营发展战略，应建立健全金融消费者权益保护的各项内控制度，应当建立健全涉及金融消费者权益保护工作的全流程管控机制，应当开展金融消费者权益保护工作人员培训，要将金融消费者权益保护工作作为考核评价的重要内容。

2. 保障金融消费者的基本权利

银行、支付机构提供产品或服务应当评估其对金融消费者的适合度。应当依法保障金融消费者财产安全。应当尊重社会公德，尊重金融消费者的人格尊严和民族风俗习惯，不得实行歧视性差别对待，不得使用歧视性或者违背公序良俗的表述。应当尊重金融消费者的自主选择权和公平交易权，不得强制搭售。

3. 依法履行信息披露义务和提示说明义务

银行、支付机构应当采用有利于金融消费者接收、理解的方式依法履行信息披露义务和提示说明义务，应依法依规使用格式条款。

4. 银行、支付机构应当依法进行营销宣传，并对内容的真实性负责

不得有下列行为：（1）虚假、欺诈、隐瞒或者引人误解的宣传。（2）引用不真实、不准确的数据和资料或者隐瞒限制条件等，对过往业绩或者产品收益进行夸大表述。（3）利用金融管理部门对金融产品或者服务的审核或者备案程序，误导金融消费者认为金融管理部门已对该金融产品或者服务提供保证。（4）明示或者暗示保本、无风险或者保收益等，对非保本投资型金融产品的未来效果、收益或者相关情况作出保证性承诺。（5）其他违反金融消费者权益保护相关法律法规和监管规定的行为。

5. 保障金融消费者的受教育权

银行、支付机构应当切实承担金融知识普及和金融消费者教育的主体责任。

6. 接受央行的监管

银行、支付机构应当履行对中国人民银行及其分支机构的报告和配合义务。

三 消费者金融信息保护

消费者依法享有个人信息受保护的权利。基于我国消费者金融信息保护总体不容乐观的态势，本办法专章规定了对消费者金融信息的保护。

所谓消费者金融信息，是指银行、支付机构通过开展业务或者其他合法渠道处理的消费者信息，包括个人身份信息、财产信息、账户信息、信用信息、金融交易信息及其他与特定消费者购买、使用金融产品或者服务相关的信息。

1. 明确合法、正当、必要、明示同意原则

消费者金融信息的处理包括消费者金融信息的收集、存储、使用、加工、传输、提供、公开等。银行、支付机构处理消费者金融信息，应当遵循合法、正当、必要原则，除法律法规另有规定的，应取得金融消费者或者其监护人明示同意。银行、支付机构不得收集与业务无关的消费者金融信息，不得采取不正当方式收集消费者金融信息，不得变相强制收集消费者金融信息。银行、支付机构不得以金融消费者不同意处理其金融信息为由拒绝提供金融产品或者服务，除非该金融信息属于提供金融产品或者服务所必需。

但金融消费者不能或者拒绝提供必要信息，致使银行、支付机构无法履行反洗钱义务的，银行、支付机构可以根据《中华人民共和国反洗钱法》的相关规定对其金融活动采取限制性措施；确有必要时，银行、支付机构可以依法拒绝提供金融产品或者服务。

2. 保障金融消费者的选择权

银行、支付机构收集消费者金融信息用于营销、用户体验改进或者市场调查的，应当以适当方式供金融消费者自主选择是否同意银行、支付机构将其金融信息用于上述目的；金融消费者不同意的，银行、支付机构不得因此拒绝提供金融产品或者服务。银行、支付机构向金融消费者发送金融营销信息的，应当向其提供拒绝继续接收金融营销信息的方式。

3. 履行《中华人民共和国消费者权益保护法》第二十九条规定的明示义务

银行、支付机构应公开收集、使用消费者金融信息的规则，明示收

集、使用消费者金融信息的目的、方式和范围，并留存有关证明资料。

银行、支付机构通过格式条款取得消费者金融信息收集、使用同意的，应当在格式条款中明确收集消费者金融信息的目的、方式、内容和使用范围，并在协议中以显著方式尽可能通俗易懂地向金融消费者提示该同意的可能后果。

4. 使用金融消费者信息不得超出法定或约定的使用范围

银行、支付机构应当建立以分级授权为核心的消费者金融信息使用管理制度，根据消费者金融信息的重要性、敏感度及业务开展需要，在不影响本机构履行反洗钱等法定义务的前提下，合理确定本机构工作人员调取信息的范围、权限，严格落实信息使用授权审批程序。

5. 保护金融消费者信息安全

银行、支付机构应当按照国家档案管理和电子数据管理等规定，采取技术措施和其他必要措施，妥善保管和存储所收集的消费者金融信息，防止信息遗失、毁损、泄露或者被篡改。

银行、支付机构及其工作人员应当对消费者金融信息严格保密，不得泄露或者非法向他人提供。在确认信息发生泄露、毁损、丢失时，银行、支付机构应当立即采取补救措施；信息泄露、毁损、丢失可能危及金融消费者人身、财产安全的，应当立即向银行、支付机构住所地的中国人民银行分支机构报告并告知金融消费者；信息泄露、毁损、丢失可能对金融消费者产生其他不利影响的，应当及时告知金融消费者，并在72小时以内报告银行、支付机构住所地的中国人民银行分支机构。中国人民银行分支机构接到报告后，视情况按照本办法第五十五条规定处理。

此外，本办法还提出金融消费者与银行、支付机构因购买、使用金融产品或者服务发生金融消费争议时，鼓励金融消费者和银行、支付机构充分运用调解、仲裁等方式解决金融消费纠纷。

我国《商业银行法》《证券法》等金融立法虽然也在其立法宗旨中写入保护投资人、存款人等消费者利益的内容，但是真正规定消费者权利、具有可诉性和可操作性的民事规则在具体条文中却十分少见，因此，金融消费纠纷一旦进入诉讼程序，消费者往往面临举证难、成本高、法律规定不明等许多实际困难。而相较于诉讼，调解和仲裁是更为节约成本的纠纷解决方法。本办法提出金融消费者与银行、支付机构发生金融消费争议的，鼓励金融消费者先向银行、支付机构投诉，鼓励当事人平等协商，自行和解，同时对金融机构畅通投诉渠道和规范调解程序提出了具体制度安排，这本身也体现了对金融消费者权益的保护。

第三节　保险消费者之界定

我国的保险行业起步较晚，各项法律制度并不健全。但是近几年的保险行业呈现出快速增长的势头，行业内保险公司的发展参差不齐，损害消费者权益的案件时有发生。为保障保险消费者权益，国务院办公厅发布了《关于加强金融消费者权益保护工作的指导意见》（国办发〔2015〕81号），意见指出：银行业机构、证券业机构、保险业机构以及其他从事金融或与金融相关业务的机构应当遵循平等自愿、诚实守信等原则，充分尊重并自觉保障金融消费者的财产安全权、知情权、自主选择权、公平交易权、依法求偿权、受教育权、受尊重权、信息安全权等基本权利，依法、合规开展经营活动。

那么，何为保险消费者？

1. 保险消费者概念的提出

2013年《消费者权益保护法》修改时首次明确将证券、保险、银行等金融服务纳入《消费者权益保护法》的适用范围。新法第二十八条规定，采用网络、电视、电话、邮购等方式提供商品或者服务的经营者，以及提供证券、保险、银行等金融服务的经营者，应当向消费者提供经营地址、联系方式、商品或者服务的数量和质量、价款或者费用、履行期限和方式、安全注意事项和风险警示、售后服务、民事责任等信息。本条虽是赋予金融服务经营者的义务，但与金融服务经营者相对应的金融消费者的概念呼之欲出。根据该条规定，金融服务指证券、保险、银行等，与此对应的消费者也应包括证券消费者，保险消费者，银行消费者等。本文仅讨论保险消费者。

《消费者权益保护法》并没有明确界定消费者，根据《消费者权益保护法》第二条，消费者通常指为生活消费需要购买、使用商品或者接受服务的人，那么，保险消费者就是为生活需要购买和使用保险服务的人。保险消费者并不是一个专属法律概念，只是用以指代与保险经营者相对的人。

2. 保险消费中的"生活需要"

《保险法》第二条规定，本法所称保险，是指投保人根据合同约定，向保险人支付保险费，保险人对于合同约定的可能发生的事故因其发生所造成的财产损失承担赔偿保险金责任，或者当被保险人死亡、伤残、疾病或者达到合同约定的年龄、期限等条件时承担给付保险金责任的商业保险行为。保险产品是一种无形的服务性产品，它具有文义性、长期性、承诺性、负债不确定性等特征。

界定保险消费者的概念，无法回避的问题是：购买保险产品是否为生活需要？

我国《保险法》把保险分为财产保险和人身保险两大类。购买人身保险要求投保人对被保险人有保险利益，订立合同时，投保人对被保险人不具有保险利益的，合同无效。根据《保险法》第三十一条，投保人对下列人员具有保险利益：（一）本人；（二）配偶、子女、父母；（三）前项以外与投保人有抚养、赡养或者扶养关系的家庭其他成员、近亲属；（四）与投保人有劳动关系的劳动者。另外，除前款规定外，被保险人同意投保人为其订立合同的，视为投保人对被保险人具有保险利益。可见，投保人购买人身保险产品可能是为生活需要，比如为本人、配偶子女父母，有抚养、赡养、扶养关系的其他家庭成员，近亲属投保，但投保人为与其有劳动关系的劳动者投保则显然是为生产经营的目的转移和分散生产经营中的劳动风险，因而很难定性为"为生活需要"。

财产保险中的生产性需要则表现更明显，比如货物运输保险、运输工具航程保险都具有明显的生产经营目的。家庭财产保险是典型的为生活需要，车辆险则具有复合性，既可能是投保人为生活需要购买，也可能是有运营资质的投保人为运营车辆购买。而随着保险产品的丰富，又出现了具有投资属性的保险产品。购买投资类保险产品的投保人既有家庭投资者，也有机构投资者。而投资是否是生活需要也很难定性。

因此，保险消费者是为生活需要购买、使用、接受保险服务的人，但购买、使用、接受保险服务的人却未必都是为生活需要，不是都能定性为保险消费者。

但基于对消费者保护之宗旨，界定生活需要的范围不宜过窄，仍可采用反向推定的方法，即只要没有证据证明其是生产性消费，就应推定其为生活消费。

同时，投保人为生产需要购买保险产品，但同一保险合同中的其他当事人则未必具有同样的生产性目的，比如经营者为与之有劳动关系的劳动者购买人身保险，劳动者是被保险人，他接受该保险产品的服务就应界定为生活需要。

3. 保险消费者的范围

根据《消费者权益保护法》的理论，消费者的范围包括商品和服务的购买者、使用者和服务接受者。因此，保险产品作为一种服务，保险消费者的范围也应包括保险服务的购买者和服务接受者。

根据《保险法》的规定，保险关系当事人包括保险人、投保人、被保险人、受益人。保险人是指与投保人订立保险合同，并按照合同约定承担赔偿或者给付保险金责任的保险公司。保险人是保险服务的提供者，其身份是经营者。投保人是指与保险人订立保险合同，并按照合同约定负有支付保险费义务的人，投保人是保险服务的购买者。被保险人是指其财产或者人身受保险合同保障，享有保险金请求权的人。投保人可以为被保险人。受益人是指人身保险合同中由被保险人或者投保人指定的享有保险金请求权的人。投保人、被保险人可以为受益人。被保险人是保险服务的接受者，因而，相对于保险人，投保人、被保险人和受益人都是保险消费者。他们在保险合同中可以是同一个人，也可以是不同的人。

4. 自然人以外的保险服务购买者、接受者身份

实践中，购买保险产品和接受保险服务的人既可以是自然人，也可能是自然人以外的法人、其他组织。自然人无疑应是保险消费者，那么，购买或接受保险服务的法人、其他组织是不是保险消费者？

首先，《消费者权益保护法》的宗旨是保护作为弱者一方的消费者权

益，消费者的弱势体现在面对经营者时的弱小，既有经济实力方面的，也有占有信息、资源方面的等。而法人、其他组织面对经营者时很难判断谁弱谁强。如果把法人、其他组织纳入消费者的范围，或许某一法人、其他组织在购买、接受服务时实际上处于强势，容易给消费者保护工作造成混乱。诚然，基于保险的专业性，法人、其他组织与保险人相比确实可能有信息弱势，但是法人、其他组织比起自然人而言显然有更多途径解决这种信息不对称，因而无需借助消费者保护这种特殊手段。

其次，实践中，法人、其他组织购买、接受保险服务时，其权益也无需通过《消费者权益保护法》来保护。如果法人、其他组织是为生产经营而投保，自不在《消费者权益保护法》的适用范围中。如果法人、其他组织为其员工投保，作为投保人和保险人之间是保险合同关系，其权益争议可以通过合同有关规则解决。而其员工或为被保险人，或为受益人，属于《消费者权益保护法》中"接受保险服务"的人，自然获得消费者身份，如果权益受损可以依据《消费者权益保护法》寻求救济，而无需借助其法人、其他组织的身份，因而也无必要将法人、其他组织纳入消费者的范围。

综上，保险消费者应限定为自然人，购买、接受保险服务的法人、其他组织不是保险消费者。

第四节　保险消费者知情权保障

一　保险消费者知情权的特点

知情权是消费者的基本权利之一，保险消费者理应享有知情权。

保险消费者知情权存在以下特点：首先，由于保险产品的设计较为复杂，所以产品的相关信息也很复杂，由此构成的权利即知情权也具有复杂性。其次，保险公司是具有专门知识的保险机构，而保险消费者往往并不具备这样的专业知识，使得二者之间存在高度的信息不对称性。

在消费者的所有权利当中，知情权是被认为是基础和重要的权利之一，在此基础上其他的权利才可以实现。因此，保障保险消费者的知情权对维护其合法权益具有重要价值。

保护保险消费者知情权具体表现为对保险机构义务的规范，其内容包括：

1. 保险机构负有提示说明义务

《保险法》第十七条规定，订立保险合同，采用保险人提供的格式条款的，保险人向投保人提供的投保单应当附格式条款，保险人应当向投保人说明合同的内容。对保险合同中免除保险人责任的条款，保险人在订立合同时应当在投保单、保险单或者其他保险凭证上作出足以引起投保人注意的提示，并对该条款的内容以书面或者口头形式向投保人作出明确说明；未作提示或者明确说明的，该条款不产生效力。

据此，在订立保险合同时保险机构要向投保人如实告知合同设计的条款、专业术语和有关相应文件中的内容，使得投保人可以准确理解自己在合同中的权利和义务。《中华人民共和国民法典》对于格式合同相对人利益作出了进一步保护，格式条款提供方未尽说明义务的，接受方可直接主张该条款无效，从而有效保障保险相对人知情权。

为进一步规范保险销售行为，维护保险消费者合法权益，保监会于2017 年出台了《保险销售行为可回溯暂行办法》，保险公司及保险中介机构要在销售保险合同中使用录音、录像等行为记录销售过程，以规范销售人员履行提示说明义务。

2. 保险机构具有信息披露义务

《保险法》第一百一十条规定，保险公司应当按照国务院保险监督管理机构的规定，真实、准确、完整地披露财务会计报告、风险管理状况、保险产品经营情况等重大事项。第一百零八条规定，保险公司应当按照国务院保险监督管理机构的规定，建立对关联交易的管理和信息披露制度。2010 年 5 月原保监会发布了《保险公司信息披露管理办法》，进一步规范保险公司的信息披露义务。

3. 保险机构负有通知确认义务

《保险法》第三十三条规定，投保人不得为无民事行为能力人投保以死亡为给付保险金条件的人身保险，保险人也不得承保；第三十四条规定，以死亡为给付保险金条件的合同，未经被保险人同意并认可保险金额的，合同无效。

当投保人和被保险人不是同一人时，被保险人享有知情权，投保人具有如实告知义务，人身险涉及以死亡作为赔付的前提，保险公司也有义务确认被保险人是否知情，以防范道德风险。

保险公司在签订保单时与被保险人的联系一般包括被保险人签字确认，保险公司人士陪同被保险人体检，电话回访等方式。

二　保险消费者知情权保障的困境

1. 保险法律制度尚不完善

首先，提示说明义务不完整。法律虽规定保险公司的提示说明义务，但究竟哪些需要提示说明、应如何提示说明、提示说明到什么程度都难以定性定量。格式条款的提示说明义务在实践中履行的方式和履行的程度不尽相同，由于法律规定也并不明确，对其认定有赖于法官的裁量，不同法院作出的裁判也不尽相同。

其次，通知义务的制度缺失。比如，投保人与被保险人不是同一人时，投保人变更被保险人，保险公司是否要通知原被保险人，法律并未明确规定，由此引发的争议不断。

2. 保险销售环节尚存漏洞

保险中介的规避行为和销售人员的销售误导依然存在，比如，投保单和投保人声明签名存在非投保人本人所签，或者虽然投保人声明中有投保人的签章，但无具体的免责条款内容，无经办人员签名，也不显示具体日期，那么投保人的知情权自然无法保证。再如，保险公司为了控制订立保险合同的成本，很难对被保险人的知情权进行确认。这一漏洞可能是类似"男子泰国杀妻骗保案"发生的原因之一。

3. 保险的专业性太强

保险披露和提示说明的信息具有极强的专业性，普通消费者一般很难对其进行准确的解读，保险消费者的教育任重道远。

三　保险消费者知情权保护的完善路径

1. 完善立法，明确保险人的责任和义务

保险合同是典型的格式合同。新颁布实施的《民法典》完善了有关格式条款制度，弥补了《保险法》的部分缺陷。《民法典》第四百九十六条要求：格式条款提供者需要就其使用的免责、减轻责任、关系对方重大利害关系的条款予以提醒并使相对人可以理解其意思，否则相对人可以主张未能尽到合理的提醒义务。这就将保险人履行的义务提高到实质标准的程度，不仅要提醒，还明确要使相对人可以理解其意思。

要完善保险人的信息披露义务及相关责任。在理财保险中，需要保险人履行信息披露义务，但是如果不披露信息则缺乏相关的惩罚措施。实践中大部分信息披露仍是一种格式条款，消费者唯有接受或不接受。再者由于披露的信息具有极强的专业性，一般的保险消费者若没有保险人员的解释是很难正确理解保险条例的。所以，虽然形式上保险人履行了披露义务，但实际上消费者并不清楚自己的风险。因此，应进一步明确披露义务履行规则及相应的责任。

2. 规范保险销售环节，加强证据的质证审查

根据《保险销售行为可回溯暂行办法》，保险公司及保险中介机构在销售保险产品时应使用录音、录像等行为记录销售过程，但是在具体实践中，存在销售人员让客户走过场、走形式的现象，录音、录像了，但消费者并没有真正理解其中的含义和风险。保险销售人员一方面以此规避了销售过程中的不规范行为，另一方面一旦产生纠纷，就将录音、录像作为保险人已履行提示说明义务的证据，消费者有口难辩。因此在司法实践中，要对录音、录像证据进行严格质证审查，以保护消费者应有的合法权益。

3. 银保监会加强监管，行业协会加强自律

要加强对保险公司和保险中介机构的监管，提高保险销售人员素质。对保险销售人员进行系统化培训，统一持证上岗，具有保险从业资格证或基金从业资格证方可从事销售保险工作。对保险合同中的不规范行为进行处罚，避免销售诱导行为，对于在销售过程中的录音、录像应当全程进行，不得私下协商规避。对保险中介机构的规范应与保险公司一致，杜绝保险销售不规范行为。

强化保险行业协会的自治功能，引导保险行业自律。开通行业投诉渠道，在消费者的权益受到损害时，可以直接向行业协会投诉，行业协

会对投诉的问题进行初步的审查核实，对保险人侵害消费者合法权益的行为进行批评并要求其改正。同时，对各个保险公司的投诉情况进行总结公示，在固定渠道固定时间公开，提示消费者可能会遇到的权益侵害的情况，从而保护消费者的合法权益，并对投诉情况较多的保险公司进行处罚。

2020 年 4 月 16 日中国银保监会消费者权益保护局对外通报上海浦东发展银行股份有限公司和中华联合财产保险股份有限公司侵害消费者权益的案例，指出：两家机构的行为侵害了消费者的知情权、公平交易权、依法求偿权等基本权利，损害了消费者合法权益。通报要求各银行保险机构引起警示，严格按照相关法律法规和监管规定开展经营活动，切实保护消费者合法权益。

总之，维护保险消费者的合法权益，不能靠某单一途径，要通过立法、司法、行业协会、保险公司和保险中介机构搭建起来的多方位、多元化的救济途径，从事前救济到事后救济，多个维度最大限度地保护保险消费者的知情权，建立一个全方位保护体系，从而使得保险的保障风险作用能够发挥应有的价值。

第五节　广告代言人的法律责任

随着金融业竞争日益激烈，金融广告也越来越多。如果金融产品出现问题，为其广告代言的明星要承担责任吗？

一　广告代言人的界定

依据《广告法》，广告代言人是指广告主以外的，在广告中以自己的名义或者形象对商品、服务做推荐、证明的自然人、法人或者其他组织。

中国广告协会发布的《广告代言人的法律界定及行为准则》对此详细规定：

（一）广告代言人的构成要件

广告中是否有代言人、是否是代言人应主要从两方面来判断，即"广告主以外"及"以自己的名义或者形象"。

1. 关于"广告主以外"的情形

广告是广告主的意思表示。当广告中出现广告主之外的、具有独立人格的"人"的意思表示时，即是广告中出现了代言人。

2. 认定"以自己的名义或者形象"的情形

（1）"以自己的名义或者形象"，是指代言人利用自己的独立人格对商品或者服务做推荐、证明；借助自己的名誉、能力和影响力增强广告内容的可信度和感染力，从而提升广告的宣传效果。

（2）"以自己的名义或者形象"包括以下情形：①在广告中将真实身份信息予以明确标示的；②对于一些知名度较高的主体，虽然广告中没有标明其身份，但对于广告所推销的商品或者服务的受众而言，通过其形象即可辨明其身份的，也属于"以自己的形象"。

如果广告中没有标明身份，对于相关受众而言也难以辨别其真实身份的，则属于广告中演员的表演，不属于广告代言。

（二）认定广告代言人的典型情形

1. 属于广告代言人的情形

在下列情形中，该自然人、法人或者其他组织应当认定为广告代言人：

（1）具有知名度的公众人物在广告中展示商品或者演示服务的；

（2）不具有知名度的自然人，在表明自己姓名的情况下对商品、服务做推荐、证明的；

（3）科研单位、学术机构、技术推广机构、行业协会等在广告中以其名义对商品、服务做推荐、证明的。

2. 不属于广告代言人的情形

在下列情形中，该自然人、法人或者其他组织不应当认定为广告代言人：

（1）不具有知名度的自然人，在没有表明任何个人真实身份的情况下展示商品或者演示服务的；

（2）在广告中使用自然人、法人或者其他组织名义做与商品、服务无关的引证内容出处的；

（3）广告主或其法定代表人在广告中对商品、服务做推荐、证明。

（三）互联网广告中的广告代言人的特别情形

已建立广告代言关系的广告代言人接受广告主、广告经营者的委托，通过自设网站或者拥有合法使用权的互联网媒介（包括各类自媒体、社交媒体）发布广告，应当认定为该互联网广告的广告发布者。

（四）禁止担任广告代言人的情形

依据《广告法》，某些主体不得担任广告代言人，某些品类广告不得利用广告代言人做推荐、证明。

1. 不得担任广告代言人的主体包括国家机关、国家机关工作人员；不满十周岁的未成年人；在虚假广告中做推荐、证明受到行政处罚未满三年的自然人、法人或者其他组织。

2. 不得利用广告代言人做推荐、证明的广告包括医疗广告、药品广告、医疗器械广告、保健食品广告、特殊医学用途配方食品广告。

2021 年 5 月 1 日起施行的《防范和处置非法集资条例》第十一条规定，除国家另有规定外，任何单位和个人不得发布包含集资内容的广告或者以其他方式向社会公众进行集资宣传。因此，广告代言人亦不能代言包含集资内容的广告。

3. 特定主体不得在某些广告中做推荐、证明，包括：（1）食品检验机构、食品行业协会不得以广告或者其他形式向消费者推荐食品。（2）消费者组织不得以收取费用或者其他牟取利益的方式向消费者推荐商品和服务。（3）产品质量检验机构不得向社会推荐生产者的产品。（4）农药、兽药、饲料和饲料添加剂广告不得利用科研单位、学术机构、技术推广机构、行业协会或者专业人士、用户的名义或者形象做推荐、证明。（5）教育、培训广告不得利用科研单位、学术机构、教育机构、行业协会、专业人士、受益者的名义或者形象做推荐、证明。（6）招商等有投资回报预期的商品或者服务广告，应当对可能存在的风险以及风险责任承担有合理提示或者警示，并不得含有下列内容：对未来效果、收益或者与其相关的情况作出保证性承诺，明示或者暗示保本、无风险或者保收益等，国家另有规定的除外；利用学术机构、行业协会、专业人士、受益者的名义或者形象做推荐、证明。（7）农作物种子、林木种子、草种子、种畜禽、水产苗种和种养殖广告不得利用科研单位、学术机构、技术推广机构、行业协会或者专业人士、用户的名义或者形象做推荐、证明。

4. 广告代言人应当使用过代言的商品或者接受过代言的服务。广告代言人如因自身条件限制，不能使用商品或者接受服务，无法依照法律规定履行前述义务，则不具有代言的资格。

二　广告代言人的义务

广告代言事件中，代言人和广告主之间成立代言合同关系。根据合同相对性，广告代言人与消费者并无合同关系。但广告宣传的影响力在于：消费者基于对代言人的信赖而购买其代言的商品或服务，广告代言人因这份信赖应承担相应审慎义务。其次，广告代言人因广告代言而获得相应收益，也因此需承担一定的义务。虽然代言费是由广告主支付，但这些成本最终由消费者买单，所以，广告代言人也应就其代言商品或服务的真实性对消费者承担责任。

（一）《广告法》中的广告代言人义务

《广告法》第三十八条明确规定广告代言人在广告中对商品、服务做推荐、证明，应当依据事实，符合本法和有关法律、行政法规规定，并不得为其未使用过的商品或者未接受过的服务做推荐、证明。亦即，广告代言人的法定义务包括：

1. 依据事实代言，并不得违反法律和行政法规。为此，广告代言人代言前应对商品和服务的真实性、合法性尽到合理审查义务。

2. 应使用商品或接受服务，不得为其未使用过的商品或未接受过的服务做推荐、证明。

（二）行业准则中的广告代言人义务

除了法律规定的义务，由于广告代言人具有一定的社会影响力，为此，中国广告协会在《广告代言人的法律界定及行为准则》中也提出对广告代言人的一般要求。

作为公众人物，广告代言人应当做到：

1. 自觉遵守法律，尊重社会公德，遵守职业道德，恪守个人品行，慎重对待在公众场合的言行举止，与黄、赌、毒等各种违法悖德的行为划清界线；

2. 主动承担社会责任，奉献爱心，回报社会，参加包括制作发布公益广告在内的各类公益活动，进一步提升自身的形象和名誉；

3. 积极响应国家关于思想道德建设的各项要求，宣传社会主义核心价值观，传播积极、正面、阳光的理念和态度，抵制虚假、丑恶、低俗的社会风气。

广告协会的要求更多是在道德精神层面，如有违反，代言人不一定会受到《广告法》的追责（但不排除其他法律，比如吸毒涉及的刑事问题），但品牌方会追究代言人的违约责任，一般代言合同中都会有对个人形象的要求。

三　代言人的法律责任

（一）民事责任

《消费者权益保护法》第四十五条第三款规定，社会团体或者其他组织、个人在关系消费者生命、健康的商品或者服务的虚假广告或者其他虚假宣传中向消费者推荐商品或者服务，造成消费者损害的，应当与提供该商品或者服务的经营者承担连带责任。

《广告法》第五十六条规定，违反本法规定，发布虚假广告，欺骗、误导消费者，使购买商品或者接受服务的消费者的合法权益受到损害的，由广告主依法承担民事责任。广告经营者、广告发布者不能提供广告主的真实名称、地址和有效联系方式的，消费者可以要求广告经营者、广告发布者先行赔偿。关系消费者生命、健康的商品或者服务的虚假广告，造成消费者损害的，其广告经营者、广告发布者、广告代言人应当与广告主承担连带责任。前款规定以外的商品或者服务的虚假广告，造成消费者损害的，其广告经营者、广告发布者、广告代言人，明知或者应知广告虚假仍设计、制作、代理、发布或者做推荐、证明的，应当与广告主承担连带责任。

1. 广告代言人承担民事责任的前提是虚假广告

根据《广告法》的规定，广告有下列情形之一的为虚假广告：（1）商品或者服务不存在的；（2）商品的性能、功能、产地、用途、质量、规格、成分、价格、生产者、有效期限、销售状况、曾获荣誉等信息，或者服务的内容、提供者、形式、质量、价格、销售状况、曾获荣誉等信息，以及与商品或者服务有关的允诺等信息与实际情况不符，对购买行为有实质性影响的；（3）使用虚构、伪造或者无法验证的科研成果、统计资料、调查结果、文摘、引用语等信息作证明材料的；（4）虚构使用商品或者接受服务效果的；（5）以虚假或者引人误解的内容欺骗、误导消费者的其他情形。

2. 关系消费者生命、健康的商品或者服务的虚假广告，广告代言人承担无过错连带责任。

消费者要证明：（1）该商品或服务关系消费者生命、健康；（2）广告是虚假的；（3）消费者损失；（4）广告虚假与消费者损失有因果关系。

3. 其他类别商品或服务的虚假广告，广告代言人承担过错连带责任。

消费者除需证明广告虚假致消费者损失外，还需证明广告代言人明知或应知广告虚假。

4. 虚假广告的直接责任人是广告主，广告代言人承担的是连带责任。

（二）行政责任

根据《广告法》第六十二条，广告代言人有下列情形之一的，由市场监督管理部门没收违法所得，并处违法所得一倍以上二倍以下的罚款。

1. 在医疗、药品、医疗器械广告中做推荐、证明的；

2. 在保健食品广告中做推荐、证明的；

3. 为其未使用过的商品或者未接受过的服务做推荐、证明的；

4. 明知或者应知广告虚假仍在广告中对商品、服务做推荐、证明的。

四 对消费者的风险提示与防范

消费者因商品或服务受到损失，商品或服务本身的质量问题才是直接原因，虚假宣传通常是间接原因，这也是法律只规定广告代言人承担连带责任而非直接责任的原因。因此，从举证责任上分析，消费者要证明广告虚假和商品或服务致人损失之间的因果关系，常常面临举证难题。

根据《民法典》第四百七十三条，商业广告一般属于要约邀请，是希望他人向自己发出要约的表示。除非其内容具体确定，其表明经受要约人承诺，要约人即受该意思表示约束，才构成要约。而要约是希望与他人订立合同的意思表示，只有对方承诺，双方才成立合同关系。因此，多数情况下，广告仅仅是一种商业宣传手段，从合同角度看，其内容的法律约束力很弱。虽然法律要求广告应当真实，消费者也往往容易信以为真，但广告常常有虚假的成分。

综上，为维护自身合法权益，消费者应对广告保持应有的警惕。

第四章　汽车消费

第一节　案例导读

案例1，奔驰女车主哭诉维权案（资料来源：新华网财经）

导读：为何汽车消费者体面维权这么难？

2019年2月25日，西安女车主与西安利之星汽车有限公司（简称"利之星"4S店）签订了分期付款购买全新进口奔驰CLS300汽车购车合同。3月27日，车主满心欢喜来到4S店提车，可是车还没开出大院门就发现车子漏油了。于是按照销售人员的说法将车开回店内，并承诺一周内解决，结果3个5天过去了，问题还没结果，车仍然停在店内。店家态度反复无常，由最初的退款、换车、补偿到4月8日称按照"三包"政策免费换发动机。4月9日，车主打110电话、市场监管局电话无人接听，被逼无奈，女车主以自感有伤尊严的方式"坐车顶哭诉"去维护自身权利，并将视频发到网上，引发舆论哗然。西安市场监管局等监管部门纷纷介入调查。

案例2，奥迪漏油案（资料来源：山东省消费者协会）

导读：如果不是山东省消协帮助车主做鉴定，可能这辆奥迪A6真成了车主盖某的"心头之痛"。本案提出的问题是：如何破解鉴定难？

2005年1月，山东省东营市消费者盖某到省消协投诉，诉称2004年3月，他以51.97万元从山东省潍坊市广华汽车销售服务有限公司购买了一辆黑色奥迪A6轿车，一直严格按照汽车保养手册的说明书保养使用。2004年6月，该车变速箱漏油，经与销售服务有限公司联系，更换了变速箱。2004 年 9 月，变速箱又出现漏油故障，再与销售方联系，销售方以变速箱漏油是使用不当、人为造成为由，拒绝更换。山东省消协受理后，经调查投诉方反映情况属实。为确认该车变速箱是否存在质量问题，东营市消费者协会委托山东省汽车综合性能检测中心对变速箱进行了鉴定，鉴定结果是非人为造成，而是汽车本身主减速器主动轴双向油箱密封不良造成检查孔处漏油。根据鉴定报告，省消协派人到潍坊会同东营、潍坊市消协再次找被投诉方调解，经调解由被投诉方免费为消费者更换 CVT 新变速箱一台（价值为 11.496 万元），"三包"期为一年。

第二节　汽车召回和汽车三包中的消费者权利

在汽车消费领域，与消费者权益直接相关的法规有两部：《缺陷汽车产品召回管理条例》和《家用汽车产品修理、更换、退货责任规定》。从层级上看前者是行政法规，后者是部门规章。

一　汽车召回制度中的消费者权利

《缺陷汽车产品召回管理条例》2012 年 10 月 10 日经国务院第 219 次常务会议通过并公布，自 2013 年 1 月 1 日起施行。

汽车缺陷是指由设计、制造、标识等导致的在同一批次、型号或者类别的汽车产品中普遍存在的不符合保障人身、财产安全的国家标准、行业标准的情形或者其他危及人身、财产安全的不合理的危险。汽车召回是指汽车产品生产者对其已售出的汽车产品采取措施消除缺陷的活动。

汽车召回制度对消费者权益保护主要体现在两个方面。

1. 保障消费者的安全权

产品召回制度的实施，其目的是通过规范缺陷汽车产品召回，保护汽车消费者的人身、财产安全，因此，是对消费者安全权的保障。对实施召回的缺陷汽车产品，生产者应当及时采取修正或者补充标识、修理、更换、退货等措施消除缺陷。

2. 保护汽车消费者的财产权益

生产者应当承担消除缺陷的费用和必要的运送缺陷汽车产品的费用。生产者依照本条例召回缺陷汽车产品，不免除其依法应当承担的责任。

二　汽车三包制度中的消费者权利

2021 年 7 月 22 日，国家市场监督管理总局公布《家用汽车产品修理更换退货责任规定》（以下简称《汽车三包规定》），自 2022 年 1 月 1 日起施行。2013 年 10 月 1 日起施行的《家用汽车产品修理、更换、退货责任规定》即将失效。新《汽车三包规定》明确三包责任由汽车销售者承担。根据销售者的三包责任，汽车消费者享有的三包权利包括以下内容。

（一）三包期限

三包期限包括三包有效期限和包修期限。在三包有效期内，消费者可以依法选择更换、退货或者修理汽车，但在包修期内，消费者一般只能选择修理。

根据《汽车三包规定》，家用汽车产品的三包有效期不得低于 2 年或者行驶里程 50000 公里，以先到者为准；包修期不得低于 3 年或者行驶里程 60000 公里，以先到者为准。三包有效期和包修期自销售者开具购车发票之日起计算；开具购车发票日期与交付家用汽车产品日期不一致的，自交付之日起计算。

（二）包修

1. 汽车质量问题或易损耗零部件的免费修理

家用汽车产品在包修期内出现质量问题或者易损耗零部件在其质量保证期内出现质量问题的，消费者可以凭三包凭证选择修理者免费修理（包括免除工时费和材料费）。

所谓质量问题，是指家用汽车产品质量不符合法律、法规、强制性国家标准以及企业明示采用的标准或者明示的质量状况，或者存在影响正常使用的其他情形。

这里要明确两个问题：第一，三包凭证由汽车生产者随车配备，是消费者享受三包权利的凭据。但如果修理者能够通过查询相关信息系统等方式核实购买信息的，应当免除消费者提供三包凭证的义务。如果消费者遗失三包凭证的，可以向销售者申请补办。销售者应当及时免费补办。第二，消费者凭三包凭证可以选择修理者免费修理，销售者不能限定消费者在4S店或指定的修理店修理。

2. 主要零部件质量问题的免费更换

家用汽车产品自三包有效期起算之日起60日内或者行驶里程3000公里之内（以先到者为准），因发动机、变速器、动力蓄电池、行驶驱动电机的主要零部件出现质量问题的，消费者可以凭三包凭证选择更换发动机、变速器、动力蓄电池、行驶驱动电机。修理者应当免费更换。

3. 修理期限的补偿

家用汽车产品在包修期内因质量问题单次修理时间超过5日（包括等待修理零部件时间）的，修理者应当自第6日起为消费者提供备用车，或者向消费者支付合理的交通费用补偿。经营者与消费者另有约定的，按照约定的方式予以补偿。

（三）更换、退货

1. 消费者有权要求更换或退货的情形

（1）短期限内的更换退货权

①家用汽车产品自三包有效期起算之日起7日内，因质量问题需要更换发动机、变速器、动力蓄电池、行驶驱动电机或者其主要零部件的，消费者可以凭购车发票、三包凭证选择更换家用汽车产品或者退货。销售者应当免费更换或者退货。

②家用汽车产品自三包有效期起算之日起60日内或者行驶里程3000公里之内（以先到者为准），因质量问题出现转向系统失效、制动系统失效、车身开裂、燃油泄漏或者动力蓄电池起火的，消费者可以凭购车发票、三包凭证选择更换家用汽车产品或者退货。销售者应当免费更换或者退货。

这两条新规解决了原《汽车三包规定》与《消费者权益保护法》的冲突，赋予消费者短期限内对有质量问题的汽车产品的更换、退货权，对于有西安奔驰车女车主类似遭遇的汽车消费者而言无疑是福音。

（2）三包有效期内的更换、退货权

家用汽车产品在三包有效期内出现下列情形之一，消费者凭购车发票、三包凭证选择更换家用汽车产品或者退货的，销售者应当更换或者退货：①因严重安全性能故障累计进行 2 次修理，但仍未排除该故障或者出现新的严重安全性能故障的；②发动机、变速器、动力蓄电池、行驶驱动电机因其质量问题累计更换 2 次，仍不能正常使用的；③发动机、变速器、动力蓄电池、行驶驱动电机、转向系统、制动系统、悬架系统、传动系统、污染控制装置、车身的同一主要零部件因其质量问题累计更换 2 次，仍不能正常使用的；④因质量问题累计修理时间超过30 日，或者因同一质量问题累计修理超过 4 次的。

发动机、变速器、动力蓄电池、行驶驱动电机的更换次数与其主要零部件的更换次数不重复计算。需要根据车辆识别代号（VIN）等定制的防盗系统、全车主线束等特殊零部件和动力蓄电池的运输时间，以及外出救援路途所占用的时间，不计入修理时间。

这一规定为有类似特斯拉车主遭遇的汽车消费者维权提供了法律支持。

（3）家用汽车产品符合规定的更换条件，销售者无同品牌同型号家用汽车产品的，应当向消费者更换不低于原车配置的家用汽车产品。无不低于原车配置的家用汽车产品，消费者凭购车发票、三包凭证选择退货的，销售者应当退货。

2. 消费者更换或退货损失的赔偿

销售者为消费者更换家用汽车产品或者退货，应当赔偿消费者下列损失：（1）车辆登记费用；（2）销售者收取的扣除相应折旧后的加装、装饰费用；（3）销售者向消费者收取的相关服务费用。相关税费、保险费按照国家有关规定执行。

3. 消费者使用补偿费的计算

消费者依照《汽车三包规定》第二十四条第一款规定更换家用汽车产品或者退货的，应当向销售者支付家用汽车产品使用补偿费。补偿费的计算方式为：

补偿费 = 车价款（元）× 行驶里程（公里）/1000（公里）× n。

使用补偿系数 n 由生产者确定并明示在三包凭证上。使用补偿系数 n 不得高于 0．5%。

这一规定相较于原《汽车三包规定》降低了补偿系数，减轻了消费者的负担。

4. 更换退货的处理时限要求

三包有效期内销售者收到消费者提出的更换家用汽车产品或者退货要求的，应当自收到相关要求之日起 10 个工作日内向消费者作出答复。不符合更换或者退货条件的，应当在答复中说明理由。

符合更换或者退货条件的，销售者应当自消费者提出更换或者退货要求之日起 20 个工作日内为消费者完成更换或者退货，并出具换车证明或者退车证明；20 个工作日内不能完成家用汽车产品更换的，消费者可以要求退货，但消费者造成的延迟除外。

第三节　汽车消费维权难

一　问题的提出

近年来，我国汽车行业飞速发展，汽车保有量持续增长，与之相伴的是汽车消费中出现的越来越复杂的纠纷和问题。2020 年 1 月 13 日，中国消费者协会发布《2019 年十大消费维权舆情热点》，报告中"奔驰车主哭诉维权引起各界反思"的事件成为 2019 年社会影响力第一大话题。[①] 然而，2021 年 4 月 19 日上海车展特斯拉展台再次发生车主身穿"刹车失灵" T 恤站在车顶的维权事件，引发舆论哗然，车主被提醒理性维权，特斯拉也被市场监管局约谈。

根据《消费者权益保护法》，在发生消费纠纷后，消费者可以通过调解、投诉、诉讼和仲裁等多种方式维权，其中以投诉和诉讼居多。中消协发布的《2019 年全国消协组织受理投诉情况分析》显示，汽车及零部件高居商品类投诉榜第一名，总量达到 34335 件，占消费者总投诉

---

① 刘回春：《奔驰登上中消协年度维权榜首　质量缺陷导致问题频发》，《中国质量万里行》2020 年第 2 期。

的 42%，同比 2018 年增长 25.1%。汽车类投诉涉及汽车销售各个环节，除质量问题、购车合同争议、售后服务问题外，部分经营者还常常捆绑销售车险诱导消费者贷款。汽车类投诉热点集中在产品质量问题。投诉大部分反映在汽车零部件上，如发动机、变速箱等主要部件屡现故障。

汽车与一般的消费品有所不同，它具有更高的经济价值和复杂的交易过程，在消费者维权问题上更错综复杂。信息不对称使得处于弱势的消费者权益得不到应有的保障，大量经销商和制造商利用法律法规的漏洞，获取不正当利益。消费者在权益受到侵害后，维权和举证困难重重，面临层层挑战。面对车企的各种推诿，西安奔驰车主、上海特斯拉车主特殊的维权方式反映了汽车消费者维权的困境。

那么，消费者维权究竟面临哪些困难？有何解决路径？

二　汽车消费者维权难

中消协在 2020 年 3 月 15 日发布了《"凝聚你我力量"消费维权认知及行为调查报告》。报告显示，在 6502 个有效样本中，近三成受访者与经营者产生过消费纠纷，九成受访者遇到消费纠纷会采取维权行动，但其中仅三成受访者对维权结果表示满意。可见，维权难是一个普遍现象。汽车消费者的维权难主要表现在以下几方面。

1. 举证责任分配难题

《民事诉讼法》规定，举证责任分配的基本原则是谁主张谁举证，但《消费者权益保护法》第二十三条第三款规定，经营者提供机动车，消费者自接受商品或者服务之日起六个月内发现瑕疵，发生争议的，由经营者承担有关瑕疵的举证责任。据此，汽车瑕疵的举证责任实行倒置，即消费者提出汽车瑕疵的主张，由经营者就瑕疵是否存在承担举证责任。但是，实践中的汽车纠纷既有因汽车瑕疵导致的一般质量纠纷，也有因汽车缺陷导致的产品责任纠纷。《消费者权益保护法》规定的瑕疵是否能够涵盖缺陷，在司法实践中认识并不一致。因此，涉及汽车缺陷的，有的法院根据谁主张谁举证原则要求消费者承担举证责任，如卢

某诉武汉优诚盛强汽车公司产品销售者责任纠纷案①，有的法院则根据
《消费者权益保护法》将举证责任倒置给经营者，如刘某诉荆门中辰太
众汽车公司、上汽大众汽车公司产品责任纠纷案②。

而且举证责任倒置的适用期限太短。6 个月的时限虽力图平衡经营
者和消费者的利益冲突，但是，对于汽车来说，6 个月或许并不会让汽
车暴露出瑕疵，而消费者由于缺乏专业知识往往也很难及时发现瑕疵。
作为价值不菲的专业性很高的耐用商品，超出 6 个月的期限消费者自行
举证去维权，难度太高。

2. 汽车合格证的效力难题

《产品质量法》第四十六条界定了缺陷：本法所称缺陷，是指产品
存在危及人身、他人财产安全的不合理的危险；产品有保障人体健康和
人身、财产安全的国家标准、行业标准的，是指不符合该标准。《汽车
缺陷召回管理条例》规定的汽车缺陷是指由设计、制造、标识等导致
的在同一批次、型号或者类别的汽车产品中普遍存在的不符合保障人
身、财产安全的国家标准、行业标准的情形或者其他危及人身、财产安
全的不合理的危险。可见，汽车缺陷有两种情形：一是存在危及人身、
他人财产安全的不合理危险，二是不符合标准。亦即汽车有出厂合格证
也并不能证明汽车没有缺陷，合格证只证明该汽车为合格产品，但也可
能存在其他不合理的危险。但司法实践对此也存在认识分歧。

有的法院认为出厂合格证只是证明该型号车辆符合国家对机动车装
备质量及有关标准的要求，并不足以证明涉案车辆不存在产品质量问
题。如曾某诉荆州三环辰通汽车有限公司买卖合同纠纷案中，二审法院
认为"车辆合格证仅能证明该车出厂时系合格产品，不能证明在运输、
仓储等环节中完好；交车检验表也只能证明在交付时凭肉眼对车辆进行
检验的情况，上述证据均不足以证实存在的瑕疵是在车辆交付后由于原
告的原因而造成的，故本院认定该瑕疵在被告向原告交付前就已存

---

① 详见湖北省武汉市硚口区人民法院（2015）鄂硚口民一初字第 01072 号判决书。
② 详见湖北省钟祥市人民法院（2016）鄂 0881 民初 1111 号判决书。

在"①。而在周某诉武汉富豪、豪情、建银富豪三被告产品责任纠纷案中，二审法院和一审法院都认定，"豪情公司已提交车辆出厂合格证，证明涉案车辆是合格产品"，认为车辆合格证就足以证明涉案车辆不存在质量问题。②

经销商出具合格证后能否证明产品不存在缺陷，法院在认定中采取了两种截然相反的态度，而对于证据的认定无疑会导致相反的判决，进而影响消费者的求偿权。

3. 欺诈认定难题

消法规定惩罚性赔偿金适用前提是欺诈，但并未明确何为欺诈，由此引发司法实践的分歧。通常认为，欺诈的构成要件包括：（1）行为人有欺诈的故意；（2）行为人实施了故意告知对方虚假情况，或者故意隐瞒真实情况的欺诈行为；（3）对方当事人作出了错误意思表示。但不同法院对这一要件的认识并不一致，比如在天价宾利索赔案③中，一审法院认定车辆交付前做过车面漆面抛光打蜡处理和右后窗帘进行更换的维修记录的事实构成欺诈，二审法院则认为不构成欺诈。

根据《消费者权益保护法》第五十五条的规定，消费者在遭受欺诈时有权获得购买商品价款的三倍赔偿，在汽车消费领域三倍赔偿的数额相当大。法律规定不明带来的同案不同判常常让消费者无所适从。

4. 鉴定难题

由于汽车制造和生产的复杂性，要证明汽车的瑕疵或缺陷，消费者和经营者往往选择鉴定机构充当中立裁判来证明自己的主张，但是就判决所反映的情况看来，质量鉴定往往成为汽车消费维权的致命问题。

一是鉴定机构难以满足鉴定需求，国内汽车鉴定机构较少，仅有的几家权威鉴定机构并不对个人开放。我国比较完备的汽车质检中心主要分布在天津、长春、襄阳等地，技术力量也与国外有着一定的差异。事故车往往难以鉴定，对进口车的鉴定更难。

---

① 详见湖北省荆州市中级人民法院（2017）鄂 10 民终 1285 号判决书。
② 详见湖北省武汉市中级人民法院判决书（2019）鄂 01 民终 586 号。
③ 中华人民共和国最高人民法院民事判决书（2018）最高法民终 12 号。

　　二是鉴定机构的中立性不足。我国缺少真正独立的第三方汽车鉴定机构，国内的有关机构不少都附属于汽车企业，尽管有的已经独立注册，但在财产关系上，与母体企业依然有着千丝万缕的联系。鉴定机构不独立、鉴定人员不独立以及鉴定机构和鉴定人员无相关的法律责任，很难保证鉴定结论公正、独立。因此鉴定结论很难为消费者接受。

　　三是鉴定费用高昂。路某诉武汉银马汽车公司、武汉建银福马汽车公司产品责任纠纷案中，为了找出车辆自燃的原因，被告建银福马汽车公司垫付鉴定费4万元、鉴定人员出庭差旅费5000元，合计4.5万元，而当初为了买车所支付的购车款仅为12.5万元；王某诉武汉康顺玛莎拉蒂汽车销售服务有限公司买卖合同纠纷案中，为了证明车辆保险杠存在补漆，所支付的鉴定费用为12.6万元；在孙某诉云阳县誉驰汽车销售有限公司来凤分公司买卖合同纠纷一案中，孙某为了证明车辆存在维修痕迹，支付的鉴定费用就为3万元，而车辆的价款仅为28万元。① 鉴定之前，消费者往往需要对鉴定费用先行垫付，而判决结果并不一定符合自身预期。同时也可以看出在部分案件中，鉴定费用甚至占到了购车款的三分之一，这无疑给消费者鉴定带来巨大压力。

　　四是鉴定结论模糊。在路某诉武汉银马汽车公司、武汉建银福马汽车公司产品责任纠纷案中，尽管给付了如此高昂的费用，鉴定结论却并不能让人满意，该案中上海华碧检测技术有限公司司法鉴定所鉴定意见为："涉案车辆起火位置在发动机右后侧，由内向外并向四周蔓延燃烧，可排除事故碰撞、高温部件异物吸附、外来火源、油路泄漏、人为纵火导致涉案车辆起火的可能。依据现状，涉案车辆起火原因无法明确"。王某诉武汉康顺玛莎拉蒂汽车销售服务有限公司买卖合同纠纷案中，南京维真信息技术有限公司出具的《鉴定报告》，以及苏州华碧微科检测技术有限公司出具的《技术意见书》，只能证明涉案车辆后部部分喷漆与整体喷漆不一致，但不足以认定王某主张的二次喷漆系武汉康顺玛莎拉蒂汽服公司在销售车辆之前所为。不难看出，鉴定结果往往无法给出明确结论，也并不能指向鉴定申请人的鉴定目的，鉴定结论过于

_____

① 详见湖北省恩施土家族苗族自治州中级人民法院（2016）鄂28民终1236号判决书。

模糊，对消费者举证造成巨大困难。

三 汽车消费者维权难的原因分析

汽车消费者维权难产生的原因是多方面的。

1. 消费者的信息弱势地位依旧

"信息不对称"是汽车消费者维权的最大障碍，汽车产品的专业性强、技术含量高，消费者本身具备的专业知识有限。同时，消费者掌握和了解相关信息的渠道也很不全面。与汽车产品本身相关的一系列重要资料完全由经营者或经销商掌握，消费者只能在其介绍和推荐下了解一二。而由于经营者的逐利本性，消费者从经营者处获得的信息不可能是全面真实的。因此，一旦发生争议，一般的消费者基于自身专业知识的薄弱以及对资料掌控的不足，很难拿出切实的证据来证明自己的主张。

2. 有关法律制度尚不健全。

与汽车消费直接相关的规范性文件包括《缺陷汽车产品召回管理条例》和《家用汽车产品修理更换退货责任规定》，前者是行政法规，后者是部门规章，位阶较低。而且相关法律对瑕疵、缺陷、举证责任分配、欺诈等规定不明，难免带来认识上的不统一，汽车消费领域同案不同判的现象时有发生。

可喜的是，新的《汽车三包规定》于 2022 年 1 月 1 日起实施。与原 2013 版《汽车三包规定》相比，新的《汽车三包规定》对经营者提出更加严格的三包责任要求，如新增 7 日可退换条款，将动力蓄电池、行驶驱动电机等专用部件质量问题纳入三包退换车条款，完善相关监管制度，等等，这都加大了对消费者合法权益的保护力度。

3. 汽车产业发展尚不成熟

虽然我国已跻身汽车生产大国行业，但毋庸置疑我国汽车工业还没有进入成熟期，汽车产业散、乱、弱、小的格局仍未发生根本性改变，国际竞争力低，市场结构不均衡，技术换市场导致企业技术自主创新能力弱。产业大而不强是当下最突出的问题。一方面，完整的汽车产业链包括制造、销售和售后，低端的产业发展现状带来的必然是低端的产业服务，而为此买单的消费者的不满也就不难理解。另一方面，作为新兴产业，国家并未为汽车消费做好充足的准备，比如第三方鉴定机构不足、行业标准不齐、相关法律法规制度缺失、缺少专业纠纷调处机制等。

四　破解汽车消费者维权难的路径

1. 扩宽消费者信息来源渠道

为汽车消费者拓宽信息的来源渠道，也是维护合法权益的有力途径。在汽车产量日益增多的今天，我国应增加对汽车产品的宣传和普及，为更多的汽车消费者提供免费的信息资料。不管是法律层面的权利保护，还是生活方面的知识普及，相关政府部门和消费者权益保护机构都应当引起重视，全方位维护消费者权益。比如，可以开发专门的汽车销售信息应用软件，为消费者提供了解渠道，也可以加大对社区的宣传力度，散发介绍汽车产品性能的传单资料，等等。信息闭塞不应该成为阻止消费者维权的理由，信息缺乏也不能成为经营者侵权的原因。

2. 完善汽车消费法律法规

从保护消费者合法权益的视角，完善现有法律法规。应考虑扩大举证责任倒置的适用范围和适用时限。进一步明确完善瑕疵、缺陷、欺诈等法律概念。有关汽车消费的行政法规、部门规章要及时修订，适时提高其层级，在实现消费者和经营者利益平衡的基础上，更要体现对消费者权益的特别保护。

3. 大力发展汽车产业

有着成熟产业的市场，消费者才能享受到更好的权益保障。政府转变职能，从直接组织创新项目、干预企业技术创新为主转向以宏观调控、政策引导、改善环境、提供服务为主，支持汽车产业的发展。加强市场监管，规范汽车经营者的行为，可以从信息披露入手，依靠信息的主动公开，减轻消费者获取证据的压力，同时照顾到销售者的举证能力，将生产者也纳入披露信息和提供三包服务的责任主体范围。支持第三方鉴定机构发展，构建专门的汽车纠纷处理机构。

第五章　快递服务

第一节　案例导读

案例1，圆通速递有限公司、圆通速递有限公司深圳分公司运输合同纠纷案（资料来源：中国裁判文书网（2020）粤03民终14605号）。

导读：快递服务中，如何规范快递企业的行为？快递保价条款应如何订入合同？

周某、杨某通过圆通速递有限公司深圳分公司快递价值3000多元的化妆品，且未保价，后物品丢失，圆通主张根据未保价条款赔偿，周某、杨某诉至深圳市南山区人民法院，请求：一、圆通速递有限公司、圆通速递有限公司深圳分公司共同承担违约损害赔偿责任3154元；二、圆通速递有限公司、圆通速递有限公司深圳分公司向杨某退还快递服务费15元；三、圆通速递有限公司、圆通速递有限公司深圳分公司承担诉讼费用。一审判决结果：一、圆通速递有限公司、圆通速递有限公司深圳分公司应于本判决生效之日起十日内向周某退还运费15元；二、圆通速递有限公司、圆通速递有限公司深圳分公司应于本判决生效之日起十日内向周某、杨某赔偿损失3154元；三、驳回杨某的其他诉讼请求。

圆通公司不服一审判决提出上诉。二审法院认为，二审争议焦点为：一、托寄物品的种类及数量；二、上诉人应承担何种赔偿责任。

关于托寄物品的种类及数量。法院认为，被上诉人主张邮寄物品是总价值为3154元的化妆品，并提供了网购订单、与卖家聊天记录、付款记录等证据，上述证据与被上诉人关于其网购了涉案化妆品并通过上诉人邮寄至深圳的主张——印证，以上证据足以证明被上诉人遗失物品的种类、数量及价格。上诉人虽对托寄物品的种类及数量不予认可，但未提供相反证据予以反驳。故一审法院采信被上诉人关于托寄物品及其价值的主张并无不当，本院予以确认。

关于上诉人应承担何种赔偿责任。上诉人在运输过程中丢失涉案物品，且未能对物品丢失原因作出合理解释，其应对物品的灭失承担赔偿责任。上诉人主张其应按照未保价的快递运输服务条款赔偿被上诉人损失，但上诉人未提交证据证明其快递运输服务条款中有关于保价、未保价会区别赔偿的相关内容，亦未提交证据证明其已采用合理方式提请被上诉人注意且被上诉人知悉同意相关条款，故该未保价物品赔偿条款对被上诉人不具备约束力，上诉人抗辩要求其按照未保价服务条款赔偿被上诉人损失，理由不成立，本院不予采信。原审判决上诉人赔偿被上诉人损失 3154 元，并无不当，本院予以确认。

综上，上诉人圆通速递有限公司、圆通速递有限公司深圳分公司的上诉请求均不能成立，应予驳回；一审认定事实清楚，适用法律正确，本院予以维持。依照《中华人民共和国民事诉讼法》第一百七十条第一款第一项之规定，判决如下：

驳回上诉，维持原判。

二审案件受理费共 100 元，由上诉人圆通速递有限公司、圆通速递有限公司深圳分公司各负担 50 元。

案例 2，李某与圆通公司快递丢失纠纷案（资料来源：广州中级人民法院民事判决书（2017）粤 01 民终 19128 号）

导读：快递服务中，消费者如何防范快件丢失风险？

李某在淘宝网开设店铺"JWparts"销售手机配件，并长期通过圆通公司向客户寄送货物。李某自行在空白圆通速递单上打印邮寄信息后，由圆通公司的业务员上门揽件。2016 年 11 月 13 日，李某将涉案货物交给圆通公司揽件员（未保价，未填写品名、数量、重量、体积），寄往深圳市福田区莲花街道福中路福景中座 905 号，并支付快递费 48 元。后圆通公司确认涉案货物在运输过程中丢失。李某与圆通公司就货物赔偿问题未达成一致，诉至法院。

　　李某为证明涉案丢失货物的拿货价格，向原审法院提供进货单、微信聊天记录、支付宝转账记录及淘宝订货记录予以佐证，这些证据显示李某通过实体店、微信及淘宝网三种方式向永鑫通讯、鑫达通讯、酒杯通讯、菜鸟通讯、鹏程通讯、三杰通讯、兴龙通讯、深圳同行通讯等店铺购买涉案货物，价格合计 30964 元，其中通过支付宝付款 20345 元。庭审中，李某陈述上述货款中有 6964 元系现金方式结账，但其中某些实体店没有向其开具收据。

　　圆通公司提供的圆通速递（详情单）正面的"寄件人签名"一栏载明：本人已阅读并充分理解接受圆通速递（详情单）！本人确认所交寄的物品价值不超过人民币 3 万元。未保价快件丢失、损毁或短少，物品类赔偿限额为人民币 300 元/票、文件类赔偿限额为 100 元/票（如另有约定的，快递费双方协商）；保价快件按被保价金额赔偿。该速递单背面印刷有《国内快递服务协议》，该协议的内容包括：本公司依据快件的重量（而非价值）收取基本运费，赔偿标准按是否保价原则为基础；为保证快件安全送达，寄件人办理寄件时须如实申报快件内容和价值，并准确、清楚地填写寄件人、收件人的名称、地址和联系电话等资料；赔偿标准：是否保价由寄件人自愿选择，贵重快件建议选择保价，保价费最低为 1 元。未保价的快件，丢失、损毁、短少，物品最高赔偿不超过 300 元/票，文件不超过 100 元/票，另有约定的按约定办理。上述文字使用黑体加粗。庭审中，李某主张上述条款为格式条款，圆通公司从未就上述条款向其进行过解释说明，且其也并未在"寄件人签名"处签名。圆通公司主张其揽件员上门收件时均口头询问李某是否需要保价。

　　原审法院认为：圆通公司对李某寄件及该快件丢失的事实无异议，原审法院对此予以确认。本案的争议焦点为：1. 李某的损失如何确定；2. 关于圆通公司"未保价物品最高赔偿不超过 300 元/票"的条款是否有效。

　　关于李某的损失。李某向原审法院提供的淘宝交易聊天截图、备货截图、进货单、微信聊天记录、支付宝转账记录及淘宝订货记录等证据已经形成完整证据链，李某已经尽到其应尽的举证义务，足以证明涉案丢失快件的拿货价格合计30964元，圆通公司对此并未提供相反的证据予以反驳，故原审法院对此予以采信。

关于圆通公司"未保价物品最高赔偿不超过300元/票"的条款是否有效。圆通速递（详情单）为圆通公司自行制作，该条款属于免除或者限制其责任的格式条款。根据《中华人民共和国合同法》第三十九条的规定，圆通公司应采取合理的方式提请李某注意免除或者限制其责任的条款，按照李某的要求，对该条款予以说明。李某并未在圆通速递（详情单）"寄件人签名"一栏签名，圆通公司亦未提供其他证据证明其已采取合理方式对该条款向李某进行说明。故根据《中华人民共和国合同法》第四十条的规定，该条款无效。圆通公司应按照李某在本案中的实际损失30964元予以赔偿。

综上，原审法院对李某诉请的合理部分予以支持，判决圆通公司于判决发生法律效力之日起十日内向李某赔偿30964元。

圆通公司不服，提出上诉。二审期间，圆通公司向二审法院提交其公司2016年11月30日对案涉货物的揽收记录，拟证实李某寄送的货物总重量仅为2.3公斤，而非其自称的21公斤，也表明李某主张的货物价值不属实。对于该揽收记录的来源和形成，圆通公司解释称系其公司揽收货物后对货物进行称重并自动上传数据至圆通公司的数据库，该项圆通公司的系统数据无法修改。李某质证表示不确认该证据的真实性、客观性和关联性，认为该纪录来源于圆通公司的内部系统，不能排除可通过内部操作修改数据。且圆通公司收取的该票快递费为48元，按照通常收费标准，如果货物重量仅为2.3公斤则仅需按首重价6元收取快递费。

二审另查明，2016年11月13日由圆通公司业务员上门收件后，圆通公司直至2016年11月30日才进行邮件的揽收扫描。其间，李某曾先后于2016年11月21日、23日、28日等多次致电圆通公司客服查询快递件的寄送情况，并多次在电话中提及"内件是手机配件""3万多元货值""21kg"等情形，并将快递件内容即手机配件的客户订单发送给客服人员，直至2016年11月30日经客服人员告知已收件扫描。

此后，李某又于 2016 年 12 月就快递件的寄送情况催促查询，并与圆通公司营业网点负责人员进行电话、短信沟通，再次反复提出快递件为手机配件、21kg 一箱、运费 48 元等情况。

二审法院认为，本案二审争议焦点为：圆通公司对于涉案货物损失赔偿责任的认定。首先，关于圆通公司提出在李某未办理保价的情况下，其司仅需在 300 元的范围内承担货物丢失的赔偿责任。对此，因相关《国内快递服务协议》印制于圆通速递（详情单）背面，而李某并未在该速递单中签名，圆通公司亦未举证证实已对该项责任限制条款履行明确告知及解释说明的义务，故原审法院依据《中华人民共和国合同法》第三十九条、第四十条的规定，认定该条款无效并无不当，本院对圆通公司提出的该项上诉意见不予采纳。其次，关于李某的货物损失金额认定问题。虽圆通公司二审提供其公司内部揽收记录，拟证实李某寄件重量仅为 2.3 公斤，货值不足 30964 元。一方面，该揽收记录来源于圆通公司的内部系统数据，其真实性、客观性存疑。另一方面，从李某寄件后的一系列电话查询沟通过程来看，在该快件被确定丢失前，李某已经多次致电核实寄件情况，并详细告知快递件内容、重量、价值等，快件丢失后又多次致电沟通索赔，结合李某在诉讼中所提供的相关客户订单、备货截图、付款记录等一系列证据，均与其此前主张的货损情况完全吻合。而圆通公司在诉讼前从未就李某声称的寄件情况提出任何质疑，现于本案二审期间仅依据其系统内部的称重数据记录并不足以推翻李某提出的货物损失主张。故本院对圆通公司的该项上诉意见亦不予采纳。综上所述，原审判决认定事实清楚，适用法律正确，本院予以维持。圆通公司的上诉请求，理由均不成立，本院不予支持。依照《中华人民共和国民事诉讼法》第一百七十条第一款第（一）项的规定，判决驳回上诉，维持原判。

案例 3，杨某诉巴彦淖尔市合众圆通速递有限公司乌拉特前旗分公司、付某春网络购物合同纠纷案（资料来源：最高人民法院发布维护消费者权益十大典型案例）

导读：快递服务中，应厘清快递企业送货人、寄件人、收货人之间的法律关系。消费者网购的货物在交付过程中被他人冒领，消费者主张销售者与送货人共同承担赔偿责任的，根据合同相对性原则，应由销售者承担赔偿责任。

2013 年 3 月 19 日，杨某以网购形式从付迎春开办的电子经营部购买价值 15123 元的电脑一台，下单后货款及邮寄费 95 元均已向付某春付清。同日，付某春委托巴彦淖尔市合众圆通速递有限公司乌拉特前旗分公司（以下简称速递公司）送货。该货物于同月 24 日到达交货地后被他人冒领。为此，杨某多次要求付某春交货未果，遂诉至内蒙古自治区乌拉特前旗人民法院，请求判令速递公司、付某春赔偿其电脑款 15123 元和邮寄费 95 元。

受诉法院认为，杨某以网购形式从付某春处购买商品，并向付某春支付了货款和邮寄费，付某春作为托运人委托速递公司将货物交付给杨某，分别形成网购合同关系和运输合同关系。从当事人各自的权利义务来看，在网购合同中，杨某通过网上银行已经支付了货款和邮寄费，履行了消费者的付款义务，付某春作为销售者依约负有向杨某交货的义务。虽然付某春已将货物交给速递公司发运，但在运输过程中，速递公司的工作人员在送货时未验证对方身份信息擅自将货物交由他人签收，销售者付某春尚未完成货物交付义务，构成违约，故对杨某请求付某春赔偿已付的电脑款 15123 元、邮寄费 95 元的诉讼请求应予支持。根据合同相对性原则，合同只约束缔约双方当事人，速递公司将货物错交给他人，属于付某春与速递公司之间的运输关系。速递公司不应在本案中承担赔偿责任，故对杨某关于速递公司应当承担赔偿责任的请求不予支持。受诉法院判决付某春赔偿杨某已付的电脑款 15123 元及邮寄费 95 元。当事人均未上诉。

第二节　《快递暂行条例》中的消费者权利

快递业是现代服务业的重要组成部分。我国快递业历经十年持续快速发展，规模增速依然高位运行，新业态、新动能不断呈现。为促进快递业健康发展，保障快递安全，保护快递用户合法权益，加强对快递业的监督管理，2018 年 2 月 7 日国务院第 198 次常务会议通过《快递暂行条例》，自 2018 年 5 月 1 日起施行。

保护快递用户合法权益是《快递暂行条例》的宗旨之一。在快递服务中突出的问题是快件损失索赔和个人信息安全，条例对此作出了相应的制度安排。但条例并未专章规定快递用户的权利，而是通过规范快递企业的行为和快递服务的标准来体现对用户权益的保障。归纳起来，快递用户购买、使用快递服务，享有以下权利。

1. 知情权

为保障用户知情权，条例设定了快递企业提醒、告知、说明等义务。经营快递业务的企业在寄件人填写快递运单前，应当提醒其阅读快递服务合同条款、遵守禁止寄递和限制寄递物品的有关规定，告知相关保价规则和保险服务项目。使用格式条款的，应遵守有关格式条款的民事法律，依法履行提示说明义务。

快递业务的企业停止经营的，应当提前 10 日向社会公告。

2. 收件及验收权

为解决快递服务中不按约定地址投递、签收和拆封验收矛盾等问题，条例要求经营快递业务的企业应当将快件投递到约定的收件地址、收件人或者收件人指定的代收人，并告知收件人或者代收人当面验收，明确收件人或者代收人有当面验收的权利。

3. 快件安全权和获得赔偿权

经营快递业务的企业应当规范操作，防止造成快件损毁。快件延误、丢失、毁损、短少的，无论是否保价，用户都有权获得赔偿。对保价的快件，应当按照经营快递业务的企业与寄件人约定的保价规则确定赔偿责任；对未保价的快件，依照民事法律的有关规定确定赔偿责任。

用户的合法权益因快件延误、丢失、损毁或者内件短少而受到损害的，用户可以要求该商标、字号或者快递运单所属企业赔偿，也可以要求实际提供快递服务的企业赔偿。

4. 查询及投诉权

经营快递业务的企业应当实行快件寄递全程信息化管理，公布联系方式，保证与用户的联络畅通，向用户提供业务咨询、快件查询等服务。用户对快递服务质量不满意的，可以向经营快递业务的企业投诉，经营快递业务的企业应当自接到投诉之日起 7 日内予以处理并告知用户。

5. 个人信息安全权

快递实名制使用户的个人信息面临风险，为保护用户个人信息安全，条例规定：经营快递业务的企业应当建立快递运单及电子数据管理制度，妥善保管用户信息等电子数据，定期销毁快递运单，采取有效技术手段保证用户信息安全。经营快递业务的企业收寄快件，应当对寄件人身份进行查验，并登记身份信息，但不得在快递运单上记录除姓名（名称）、地址、联系电话以外的用户身份信息。经营快递业务的企业及其从业人员不得出售、泄露或者非法提供快递服务过程中知悉的用户信息。发生或者可能发生用户信息泄露的，经营快递业务的企业应当立即采取补救措施，并向所在地邮政管理部门报告。

第三节　快递保价条款之效力

一　快递保价条款的现状

近年来，电子商务的兴盛，彻底革新了人们的消费方式。作为与此相关的基础行业，快递业得到了迅猛的发展，快递为人们的日常生活提供了极大的便利。与此同时，其带来的纠纷也与日俱增，尤其是由保价条款效力问题引发的诉讼纠纷不断增加，在出现快件丢失或调包等问题时，快递公司往往以保价条款拒绝消费者的索赔，或者是仅按照保价条款规定的数额进行赔偿，难以弥补消费者的实际损失，激化了快递公司与消费者之间的矛盾。

所谓保价条款，指寄件人与快递企业预先就快件可能会发生的损毁赔偿达成的限额赔偿的条款。首先，寄件人在与快递公司签订快递服务协议（即填写快递单）时，可以自己选择是否进行保价；其次，如果客户选择了对所寄物品进行保价，同时需要申明所寄送货物的实际价值，经由快递公司工作人员验视通过后，缴纳运费之外的保价费用，且该报价费用需与声明价值相应。当所寄货物发生损毁灭失后，寄件人可以直接依据保价金额向快递公司进行索赔；最后，如果寄件时选择不保价，那么当货物发生损毁灭失时，快递公司仅向寄件人赔偿邮寄快递费的若干倍，对寄件人的实际损失不予负责。

通过对中通、圆通、申通、百世汇通以及顺丰的企业官网查询，中通、圆通、申通、百世汇通四个公司对保价条款进行了明确的规定，如下表所示。

快递公司	保价快件	未报价快件
中通	按照实际价值损失赔偿，但最高不超过申报价值	按照实际价值损失赔偿，但最高不超过人民币 500 元（含）；无法提供有效价值证明的，则按照该票快件的快递服务费的 3 倍赔偿
圆通	按实际损失价值赔偿，但最高不超过快件的保价金额	未保价的快件，丢失、毁坏、损少，物品最高赔偿不超过 300 元
申通	按实际损失价值赔偿，但最高不超过快件的保价金额	寄件人确认该快件价值在人民币 500 元内，快递服务单位在该价值内按实际价值赔偿，无法提供有效价值证明的，则按快递服务费的 3 倍赔偿
百世汇通	按实际损失价值赔偿，但最高不超过快件的保价金额	未保价的遗失、损毁、内物短少的赔偿标准，按照 5 倍运费的限额内赔偿寄递物品的实际损失

顺丰快递公司没有对赔付金额进行明确的规定，仅在服务协议中表示，如物品确有损坏的，需当面确认核实物品的损坏程度，根据实际情况处理。

由上表可以看出，常见的快递公司对保价物品的规定如出一辙，且对未保价物品的规定也是大同小异，都是设定最高额度或者仅赔付快递费用的 3—5 倍。那么保价条款的效力如何？应如何规制快递保价条款？

二　关于保价条款效力的争论

学术界对于保价条款的效力问题呈现百家争鸣的现象，主要存在以下学说。

1. 有效说

认为保价条款有效的理由有：

首先，在法律适用方面，保价条款的效力由《邮政法》明文规定。虽然《合同法》第 39、40 条也对格式条款进行了规制，但是相较于《合同法》而言，《邮政法》属于特别法，当《邮政法》和《合同法》在适用方面发生冲突时，应当优先适用特别法。因此，保价条款完全符合《邮政法》的规定，于法有据，是完全有效的。[①]

其次，快递服务合同中保价条款完全符合法律关于格式条款效力的规定。从形式上来说，保价条款是快递公司详情单上的条款，由快递运输公司事先拟定，且未与消费者协商，不会因为寄件人的不同进行特别规定，合同相对人只能选择接受或不接受，没有进行商议的可能，属于《合同法》规定的格式条款的一种，具有一般格式条款的特点。[②]

最后，保价条款是快递企业合理分配风险的公平举措，如果没有保价条款的规定，一旦快件发生损毁灭失，快递公司则需要赔付快件的实际市场价值。高额的赔偿与低廉的运费相比较，对快递公司来说并不公平，快递公司将面临较大的赔付风险，会导致双方利益的不均衡，不利于现代快递服务业的健康发展。[③] 保价条款的设立能够极大提高交易效率、降低交易成本、降低邮寄费用、促进商品流通，有利于促进我国快递业的发展壮大。[④]

2. 无效说

不少学者认为保价条款违背了公平原则，认为快递公司由于其自身的疏忽、过失导致货物损毁灭失，给寄件人造成了较大的损失，但根据保价条款只按照快递费的 3—5 倍进行赔偿，显失公平。且保价条款是快递企业利用自己的优势地位单方面拟定的，只体现了快递企业单方意

[①] 王宇：《快递服务合同中保价条款的效力认定问题研究》，硕士学位论文，山东政法学院，2019 年。

[②] 池天成：《论快递服务合同未保价限额赔偿条款的效力》，《黑龙江工业学院学报》2019 年第 1 期。

[③] 高雯：《未保价快件限额赔偿条款有效性研究》，硕士学位论文，安徽财经大学，2015 年。

[④] 李祁萌：《快递公司丢失物品损害赔偿责任分析》，硕士学位论文，黑龙江大学，2014 年。

志，导致整个合同中双方地位不平等，明显违背公平原则。

部分学者认定保价条款有效不利于快递行业健康发展。由于我国快递行业最近几年得到迅猛发展，与之相对应的员工职业培训、道德养成等方面可能会跟不上发展速度，再加上快递从业人员本身的人员流动性大、业务流程较长等特点[1]，新闻报道的暴力分拣、内部人员偷窃等不道德行为也屡见不鲜。若在此背景下仍然认定保价条款有效，极大可能导致快递企业不作为现象，以至于快件损毁、被内部窃取情形频发，引发道德风险。

3. 条件说

部分学者认为保价条款的效力取决于快递公司是否尽到提示、说明义务。如果尽到了合理的提示说明义务，保价条款就有效；如果没有尽到合理的提示说明义务保价条款则无效。对于消费者来说，保价条款并没有限制或排除权益、加重义务。[2] 此时，摆在消费者面前的有两条路径：保价或者不保价，寄件人一旦做出选择，就要为此负法律责任，只要快递公司将选择及后果明确告知消费者，消费者根据真实的意思表示做出的保价或不保价的决定，双方即受该合同的约束，并不违背公平原则。因此，若快递公司尽到了合理的提示说明义务的，合同有效，若快递公司没有尽到合理的提示说明义务，合同无效。[3]

从司法实践看，法院多采取条件说，根据格式条款的使用规则来判断保价条款的效力。

三 快递保价条款效力的法律依据

首先，应明确快递保价条款属于格式条款。保价条款一般是快递企业预先拟定的且未与快递用户协商的合同条款，属于格式条款。格式条款在提高市场效率的同时，往往只体现了快递企业的单方意志，对快递用户权益的保障不足。其次，快递保价条款往往约定将未来快递服务中

---

[1] 牛秀明：《中国民营快递业发展现状与对策研究》，《物流技术》，2011 年第 12 期。
[2] 安慧琴：《快递损失理赔纠纷法律问题研究》，硕士学位论文，西南政法大学，2014 年。
[3] 曾倩倩：《试论快递邮件损失赔偿问题》，硕士学位论文，西南政法大学，2011 年。

可能产生的赔偿责任进行减轻或者免除，具有免责条款的属性。因此，判断保价条款效力的依据是法律对格式条款的规制规则。

《中华人民共和国邮政法》第二十二条规定：邮政企业采用其提供的格式条款确定与用户的权利义务的，该格式条款适用《中华人民共和国合同法》关于合同格式条款的规定。根据《邮政法》第五十九条，这项规则同样适用于快递服务。

因《民法典》生效，原合同法已失效，有关格式条款的规则经修改完善体现在《民法典》第四百九十六、第四百九十七、第四百九十八条中。据此，格式条款的效力判断分为两种情形：

1. 合同订立时，提供格式条款一方是否履行提示说明义务直接影响格式条款的效力。

采用格式条款订立合同的，提供格式条款的一方应当遵循公平原则确定当事人之间的权利和义务，并采取合理的方式提示对方注意免除或者减轻其责任等与对方有重大利害关系的条款，按照对方的要求，对该条款予以说明。提供格式条款的一方未履行提示或者说明义务，致使对方没有注意或者理解与其有重大利害关系的条款的，对方可以主张该条款不成为合同的内容。

《消费者权益保护法》第二十六条亦有同样规则：经营者在经营活动中使用格式条款的，应当以显著方式提请消费者注意商品或者服务的数量和质量、价款或者费用、履行期限和方式、安全注意事项和风险警示、售后服务、民事责任等与消费者有重大利害关系的内容，并按照消费者的要求予以说明。

2. 格式条款的内容应遵循公平原则确定，否则格式条款亦无效。具体包括下列情形之一：

（1）根据《民法典》第一编第六章第三节规定的情形，民事法律行为可能因行为人欠缺相应行为能力、意思表示不真实、内容违反法律、行政法规的强制性规定或违背公序良俗而无效。

（2）根据《民法典》第五百零六条，合同中造成对方人身损害的或因故意或者重大过失造成对方财产损失的免责条款无效。

（3）提供格式条款一方不合理地免除或者减轻其责任、加重对方责任、限制对方主要权利。

（4）提供格式条款一方排除对方主要权利。

《消费者权益保护法》也明文规定：经营者不得以格式条款、通知、声明、店堂告示等方式，作出排除或者限制消费者权利、减轻或者免除经营者责任、加重消费者责任等对消费者不公平、不合理的规定，不得利用格式条款并借助技术手段强制交易。格式条款、通知、声明、店堂告示等含有前款所列内容的，其内容无效。

同时，《民法典》四百九十八条确立了格式条款的解释规则：对格式条款的理解发生争议的，应当按照通常理解予以解释。对格式条款有两种以上解释的，应当作出不利于提供格式条款一方的解释。格式条款和非格式条款不一致的，应当采用非格式条款。

综上，快递保价条款可能有效或无效，亦可能部分有效部分无效。判断快递保价条款的效力，一要看其内容是否公平，二要看其订入合同时提供格式条款一方履行提示说明义务的情况。

四　快件赔偿规则

（一）法律确立的规则

《快递暂行条例》是规范快递服务的行政法规。《条例》第二十四条规定，经营快递业务的企业应当规范操作，防止造成快件损毁。因此，保障快件安全是快递企业的义务，快递用户有权要求快递企业保障快件的安全。《条例》第二十七条规定，快件延误、丢失、损毁或者内件短少的，对保价的快件，应当按照经营快递业务的企业与寄件人约定的保价规则确定赔偿责任；对未保价的快件，依照民事法律的有关规定确定赔偿责任。国家鼓励保险公司开发快件损失赔偿责任险种，鼓励经营快递业务的企业投保。

据此，快件赔偿规则包括以下内容：

1. 保障快件安全是快递企业的义务，快递用户有权要求快递企业保障快件的安全。

2. 快递延误、丢失、损毁或者内件短少，快递用户有权获得赔偿。

3. 快件赔偿，保价的应当按照经营快递业务的企业与寄件人约定的保价规则确定赔偿责任；对未保价的快件，依照民事法律的有关规定确定赔偿责任。特别值得注意的是，未保价的快件不是不赔或少赔，而是要根据民事法律的有关规定确定赔偿责任。

（二）风险防范和提示

1. 对快递企业而言，为避免保价条款的无效，一要根据公平原则来确定和用户的权利义务内容，不能利用格式条款减免自身的义务和责任。二要注意以合理而适当的方式履行格式条款的提示和说明义务。快递企业不能试图通过保价条款将经营风险转嫁给消费者，而是规范自身经营行为，避免给用户快件造成损失，并通过快件损失赔偿责任保险等方式合理转移风险。

2. 对快递用户而言，无论快件是否保价，保障快件安全是快递企业的义务，快递延误、丢失、损毁或者内件短少，快递企业都应赔偿。选择保价，是事先将将来可能发生的损失赔偿予以明确；选择不保价，并不意味着放弃赔偿，而是根据民事法律的有关规定来确定赔偿责任。因此，快递用户不是要选择保价还是选择不保价的问题，而是要注重保留和收集证据，一旦发生纠纷才能维护自身合法权益。

随着快递行业的迅猛发展，因为快递产生的纠纷频发，但诉讼费时费力。在这样的背景下，更应探索多元的纠纷解决机制，完善监督制度、投诉制度、调解制度，及时化解纠纷和保护消费者权益，促进快递行业的健康发展。

参考文献

一 专著类

杜万华：《最高人民法院消费民事公益诉讼司法解释理解与适用》，人民法院出版社 2016 年版。

法律出版社法规中心：《中华人民共和国消费者权益保护法注释本》，法律出版社 2013 年版。

韩德强：《论人的尊严——法学视角下人的尊严理论的诠释》，法律出版社 2009 年版。

韩阳、孟凡哲等：《旅游合同研究》，知识产权出版社 2007 年版。

侯健：《舆论监督与名誉权问题研究》，北京大学出版社 2002 年版。

李昌麒：《经济法学》，中国政法大学出版社 1999 年版。

杨立新：《合同法》，北京大学出版社 2013 年版。

梁书文、杨立新、杨洪逵：《审理名誉权案件司法解释理解与适用》，中国法制出版社 2001 年版。

马长山：《国家、市民社会与法治》，商务印书馆 2002 年版。

钱玉文：《消费者权利变迁的实证研究》，法律出版社 2011 年版。

苏号朋：《格式合同条款研究》，中国人民大学出版社 2004 年版。

孙颖：《消费者保护法律体系研究》，中国政法大学出版社 2007 年版。

王建平：《民法学》，四川大学出版社 2005 年版。

王全兴：《经济法基础理论专题研究》，中国检察出版社 2002

年版。

杨东：《金融消费者保护统合法论》，法律出版社 2013 年版。

张明楷：《刑法学》，法律出版社 2016 年第五版。

张守文：《经济法学》，高等教育出版社 2016 年版。

张新宝：《名誉权的法律保护》，中国政法大学出版社 1997 年版。

赵转：《合同法基本理论研究》，吉林大学出版社 2006 年版。

周叶中：《宪法》，高等教育出版社 2000 年版。

［日］铃木深雪：《消费者生活论——消费者政策》（修订版），田桓等译，中国社会科学出版社 2003 年版。

［英］阿米·古特曼等：《结社：理论与实践》，吴玉章、毕小青等译，生活·读书·新知三联书店 2006 年版。

二　期刊类

白江：《我国应扩大惩罚性赔偿在侵权责任法中的适用范围》，《清华法学》2015 年第 3 期。

陈访雄：《浅析网络服务提供者的安全保障义务——以"网红坠亡"案为例分析》，《法律适用》2019 年第 16 期。

陈耿华：《互联网不正当竞争行为的软法规制》，《天津财经大学学报》2016 年第 4 期。

陈佳豪：《论消费者知情权与经营者商业秘密权的冲突与协调》，《吉林工程技术师范学院学报》2019 年第 8 期。

陈侃：《一线之隔的维权和敲诈》，《检察风云》2019 年第 16 期。

陈群峰：《保险人说明义务之形式化危机与重构》，《现代法学》2013 年第 6 期。

陈思含：《微博名誉侵权问题研究》，《法制博览》2018 年第 5 期。

陈涛：《中国消费公益诉讼制度之构建》，《人民论坛》2013 年第 5 期。

陈文涛：《权利行使行为与敲诈勒索罪的类型分析》，《中国刑警学院学报》2019 年第 1 期。

陈晓敏：《论电子商务平台经营者违反安全保障义务的侵权责任》，

《当代法学》2019 年第 5 期。

陈兴良：《刑法阶层理论：三阶层与四要件的对比性考察》，《清华法学》2017 年第 5 期。

陈阳：《网络名誉权纠纷中"公益性言论"的司法认定》，《河南大学学报》（社会科学版）2019 年第 5 期。

陈泽宇：《网络购物中消费者个人信息权的侵权现状调查——以亳州市为例》，《北方经贸》2019 年第 3 期。

陈兆誉、余军：《平台"炒信"治理模式的转型重构：走向多元共治》，《法学研究》2018 年第 5 期。

程合红：《商事人格权》，《政法论坛》2000 年第 5 期。

程新惠：《网购消费者个人信息保护的立法建议》，《淮海工学院学报》（人文社会科学版）2019 年第 6 期。

池天成：《论快递服务合同未保价限额赔偿条款的效力》，《黑龙江工业学院学报》2019 年第 1 期。

崔建远：《为第三人利益合同的规格论——以我国合同法第 64 条的规定为中心》，《政治与法律》2008 年第 1 期。

崔亚龙：《手机 App 应用中消费者个人信息权的法律保护研究》，《中国集体经济》2018 年第 35 期。

丁世和：《国外开展消费者教育的启示》，《消费经济》1993 年第 3 期。

董斌：《互联网保险仲裁：保险人履行说明义务标准重构》，《华中师范大学研究生学报》2016 年第 1 期。

董鹏：《物流快递业消费者个人信息泄露防范对策分析》，《农村经济与科技》2020 年第 6 期。

董新凯、夏瑜：《冷却期制度与消费者权益保护》，《河北法学》2005 年第 5 期。

杜辰：《我国寿险营销创新的法律思考——以保护消费者权益为视角，《投资与创业》2013 年第 3 期。

杜乐其、钱宇弘：《老年消费者安全保障义务之"合理限度"认定浅窥》，《中南大学学报》（社会科学版）2014 年第 6 期。

樊涛：《我国民商事司法中的交易习惯》，《法律适用》2014 年第 2 期。

范长军：《行业惯例与不正当竞争》，《法学家》2015 年第 5 期。

范雪飞：《论不公平条款制度——兼论我国显失公平制度之于格式条款》，《法律科学》2014 年第 6 期。

方平：《我国金融消费者权益保护立法相关问题研究》，《上海金融》2010 年第 7 期。

冯博：《从"鼓励性惩罚"到"惩罚性赔偿"——食品药品安全问题的法律经济学分析》，《法学杂志》2016 年第 12 期。

冯飞飞：《网络直播的法律问题与规范》，《传媒》2016 年第 20 期。

冯鸣树、徐旻：《中外汽车"三包"对比》，《上海质量》2013 年第 5 期。

高艳东：《破坏生产经营罪包括妨害业务行为——批量恶意注册账号的处理》，《预防青少年犯罪研究》2016 年第 2 期。

葛建芬：《论超市消费者权利的确认、尊重和保护——对查验购物小票现象的多元化分析》，《法治博览》2014 年第 3 期。

顾芳芳：《论消费者后悔权》，《青海社会科学》2010 年第 3 期。

顾敏康、谢勇、王伟、石新中：《我国诚信建设法治化核心命题笔谈》，《求索》2020 年第 3 期。

郭缙：《网络交易平台提供者的法律地位与民事责任分析》，《法制博览》2020 年第 2 期。

郭明瑞：《"知假买假"受消费者权益保护法保护吗？——兼论消费者权益保护法的适用范围》，《当代法学》2015 年第 6 期。

韩从容：《论格式合同的价值冲突与利益平衡机制》，《现代法学》2000 年第 6 期。

韩迎春：《网购消费者个人信息保护研究——基于电商经营者义务的角度》，《佳木斯大学社会科学学报》2019 年第 3 期。

杭宇：《消费者权益保护法若干条款的理解和适用——兼评网络购物中的消费者权益保护》，《人民司法》2014 年第 15 期。

何山：《还我一个宁静的公序良俗——〈消费者权益保护法〉有关问题访谈录》，《中国律师》1998 年第 3 期。

何曦：《从消费者权益保护的角度看格式条款》，《法制与社会》2009 年第 26 期。

和丽军：《食品侵权惩罚性赔偿金的确定》，《法学论坛》2020 年第 5 期。

贺兴：《重视发挥市场机制作用构建汽车三包第三方争议处理机制》，《中国市场监管研究》2020 年第 3 期。

胡纪平、刘学福：《论我国商业秘密保护立法之完善》，《理论月刊》2007 年第 9 期。

胡君旸：《我国缺陷产品召回制度立法的若干思考》，《湖北大学学报》（哲学社会科学版）2010 年第 4 期。

胡文涛：《普惠金融发展研究：以金融消费者保护为视角》，《经济社会体制比较》2015 年第 1 期。

华梓成：《正当维权行为与敲诈勒索犯罪界限研究》，《南方论刊》2019 年第 5 期。

黄常勇：《不应忽视的权利——消费者受教育权》，《经济与法》2011 年第 14 期。

黄东东、张煜琪：《社会车辆模式下网约车平台侵权责任研究——以网约车侵权司法案例研究为基础》，《重庆邮电大学学报》（社会科学版）2020 年第 2 期。

黄莉萍、李承：《经营者的安全保障义务及责任——从消费者受到第三人侵权的角度审视》，《武汉理工大学学报》（社会科学版）2004 年第 3 期。

黄丽红：《旅游消费者权益保护的法律问题研究》，《社会科学家》2019 年第 8 期。

黄娅琴：《我国惩罚性赔偿制度的司法适用问题研究》，《法学论坛》2016 年第 4 期。

纪红心：《对安全保障义务人因第三人侵权所承担责任的再探讨》，《法学论坛》2008 年第 6 期。

姜葳：《论金融消费者的受教育权及其保障》，《金融服务法评论》2013 年第 2 期。

姜肇财、宋黎、孙宁、王琰：《缺陷产品召回制度国内外对比研究》，《标准科学》2019 年第 4 期。

蒋丽：《网络涉法行为的刑法谦益性分析——以淘宝网恶意刷单为例》，《东南大学学报》（哲学社会科学版）2016 年第 18 期。

蒋一俊：《网络交易平台经营者侵权责任研究》，《法制博览》2020 年第 1 期。

金松、张立彬：《突发公共卫生事件下的个人信息保护研究——以新型冠状病毒肺炎疫情为背景》，《情报理论与实践》2020 年第 6 期。

阚抒：《浅议惩罚性赔偿与敲诈勒索罪的界限——兼议华硕天价索赔案》，《法制博览》2014 年第 3 期。

来楚轩：《对"知假买假者是否为消费者"的再认识》，《法制与社会》2016 年第 15 期。

李芳、项黎宁：《试论知假买假者的消费者地位》，《消费导刊》2011 年第 15 期。

李昊冉：《论消费者网购的权益保障》，《中国商论》2018 年第 14 期。

李华：《论消费者保护视角下缺陷产品召回制度的完善》，《南京大学法律评论》2014 年第 2 期。

李佳素：《试论突发公共卫生事件中追踪调查的个人信息保护——基于新冠疫情中武汉返乡大学生个人信息泄露的实证调研》，《公关世界》2020 年第 4 期。

李剑：《论知假买假的逻辑基础、价值理念与制度建构》，《当代法学》2016 年第 6 期。

李仁玉、陈超：《知假买假惩罚性赔偿法律适用探析——对（最高人民法院关于审理食品药品纠纷案件适用法律若干问题的规定）第 3 条的解读》，《法学杂志》2015 年第 1 期。

李双艳：《试论知假买假行为惩罚性赔偿适用》，《河北农机》2019 年第 5 期。

李友根：《惩罚性赔偿制度的中国模式研究》，《法制与社会发展》（双月刊）2015 年第 6 期。

李悦榕：《论消费者无理由退货权的不足与完善》，《法制与社会》2017 年第 25 期。

梁鹏：《新保险法下说明义务之履行》，《保险研究》2009 年第 7 期。

梁治平：《名誉权与言论自由：宣科案中的是非与轻重》，《中国法学》2006 年第 2 期。

廖中洪、颜卉：《消费公益诉讼中的惩罚赔偿问题研究》，《学术探索》2019 年第 1 期。

刘保玉、魏振华：《"知假买假"的理论阐释与法律适用》，《法学论坛》2017 年第 32 期。

刘畅：《网购消费者个人信息保护探究》，《区域治理》2019 年第 30 期。

刘承权：《从消费者的人格尊严谈起》，《百科知识》1994 年第 4 期。

刘大洪、段宏磊：《消费者保护领域惩罚性赔偿的制度嬗变与未来改进》，《法律科学（西北政法大学学报）》2016 年第 4 期。

刘回春：《奔驰登上中消协年度维权榜首质量缺陷导致问题频发》，《中国质量万里行》2020 年第 2 期。

刘俊海：《完善司法解释制度　激活消费公益诉讼》，《中国工商管理研究》2015 年第 8 期。

刘琳：《格式条款的判断与可预见性规则的适用——确定货物运输合同损害赔偿范围路径探析》，《法治论丛》2009 年第 6 期。

刘芊：《保险人应充分尊重消费者的知情权与选择权》，《理论导报》2005 年第 11 期。

刘蔚文：《论消费者知情权的性质》，《河北法学》2010 年第 3 期。

刘晓琳：《我国新〈消费者权益保护法〉中的召回制度——以汽车召回制度的构建为例》，《学理论》2015 年第 26 期。

刘晓夏：《快递延误造成的损失应如何确定赔偿》，《中国审判》

2011 年第 30 期。

刘雪芹、白吉玮：《浅论格式条款与消费者权益保护》，《前沿》2013 年第 18 期。

刘洋：《我国个人信息保护立法及文献研究综述》，《人才资源开发》2014 年第 8 期。

刘晔：《保障旅游消费者权益需法律出手》，《人民论坛》2017 年第 13 期。

刘垠、刘卓然：《消费者自主选择权刍议——以餐饮业"谢绝自带酒水"为视角》，《淮北职业技术学院学报》2019 年第 3 期。

刘云：《浅谈〈消费者权益保护法〉中惩罚性赔偿制度的价值》，《法制与经济》2018 年第 8 期。

刘翌青：《论网络购物中消费者权益的保护》，《农村经济与科技》2019 年第 22 期。

刘志坚：《缺陷产品召回制度的法律研究——基于丰田召回事件的探析》，《中国商贸》2010 年第 28 期。

刘志鑫：《民事案件中食品的惩罚性赔偿数额应如何认定?》，《食品安全导刊》2019 年第 7 期。

刘忠东：《知假买假适用〈消费者权益保护法〉的法理依据》，《浙江大学学报》（人文社会科学版）2005 年第 2 期。

龙国庆：《缺陷产品召回法律制度研究——以三星召回 SM-N9300 Galaxy Note 7 系列手机等案为例》，《贵州广播电视大学学报》2019 年第 1 期。

卢代富、林慰曾：《网络刷单及其法律责任》，《重庆邮电大学学报》（社会科学版）2017 年第 29 期。

卢艳宁、王希：《浅论我国商业秘密保护立法》，《广西经济管理干部学院学报》2005 年第 1 期。

陆海佳、谭晓玉：《教育消费者的权益保护与我国教育产业的法治环境》，《教育决策与管理》2003 年第 2 期。

陆青：《论消费者保护法上的告知义务——兼评最高人民法院第 17 号指导性案例》，《清华法学》2014 年第 4 期。

罗欢平、杨露：《论网络交易平台提供者惩罚性赔偿责任的一般适用》2019 年第 5 期。

罗希、吴玮姝、刘雨川：《金融消费者知情权保护现状》，《中国金融》2020 年第 102 期。

马宁：《保险人明确说明义务批判》，《法学研究》2015 年第 3 期。

马强：《消费者权益保护法惩罚性赔偿条款适用中引发问题之探讨——以修订后的我国〈消费者权益保护法〉实施一年来之判决为中心》，《政治与法律》2016 年第 3 期。

孟兆平：《中国电子商务法立法基本问题研究》，《学习与实践》2016 年第 5 期。

莫晓燕、任国军：《论被保险人的知情权》，《中山大学学报》2005 年第 25 期。

倪楠：《后悔权制度运行的保障机制》，《南通大学学报》（社会科学版）2014 年第 4 期。

聂嫄芳：《游消费者权益保护研究——以合同法为视角》，《知与行》2018 年第 3 期。

牛秀明：《中国民营快递业发展现状与对策研究》，《物流技术》2011 年第 6 期。

潘俊：《消费者合同中经营者告知义务的法律构造》，《中南大学学报》（社会科学版）2018 年第 1 期。

庞湃：《第三方支付平台使用中消费者的权益保护问题研究——基于对"支付宝侵犯消费者多项权益案"的分析》，《辽宁工程技术大学学报》（社会科学版）2019 年第 4 期。

彭诚信：《论〈民法总则〉中习惯的司法适用》，《法学论坛》2017 年第 32 期。

钱亚妍、姚延波、胡宇橙：《基于游客知情权的旅行社信息披露制度探讨》，《旅游学刊》2013 年第 10 期。

钱玉文、骆福林：《消费者权如何救济——以"消费者协会＋公益诉讼"为建构思路》，《河北法学》2011 年第 11 期。

钱玉文：《消费者概念的法律再界定》，《法学杂志》2006 年第

1 期。

秦臻：《消费公益诉讼之原告资格多元化》，《黑龙江工业学院学报》（综合版）2020 年第 2 期。

饶世权：《论知假买假行为与消费者权益保护法》，《法治论丛》2003 年第 4 期。

任起国：《新闻自由和名誉权的冲突与平衡》，《求知导刊》2017 年第 19 期。

尚宁、赵盼：《守秘困局下的知情权与中药配方保密权：以云南白药案为例》，《湖北经济学院学报》2018 年第 9 期。

沈开举、方涧：《网络直播管理不能留有"模糊地带"》，《人民论坛》2016 年第 22 期。

沈明磊：《快递丢失损毁赔偿纠纷若干法律问题研究》，《法律适用》2014 年第 6 期。

沈小军：《食品安全案件审理中法官的适度谦抑》，《法学》2018 年第 2 期。

施京京：《为消费者系好"安全带"——我国缺陷产品召回制度日趋完善》，《中国质量技术监督》2019 年第 5 期。

石月：《新形势下的网络平台行政法律责任机制》，《信息通信技术与政策》2018 年第 6 期。

税兵：《惩罚性赔偿的规范构造——以最高人民法院第 23 号指导性案例为中心》，《法学》2015 年第 4 期。

宋传柯：《从功能定位探析我国民事公益诉讼制度的构建》，《法律适用》2014 年第 11 期。

宋征、胡明：《从王海打假案看知假买假者是否消费者——法解释学意义上的分析》，《当代法学》2003 年第 1 期。

宋宗宇、冉睿：《论经营者的安全保障义务——由"哭泣的上帝和尴尬的仆人"引发的法律思考》，《上海经济研究》2008 年第 1 期。

苏号朋：《快递服务合同中的消费者权益保护》，《东方法学》2012 年第 6 期。

孙浩然：《网购中消费者隐私权的法律保护问题研究》，《法制博览》2019 年第 29 期。

　　孙积禄：《保险法最大诚信原则及其应用》，《比较法研究》2004 年第 4 期。

　　孙晋、钟原：《"知假买假"消费者身份的司法认定——基于91份判决的实证分析》，《法治现代化研究》2017 年第 4 期。

　　孙效敏、张炳：《惩罚性赔偿制度质疑——兼评〈侵权责任法〉第47 条》，《法学论坛》2015 年第 2 期。

　　覃妤嫦：《保险消费者权利保护体系探析》，《区域金融研究》2014 年第 5 期。

　　谭滨：《检察机关提起公益诉讼需要公众有序有效参与——构建双赢多赢共赢的公益诉讼机制研讨会观点综述》，《人民检察》2018 年第14 期。

　　汤建辉：《论产品召回制度与消费者权益保护》，《求索》2012 年第 1 期。

　　汤啸天：《经营者场所安全责任的合理边界》，《法律科学》（西北政法学院学报）2004 年第 3 期。

　　唐碧珣、粟海殴：《互联网金融背景下个人信息权保护研究》，《文化创新比较研究》2019 年第 3 期。

　　陶冉：《第三方电子商务平台的价值选择及其法律责任研究》，《电子商务》2016 年第 27 期。

　　滕双春：《试析快递行业存在的问题及法律对策》，《学理论》2011 年第 31 期。

　　田鸣晓：《电商法出台对于消费者维权的促进作用研究》，《北方经贸》2020 年第 2 期。

　　田旭：《突发性公共卫生事件中个人信息的法律保护》，《中国信息安全》2020 年第 2 期。

　　涂富秀：《检察机关提起消费公益诉讼的困境与制度重构》，《福建江夏学院学报》2019 年第 5 期。

　　涂永前、马海天：《食品安全法治研究展望：基于 2009—2016 年相关文献的研究》，《法学杂志》2018 年第 6 期。

万方：《我国〈消费者权益保护法〉经营者告知义务之法律适用》，《政治与法律》2017 年第 5 期。

汪庆华：《名誉权、言论自由和宪法抗辩》，《政法论坛：中国政法大学学报》2008 年第 1 期。

汪张林：《论我国缺陷产品召回制度的建立与完善》，《现代经济探讨》2011 年第 3 期。

王安异：《虚构网络交易行为入罪新论》，《法商研究》2019 年第 36 期。

王博：《权利冲突化解路径的解构与重建》，《社会科学文摘》2017 年第 1 期。

王超：《刷单行为的类型、成因及其规制》，《福建警察学院学报》2020 年第 1 期。

王道发：《电子商务平台经营者安保责任研究》，《中国法学》2019 年第 6 期。

王东方：《经营者未履行告知义务之审判路径研究》，《潍坊工程职业学院学报》2019 年第 6 期。

王方玉：《论消费者教育权的直接义务主体》，《华侨大学学报》2009 年第 1 期。

王华兵：《论我国被保险人明确说明义务制度的完善及现状》，《宿州学院学报》2011 年第 10 期。

王建文：《我国预付式消费模式的法律规制》，《法律科学（西北政法大学学报）》2012 年第 5 期。

王靖：《产品召回制度的构建与消费者权益保护的法律思考》，《上海企业》2007 年第 2 期。

王俊：《微信购物的消费者权益如何保护》，《人民论坛》2016 年第 25 期。

王俊秀：《数字社会中的隐私重塑——以"人脸识别"为例》，《探索与争鸣》2020 年第 2 期。

王俊英：《论安全保障义务及其限度》，《河北法学》2008 年第 10 期。

王克金：《权利冲突研究中需要进一步澄清的问题》，《法制与社会发展》2010 年第 5 期。

王利明：《对合同法格式条款规定的评析》，《政法论坛》1999 年第 6 期。

王利明：《关于完善我国缺陷产品召回制度的若干问题》，《法学家》2008 年第 2 期。

王利明：《关于消费者的概念》，《中国工商管理研究》2003 年第 3 期。

王利明：《论个人信息权的法律保护——以个人信息权与隐私权的界分为中心》，《现代法学》2013 年第 4 期。

王利明：《论个人信息权在人格权法中的地位》，《苏州大学学报》（哲学社会科学版）2012 年第 6 期。

王利明：《消费者的概念及消费者权益保护法的调整范围》，《政治与法律》2002 年第 2 期。

王利明：《隐私权概念的再界定》，《法学家》2012 年第 1 期。

王潇、黄璐：《论知假买假者的法律地位》，《丝路视野》2018 年第 35 期。

王晓牛：《突发公共卫生事件中个人信息的保护》，《四川文理学院学报》2020 年第 3 期。

王新红：《不干预、规制与自律：限制自带消费品入场消费行为的法解释学分析》，《政治与法律》2018 年第 2 期。

王旭、陆嘉慧、胥望、杨玲：《310 新消费者权益保护法视角下的产品召回制度研究》，《商》2016 年第 14 期。

王学菲：《大数据时代下消费者隐私权——与消费者个人信息权区别》，《黑龙江省政法管理干部学院学报》2017 年第 3 期。

王艳华：《预付式消费模式的法律风险及防范对策》，《行政与法》2017 年第 12 期。

王羽：《全国首例消费民事公益诉讼落槌法院准予上海市消保委对三星、欧珀公司撤诉司法建议强化手机预装软件监管》，《上海企业》2015 年第 12 期。

王竹：《补充责任在〈侵权责任法〉上的确立与扩展适用——兼评〈侵权责任法草案（二审稿）〉第 14 条及相关条文》，《法学》2009 年第 9 期。

温世扬：《保险人订约说明义务之我见》，《法学杂志》2001 年第 2 期。

吴媞：《网络交易中消费者保护的困境与对策》，《中国市场监管研究》2016 年第 6 期。

吴仙桂：《网络交易平台的法律定位》，《重庆邮电大学学报》（社会科学版）2008 年第 6 期。

吴秀尧：《消费者权益保护立法中信息规制运用之困境及其破解》，《法商研究》2019 年第 3 期。

西奈·多伊奇、钟瑞华：《消费者权利是人权吗?》，《公法研究》2005 年第 1 期。

肖冰颖：《消费者求偿权实现路径分析》，《法制博览》2018 年第 23 期。

肖峰、陈科林：《我国食品安全惩罚性赔偿立法的反思与完善——以经济法义务民事化归责的制度困境为视角》，《法律科学（西北政法大学学报)》2018 年第 2 期。

肖红：《网络团购的现状与发展趋势研究》，《中小企业管理与科技》（下旬刊）2010 年第 10 期。

肖顺武：《政府干预的权力边界研究——以消费者选择权为分析视角》，《现代法学》2013 年第 1 期。

肖卫华、戴蕾：《论疫情防控中个人信息保护——以 CoviD‑19 突发公共卫生事件应急为视角》，《南华大学学报》（社会科学版）2020 年第 1 期。

谢远扬：《信息论视角下个人信息的价值——兼对隐私权保护模式的检讨》，《清华法学》2015 年第 3 期。

徐蓓、陈司谨：《知假买假惩罚性赔偿法律问题研究》，《安徽警官职业学院学报》2016 年第 3 期。

徐海涛：《汽车产品责任纠纷案件的审判实践与学理评析》，《法律适用》2017 年第 23 期。

徐惠丽：《论金融机构对消费者个人信息的权益保护与责任》，《法制与经济》2020 年第 1 期。

许可：《个人金融信息的三重法律保护》，《中国银行业》2019 年第 11 期。

许新承：《互联网保险消费者权益保护路径探析》，《福建工程学院学报》2019 年第 10 期。

许中缘：《论商事习惯与我国民法典——以商事主体私人实施机制为视角》，《交大法学》2017 年第 3 期。

颜峰、赵海勇：《发票对合同主要事实的证明力探析》，《法律适用》2012 年第 10 期。

颜运秋、马永双：《消费者公益诉讼的法理与规则分析》，《河北大学学报》（哲学社会科学版）2005 年第 5 期。

杨彩霞、李新建：《虚假好评式刷单行为的规范分析及其刑法规制路径》，《北京邮电大学学报》（社会科学版）2019 年第 21 期。

杨慧：《论缺陷产品召回制度对消费者权益的保护》，《安徽大学学报》（哲学社会科学版）2007 年第 4 期。

杨立：《我国金融消费者受教育权研究》，《北京金融评论》2013 年第 4 期。

杨立新：《不真正连带责任类型体系及规则》，《当代法学》2012 年第 3 期。

杨立新、韩煦：《网络交易平台提供者的法律地位与民事责任》，《江汉论坛》2014 年第 5 期。

杨立新、陶盈：《消费者权益保护中经营者责任的加重与适度》，《清华法学》2011 年第 5 期。

杨立新：《网络交易平台提供者民法地位之展开》，《山东大学学报》2016 年第 1 期。

杨立新：《网络平台提供者的附条件不真正连带责任与部分连带责任》，《法律科学》2015 年第 1 期。

杨立新：《我国〈民法总则〉规定消费者概念的重要价值》，《法学杂志》2017 年第 4 期。

杨立新：《我国消费者保护惩罚性赔偿的新发展》，《法学家》2014 年第 2 期。

杨立新：《消法关于消费者概念的规定应当修改》，《中国审判》2013 年第 6 期。

杨立新：《修订后的〈消费者权益保护法〉经营者民事责任之解读》，《法律适用》2013 年第 12 期。

杨仕忠：《经营者安全保障义务的合理限度》，《云南社会主义学院学报》2012 年第 6 期。

杨松巍：《基层公司做好保险消费者权益保护工作浅谈》，《时代金融》2015 年第 4 期。

杨铁军：《论消费者合同中信息均衡的实现——以民法为视角》，《东北大学学报》（社会科学版）2011 年第 3 期。

杨小军、陈建科：《网络直播面临哪些法律风险》，《人民论坛》2016 年第 15 期。

杨晓敏：《结社权形成之必然性分析》，《理论界》2007 年第 12 期。

杨秀金：《论网络名誉权的权益保护》，《法制博览》2019 年第 10 期。

姚国章：《电子商务快递市场"乱象"背后的反思》，《中国邮政》2011 年第 2 期。

姚佳：《中国消费者法理论的再认识——以消费者运动与私法基础为观察重点》，《政治与法律》2019 年第 4 期。

叶良芳：《刷单炒信行为的规范分析及其治理路径》，《法学》2018 年第 3 期。

易楚：《对当前网络购物领域无理由退货制度之思考》，《广东外语外贸大学学报》2018 年第 5 期。

应飞虎：《我国食品消费者教育制度的构建》，《现代法学》2016 年第 4 期。

应飞虎：《知假买假行为适用惩罚性赔偿的思考——基于法经济学

和法社会学的视角》,《中国法学》2004 年第 6 期。

于海纯:《保险人说明义务之涵义与规范属性辨析》,《保险研究》2009 年第 10 期。

于浩:《论消费者索赔权的边界》,《法商研究》2018 年第 3 期。

于伟赞:《大数据时代消费者个人信息的立法保护》,《法制与社会》2019 年第 12 期。

于跃、宋莉莉:《食品安全惩罚性赔偿制度的法律适用研究》,《轻纺工业与技术》2019 年第 7 期。

曾建容、章文青:《从消费者权益保护角度看合同格式条款》,《中国工商管理研究》2012 年第 8 期。

张镝:《试论消费者后悔权制度建立的法理依据》,《商业时代》2012 年第 14 期。

张耕:《限制性损害赔偿制度初探》,《现代法学》2002 年第 4 期。

张国坤:《金融消费者信息权益的法治化》,《中国金融》2019 年第 7 期。

张海军:《网络交易平台提供者法律责任问题研究》,《法制博览》2019 年第 2 期。

张红:《民法典之名誉权立法论》,《东方法学》2020 年第 1 期。

张红:《侵权责任之惩罚性赔偿》,《武汉大学学报》2020 年第 1 期。

张家勇:《基于得利的侵权损害赔偿之规范再造》,《法学》2019 年第 2 期。

张琳:《论无理由退货之正当基础——兼谈适用范围的扩大》,《宜宾学院学报》2017 年第 9 期。

张灵溪:《论"知假买假"者的消费者身份认定》,《四川省干部函授学院学报》2019 年第 2 期。

张明楷:《妨害业务行为的刑法规制》,《法学杂志》2014 年第 7 期。

张平华:《权利位阶论——关于权利冲突化解机制的初步探讨》,《清华法学》2008 年第 1 期。

张琴：《保险消费者知情权法律保护研究》，《法制博览》2015 年第 12 期。

张清新：《网络交易平台提供者的法律地位辩》，《黑河学院学报》2019 年第 11 期。

张涛：《我国网络表演直播中政府规制机制初探》，《行政与法》2017 年第 6 期。

张新宝：《民法分则侵权责任编立法研究》，《中国法学》2017 年第 3 期。

张新宝、唐青林：《经营者对服务场所的安全保障义务》，《法学研究》2003 年第 3 期。

张新宝：《我国侵权责任法中的补充责任》，《法学杂志》2010 年第 6 期。

张艳：《消保法网络交易平台提供者先行赔付责任规定适用中的问题研究》，《法律适用》2018 年第 6 期。

张颖慧：《汽车"三包"保护制度涵摄范围之修正》，《东北大学学报》（社会科学版）2016 年第 3 期。

张元：《房地产市场信息披露制度的构建研究》，《科技情报开发与经济》2010 年第 20 期。

张卓、刘伟江：《旅游消费者权益保护的现实困境及其立法完善》，《重庆社会科学》2018 年第 9 期。

赵红梅：《有关消费者公益诉讼的三个关键性问题》，《中国审判》2013 年第 6 期。

赵鹏：《超越平台责任：网络食品交易规制模式之反思》，《华东政法大学学报》2017 年第 1 期。

赵鹏：《惩罚性赔偿的行政法反思》，《法学研究》2019 年第 1 期。

赵青云：《探析网络中消费者个人信息的保护制度及完善》，《法制博览》2020 年第 10 期。

郑春晖：《网络直播的困境与出路》，《传媒》2017 年第 4 期。

郑晓剑：《侵权损害完全赔偿原则之检讨》，《法学》2017 年第 12 期。

中国保监会保险消费者权益保护局课题组：《保险消费者权益问题

的思考》,《保险研究》2012 年第 9 期。

周清林:《论格式免责条款的效力层次——兼谈省略及其司法解释之间的矛盾及其协调》,《现代法学》2011 年第 2 期。

朱广新:《惩罚性赔偿制度的演进与适用》,《中国社会科学》2014 年第 3 期。

朱红、李婧:《从行为法经济学看惩罚性赔偿制度在金融消费领域的适用》,《上海金融》2017 年第 4 期。

朱红梅:《法理学视野中的保险知情权》,《南华大学学报》2007 年第 10 期。

三　报纸文章

陈宏光:《消费者高额索赔 = 敲诈勒索?》,《上海法治报》2019 年 12 月 2 日。

李宁一:《积极开展缺陷产品召回,切实保障消费者权益》,《中国质量报》2018 年 11 月 29 日。

梁慧星:《消费者权益保护法第 49 条的解释与适用》,《人民法院报》2001 年 3 月 29 日。

刘春泉:《浅析第三方电子商务平台法律性质与责任》(之一),《中国工商报》2016 年 4 月 19 日。

刘春泉:《浅析第三方电子商务平台法律性质与责任》(之二),《中国工商报》2016 年 4 月 28 日。

刘春泉:《浅析第三方电子商务平台法律性质与责任》(之三),《中国工商报》2016 年 5 月 10 日。

史洪举:《岂能将消费者正当诉求歪曲为敲诈勒索》,《检察日报》2019 年 11 月 20 日。

孙宏涛:《"知假买假"与消费者身份判定》,《上海法治报》2017 年 1 月 25 日。

汤瑜:《全国首例"刷单炒信入刑案"在杭州宣判》,《民主与法制时报》2017 年 6 月 25 日。

王瑞琼:《"反向炒信"造成被害单位损失构成破坏生产经营罪》,

《人民法院报》2017 年 4 月 19 日。

王先林：《召回制度助推消费者权益保护》，《上海法治报》2014 年 4 月 2 日。

吴昊：《缺陷产品召回制度对消费者权益的保护》，《江苏经济报》2015 年 12 月 23 日。

肖建国：《民事公益诉讼制度的具体适用》，《人民法院报》2012 年 10 月 10 日。

杨立新：《行业惯例能够补充法律不足》，《民主与法制时报》2014 年 8 月 11 日。

张鹏成：《认定"维权型"敲诈勒索须坚持主客观相统一》，《检察日报》2020 年 5 月 15 日。

后　记

　　早在读研究生时期，导师就鼓励我说可以将毕业论文充实一下出本书。但我从未想过写书，总觉得写书是一件特别神圣的事。感谢三峡大学法学与公共管理学院的支持，使我起意记录一下多年教授《消费者权益保护法》的些许心得！感谢我的学生们，他们在 2020 年湖北那段最艰难时期仍然为我收集和整理资料！

　　本书的初衷是想记录一个由现实案例提出问题再进行理论思考的过程，但写作中则时常感到力不从心。感谢田文编辑，是她的细致和耐心让粗糙的书稿一点点整洁起来！

　　最后，谨以此书纪念我从教三十年！

卢以品

2021 年 11 月